Pflanzen und Kultur

Eine illustrierte Weltgeschichte der Botanik

95.

Polygonaceae

Rheum australe Don.

939

Helen & William Bynum

Pflanzen und Kultur

Eine illustrierte Weltgeschichte der Botanik

mit 205 großteils farbigen Abbildungen

Inhalt

Marktfrüchte 132

Sie zahlen sich aus

Landschaften 164

Schönheit der Vegetation

Kultpflanzen

Vom Heiligen zum Exquisiten

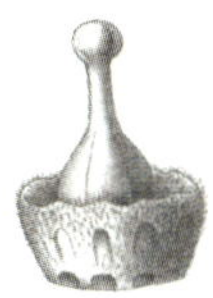

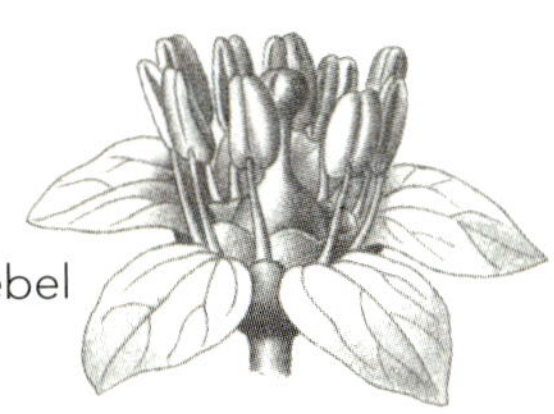

Wunder der Natur

Die außergewöhnliche Welt der Pflanzen

Einleitung

Nutzen und Schönheit

Gegenüber: Dioscorea esculenta, auch kleine Süßkartoffel genannt, hat essbare kartoffelgroße Knollen; sie ist ein wichtiges Nahrungsmittel in Asien, von wo aus sie sich in andere Teile der Welt verbreitet hat. Das Aquarell wurde für Sir William Roxburgh (1751–1815), den Chirurgen, der zum Botaniker wurde und für die Britische Ostindien-Kompanie arbeitete, gemalt. Er bemühte sich, das wirtschaftliche Potenzial der Flora dieses Subkontinents zu entwickeln.

Dieser Band erzählt von Nutzen, Schönheit und Vielfalt der wunderbaren Pflanzenwelt unseres Planeten. Seit Jahrtausenden nutzen wir Pflanzen für Nahrung, Kleidung, Unterkunft, Transport und Medizin. So wie alle nahrungssuchenden Tiere nahmen auch unsere nicht sesshaften Vorfahren, was ihnen die Wildnis bot. Als aber nach der letzten Eiszeit eine Bindung zwischen dem Menschen und bestimmten Pflanzen entstand, führten deren Domestizierung und die neue Sesshaftigkeit des Menschen in eine neue Ära. Obwohl wir heute an den vorteilhaften Produkten der modernen petrochemischen Industrie Gefallen finden, haben wir weiterhin ein starkes Bedürfnis nach Pflanzen. Sie bilden die Grundlage aller Nahrungsketten, und unser Einfallsreichtum hat daran nichts geändert. In einer zunehmend urbanisierten Welt sind Pflanzen zudem die »grüne Lunge« der Städte und Balsam für die Seele ihrer Bewohner. Es gibt nur noch wenig unberührte Wildnis, und diese vereinzelten Gebiete werden immer kostbarer.

Die neuzeitliche Verschmelzung von Funktion und Schönheit hat tiefe Wurzeln. Seit langem beschäftigt sich der Mensch intensiv mit Pflanzen, mit ihrer grundsätzlichen Wertschätzung und ihrer praktischen Nutzung bis hin zur Stimulation der Sinne und zur Veränderung von Gemütszuständen. Pflanzen waren maßgeblich an der Entstehung von Kulturen und großen Reichen beteiligt. Sie wurden verehrt und vergöttert; fast besessen von ihren Formen, Farben und Düften, wollte der Mensch sie besitzen und züchten – man denke nur an Tulpen, Rosen und Orchideen. Andere Pflanzen verliehen den Nahrungsmitteln einen exquisiten Geschmack, so dass Nahrung nicht mehr nur der ausschließlichen Lebenserhaltung zu dienen begann. Ätherische Öle und Harze haben unsere Körper parfümiert; einige chemische Bestandteile haben sich in der Medizin als außergewöhnlich wirksam erwiesen oder unsere Neurochemie auf exotische und teilweise erschreckende Pfade geführt.

Das grüne Reich als solches ist bemerkenswert. Pflanzen haben die einzigartige Fähigkeit, Sonnenenergie einzufangen und sie für die chemischen Reaktionen in ihren Zellen zu verwenden. Über Photosynthese werden Wasser und Kohlendioxid unter Freisetzung von Sauerstoff für die Bereitstellung von Zucker und Proteinen (Nahrung) miteinander kombiniert. Pflanzen sind zu solcher Alchemie in der Lage, weil einer ihrer Vorfahren, ein einzelliger Organismus, ein photosynthetisierendes Cyanobakterium vereinnahmte. Dieses Bakterium mutierte in seinem neuen Wirt zu einem Chloroplast, der das chemische Molekül Chlorophyll

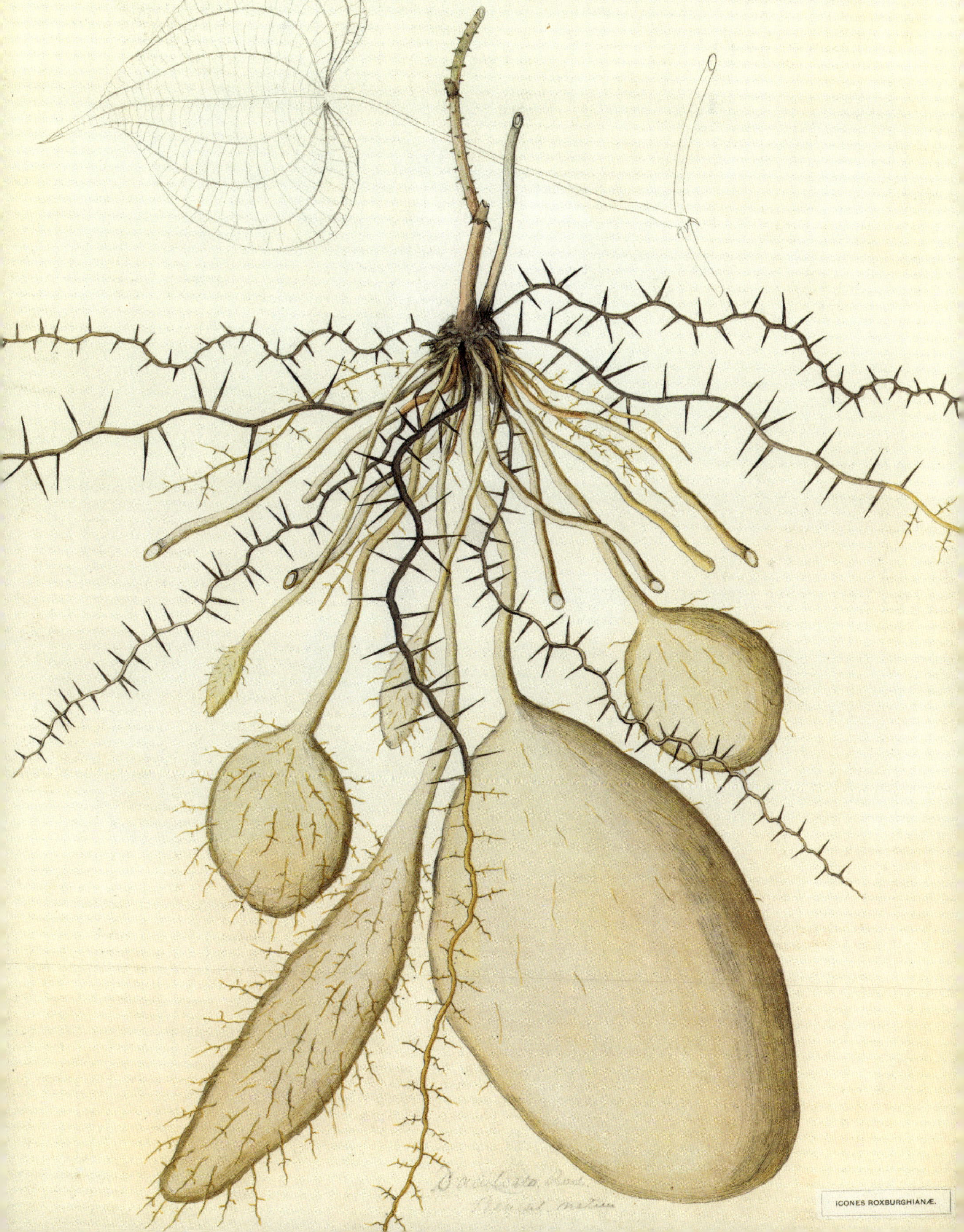

ICONES ROXBURGHIANÆ.

Oben: Nach dem Pflücken werden die Teeblätter verarbeitet, getrocknet und (ganz oder zermahlen) in Ziegelform für den Transport von der Plantage verpackt. Die Ziegel wurden für ihre Reise häufig in Bambus eingewickelt. Ein Teeziegel war Währung und Geschenk zugleich.

Oben rechts: Gestaltung einer neuen Landschaft – eine Plantage mit australischen weißen Gummibäumen (*Eucalyptus alba*) im botanischen Garten von Bogor, Java, Indonesien, 1894.

enthält. Dieses grüne Pigment, das der Mehrheit aller Pflanzen seine Farbe verleiht, steuert die Photosynthese.

Über alle Epochen der Erdgeschichte hinweg haben die verschiedenen Formen pflanzlichen Lebens bewiesen, dass sie viel mehr als passive Begleiter auf unserem Planeten sind. Heute gelten sie als eine der aktiven geologischen Kräfte, die Atmosphäre und Oberfläche der Erde lebensfreundlich machten, indem sie Mineralien und Frischwasser aufarbeiteten. Vor ca. 290 Millionen Jahren begannen einige Pflanzen mit der Produktion von Samen, was ihnen sexuelle Fortpflanzung ermöglichte. Vor 140 Millionen Jahren entwickelten sich die ersten bedecktsamigen Blütenpflanzen (Angiosperme). In vergleichsweise kurzer Zeit (60–70 Millionen Jahre) veränderten sich deren Formen und Lebensräume so sehr, dass sie immer bestimmender wurden.

Mit den Blumen kamen Farben. Das Grün schmückte sich nun mit bunten Blüten, deren vorrangiger Zweck allerdings nicht die Ergötzung unserer Sinne war. Lange vor unserer Liebe zur Blütenpracht entwickelten sie sich zusammen mit anderen Organismen, damit diese beim Transport der Pollen von Pflanze zu Pflanze helfen konnten. Obwohl die Pflanzen offenbar von den Klimakatastrophen, die zum Aussterben der Dinosaurier und dem Aufstieg der Säugetiere führten, verschont blieben, kam es zu wesentlichen Veränderungen in den Pflanzenpopulationen. Als die Kontinentalplatten vor rund 65 Millionen Jahren mehr oder weniger

in ihre heutigen Positionen rückten und die Temperaturen im Anschluss anstiegen und absanken, was zu den Eiszeiten der neueren Erdgeschichte führte, waren die Gräser Gewinner und die Wälder Verlierer; die Pflanzen der Trockengebiete vermehrten sich.

Ein nusstragender Zweig des asiatischen Strychnosbaums (*Strychnos nux vomica*), aus *Hortus Malabaricus* (1678–1693). Die Pflanze wird bereits seit langer Zeit als ayurvedische Arznei verwendet.

Dieses Buch befasst sich mit der vielfältigen Pflanzenwelt unseres Planeten und ihrer Nutzung durch den Menschen, der vor etwa 12 000 Jahren gegen Ende der letzten Eiszeit vom Jagen und Sammeln zur Landwirtschaft überging. Wie hat der Mensch die Pflanzen genutzt und welche Beziehungen zwischen ihm und Teilen der Pflanzenwelt sind seitdem entstanden? Auf welche Art beeinflussen Pflanzen unser Leben und wir ihres? Obwohl jede Pflanze einer Kategorie zugeordnet wird, kann sie in mehreren Kapiteln dieses Buches auftauchen, weil sie unterschiedliche Funktionen erfüllen kann.

Unser erstes Kapitel mit dem Titel *Verwandlungskünstler* betrachtet jene Pflanzen genauer, die der Menschheit in unterschiedlichen Teilen der Welt zu einer sesshaften Lebensweise verholfen haben, darunter Grundnahrungsmittel wie Weizen, Mais und Reis. Im Kapitel *Geschmack* erkunden wir Pflanzen, die unseren

Oben: ›Tulipe‹ aus *Les fleurs animées* von J. J. Grandville (1847). Das Kleid zeigt die Leidenschaft für Blumen, deren Streifen durch das Lily-Mottle-Virus hervorgerufen werden.

Oben: Sonnenblume (*Helianthus annuus*) von Pierre-Joseph Buc'hoz (1731–1807). Dieser Arzt wandte sich der botanischen Kunst zu und ließ sich von chinesischen und japanischen Techniken inspirieren.

Gegenüber: Aquarell des *Bambusa balcooa*, spätes 18./frühes 19. Jahrhundert. Seine kräftigen Stämme können eine Höhe von 30 m erreichen. Deshalb wird er im Nordosten Indiens, in Nepal und Bangladesch für den Bau von Leitern und Gerüsten verwendet.

Speiseplan belebt und bereichert haben – von einfachen nützlichen Laucharten bis zu teuren Gewürzen wie Safran. Das Kapitel *Heilung und Unheil* erinnert uns daran, dass es oft eine feine Balance zwischen Pflanzenwirkstoffen gibt, die je nach Dosis lebensrettende Heilmittel und gefährliche Gifte zugleich sein können. Die vorgestellten Pflanzen und ihre Produkte veranschaulichen die Bandbreite verschiedener Heilsysteme und die wichtige Stellung der Pflanzen in vielen modernen Arzneibüchen. Das Kapitel *Technik und Kraft* beschreibt Pflanzen, die uns beim Erschaffen unserer Welt behilflich waren: beim Bau von Schiffen und Häusern, bei der Herstellung von Kleidung und Möbeln, ja sogar von Waffen; diese soliden Artefakte sind sowohl praktisch als auch ansprechend.

Produkte bestimmter Pflanzen wie Tee, Kaffee, Palmöl oder Gummi, die das Kapitel *Marktfrüchte* untersucht, erfreuen sich globaler Nachfrage. Für den Plantagenbau dieser Nutzpflanzen wurde Land gerodet, und jede einzelne veränderte die Landschaften genauso auffällig, wie ihre Produkte unser Verhalten beim Anbau, Kauf und Verkauf, Handel und Verzehr beeinflussen. Sie gestalten noch immer Weltmärkte und Schicksale. Im Kapitel *Landschaften* werden Pflanzen behandelt, die das Bild bestimmter Regionen auf ungewöhnliche Weise prägen, wie etwa die massiven Mammutbäume Kaliforniens, die Eukalyptusbäume Australiens und die salzwassertoleranten Mangroven tropischer Küstenlinien. Sie alle haben eine historische und eine neuzeitliche Funktion. Manche invasive gebietsfremde Arten üben positiven oder negativen Einfluss aus.

Die Kapitel *Kultpflanzen* und *Wunder der Natur* erlauben uns, das Erhabene und Faszinierende der Pflanzenwelt zu bestaunen, wobei die bloße Nützlichkeit in den Hintergrund tritt. Solche Pflanzen haben unsere Geschichte und deren visuelles Bild geformt. Dattelpalmen und Lotusblüten erscheinen auf den Steinreliefs aus Nahost und Asien. Es war nötig, Heilkräuter zur Identifizierung abzubilden, wobei zunehmend höhere künstlerische Brillanz erlangt wurde. Die offensichtliche Schönheit von Orchideen, Tulpen und Rosen inspirierte Künstler verschiedener Kulturen, die flüchtigen Momente der Natur für die Ewigkeit festzuhalten. Dieses Buch wurde aufwendig illustriert, um die Geschichte der Pflanzen und deren Pracht im Rahmen unserer eigenen Geschichte zu zeigen.

ICONES ROXBURGHIANÆ.
Bambusa
No: 1402 (Bambos) Balcooa Roxb

Verwandlungskünstler
Von Sesshaftigkeit und Ackerbau

Oben: Die Ranken, jungen Blätter und Blütenknospen des Kürbisses (*Cucurbita pepo*) können allesamt verbraucht werden und wurden vor der Ausbildung der Früchte verzehrt, damit sich um die nahrhaften Samen mehr Fruchtfleisch bildet.

Ein großes Ereignis in der Menschheitsgeschichte ist der Übergang von der Nahrungssuche zur Landwirtschaft, der sich aus der Erderwärmung nach der letzten Eiszeit ergab. Dieser Prozess dauerte und war keineswegs unvermeidlich. Die frühen Bauern waren oft schlechter ernährt als ihre Vorfahren und Krankheiten ausgesetzt, die vom Kontakt zu Mensch und Tier herrührten. Und doch entwickelten sich die meisten der heutigen Kulturen auf Basis einer stabilen Landwirtschaft.

Allein auf dem australischen Kontinent hat sie sich bei den Ureinwohnern nicht durchgesetzt. In Asien, Europa, Amerika und Ozeanien dagegen entstand sie unabhängig voneinander. Welche Pflanzengruppen (»Gründerpflanzen«) angebaut wurden – Getreide, Hülsenfrüchte, Knollengemüse –, hing von den örtlichen Gegebenheiten ab. Linsen, Kartoffeln, Yamswurzel und Brotfrucht bildeten mit vielen anderen Gewächsen die Nahrungsgrundlage rund um den Globus. Später wurden Samen und Anbautechniken an andere Orte übertragen. Zusätzliche Gewächse – Früchte, Gemüse, Kräuter – wurden heimisch. Das Bild des Menschen als Jäger und Sammler wurde um Kunst und Artefakte erweitert, die eine sesshafte Lebensweise darstellten. Aufbewahrung, Weiterverarbeitung und Speisenzubereitung verliehen der Kultur Auftrieb. Gottheiten, von denen man glaubte, sie wachten über das Aufkeimen der Saat und die Ernte, wurden verehrt und gefürchtet; neue Rhythmen bestimmten fortan das Leben. Allmählich veränderten die Bauern die Landschaft, betrieben Waldrodung und nutzten das Land als Felder

und Weiden. Dabei veränderten sie auch nachhaltig die Pflanzen, die sie nutzten. Durch den Anbau wurden diese Pflanzen »domestiziert« und sollten sich fortan grundlegend von ihren wilden Vorfahren unterscheiden.

Nehmen wir als Beispiel Getreide: Die Archäologie zeigt, dass die Menschen die Samen von Wildgräsern wie Weizen, Reis und Mais zunächst sammelten, bevor sie sie bewusst pflanzten. Beim Anbau von Wildpflanzen wählten die frühen Bauern die zufällig mutierten und damit geeigneteren Pflanzen aus. Es war viel effizienter, Weizen- oder Reishalme mit intakten Ähren zu ernten und die Körner herauszudreschen, als sie am Boden einzusammeln. Eine weitere genetische Veränderung erbrachte Samen, die durch dieselben Umwelteinflüsse (Frühlingsregen, Sonnenschein) aufkeimten: ein großer Vorteil gegenüber den Wildpflanzen. Die Getreidebauern bevorzugten das Saatgut schmackhafter und großkörniger Pflanzen mit starken Halmen, die den größeren Ähren besseren Halt gaben.

Auch wenn sie unauffällig sind, so sorgten die Gründerkulturen von Getreide und Hülsenfrüchten, Wurzeln und Knollen für die Veränderung der Menschheit. Neben Stärke und Eiweiß sind auch Frucht und Öl der Oliven sowie die Traube mit ihrem Saft zu erwähnen; zusammen mit dem Weizen bilden sie die Mittelmeer-Triade. Sie erinnern uns daran, dass die frühe Landwirtschaft vielseitige Kost und aufwendige Techniken kannte. All dies symbolisiert die Verbundenheit mit Grund und Boden sowie ein langfristiges Ziel: Landwirtschaft bedeutete Sesshaftigkeit.

Oben links: Ein Verwandter der Brotfrucht aus Ozeanien, die Jackfrucht (*Artocarpus heterophyllus*), stammt offenbar aus dem Westghats Indiens, wird als Obst und Gemüse und sogar als Reisersatz verwendet. Besonders für die Armen ist sie auf diesem Subkontinent ein besonders wichtiges Nahrungsmittel und wird in den Tropen verstärkt genutzt.

Oben rechts: Trauben ›Aleatico di Firenze‹ (*Vitis vinifera*). Aleatico-Trauben waren als eine spezifische Sorte mindestens seit dem 14. Jahrhundert bekannt. Aus den auf Elba wachsenden Weinreben werden reiche muskatellerische Dessertweine hergestellt, die schon Napoleon Bonaparte während seines Exils auf die Insel genossen hatte.

Oben: Flora, Ceres und Pomona – die römischen Göttinnen der Blumen, des Getreides und der Früchte – bilden das Frontispiz für John Reas *A Complete Florilege* (1665). Rea (gest. 1667) war ein für seine Tulpen berühmter Gärtner und Gartenarchitekt.

Gegenüber: Essbare Zuckererbsen mit ihrer Hülse aus dem *Album Benary* (1879). Bis zum 16. Jahrhundert galten Felderbsen als getrocknetes Grundnahrungsmittel der Armen; das frische Gartengemüse dagegen war ein Luxusgut, das am Hof von Louis XIV in Mode kam. Durch Konservierung und Kühltechnik ist Gemüse heute zu jeder Jahreszeit zu haben.

Weizen, Gerste, Linse, Erbse

Triticum spp., *Hordeum vulgare, Lens culinaris, Pisum sativum*

Gründerkulturen des Fruchtbaren Halbmondes

Ceres, du milde Frau! Dein reiches Feld
Voll Weizen, Roggen, Haber, Gerst' und Spelt.

William Shakespeare, Der Sturm, 4. Aufzug, 1. Szene

Weizen und Gerste, Linsen und Erbsen sind die grundlegenden Körner- und Hülsenfrüchte der Neolithischen Revolution in Vorderasien. Sie gehören zu den wichtigsten Nahrungsmitteln, die uns vor rund 11 500 Jahren zu Beginn des Holozäns ein Lebens trotz Klimawandel und Veränderungen der Pflanzenwelt ermöglichten. Unsere Vorfahren war hatten noch geringe Kenntnisse über Landwirtschaft, und so stellten sie sich auf ein Überleben mit wenigen grundlegenden Nutzpflanzen ein.

Die wilden Vorfahren der domestizierten Nutzpflanzen (Kichererbsen, Flachs und die in Vergessenheit geratene Berg-Blatterbse) im Fruchtbaren Halbmond, der Region im Norden der arabischen Halbinsel, ernähren bis heute diejenigen, die sich vor deren Domestizierung dort niedergelassen hatten. Nomadische und halbnomadische Stämme sammelten seit mindestens 23 000 v. Chr. wilden Weizen und Gerste; sie mahlten und backten die Körner. Auf die Zeit des Sammelns folgte eine lange Phase des Anbaus vor der Domestizierung (ca. 14 500–10 600 v. Chr.). Gleichzeitig wurden immer kleinere Beutetiere gejagt. Die ersten vollständig domestizierten Pflanzenfamilien entstanden um 10 600–8800 v. Chr.

Wir dürfen uns das Ganze nicht als einen Moment vorstellen, in dem sparsame Bauern der Ernte des Vorjahres die besten Samen entnahmen und so die rasche Veränderung der Lebensweise oder der Pflanzen heraufbeschworen. Im Gegenteil: Es gab eine Vielzahl unabhängiger Domestizierungen, viele wilde Arten wurden erneut ausgesät, und wir können davon ausgehen, dass der Austausch domestizierter Sorten bereits vor Beginn der Landwirtschaft üblich war, da die Menschen über die erforderlichen Kenntnisse verfügten. Wäre eine andere Lebensweise besser geeignet, hätten die Menschen die Landwirtschaft wieder aufgegeben und das Wanderhirtentum bevorzugt, wobei Tiere die Zellulose aus Pflanzen in Milch und Fleisch umsetzen. Letztendlich hätten die Menschen andere Gebiete besiedelt.

Überschüsse aus planmäßigem Ackerbau und die Möglichkeit ihrer Lagerung waren der Motor der entstehenden landwirtschaftlichen und städtischen Zivilisationen Mesopotamiens, Ägyptens und der Levante. Sie sollten die Egalität aus der Zeit als Jäger und Sammler in Stämmen begrenzter Größe abschaffen und eine klare soziale Hierarchie von Besitzenden und Besitzlosen in den großen Städten begründen. Hier lebten nun mehrere Zehntausend Einwohner. Große Gruppen benötigten Verwaltung und Bürokratie; grundlegende Technologien wie die

Album Benary.
Tab. XXIII.
gr. nat.

nat. pict. in horto Benary. | Chromolith. G. Severeyns, Bruxelles.

Ernst Benary, Erfurt.

Oben links: Spelz (links) und Polnischer Weizen (rechts) haben große mineral- und vitaminreiche Kerne und gelten heute als Spezialgetreide. Zum Entfernen der Schale muss Spelz zusätzlich bearbeitet werden; Polnischer Weizen splittert leicht. Beide haben das genetische Potenzial, mit dem sich Ertrag und Krankheitsresistenz von gewöhnlichem Weizen steigern lässt.

Oben rechts: Blé de Miracle oder Rauweizen (*Triticum turgidum* subsp. *turgidum*) ist eine alte freidreschende Getreidesorte, die wahrscheinlich vor etwa 10000 Jahren in Südwestasien domestiziert wurde; ihre Herkunft ist jedoch unklar.

Schriftsprache entwickelten sich. Zugleich hinterließen das lange Knien an der Handdrehmühle und das Mahlen für mehr als nur eine Familie Spuren am Knochenbau. Wir bestaunen noch heute die künstlerischen und technologischen Errungenschaften sowie die monumentale Architektur, die der Überschuss an Getreide erst ermöglichte. Und wir grübeln über bruchstückhafte Überbleibsel von Rezeptbüchern (Tontafeln von 1700 v. Chr.) oder Wandmalereien, um zu erfahren, wie sich Mesopotamier oder Ägypter ernährten.

Ein Getreideanbau ohne Überschüsse ist für uns nur noch schwer vorstellbar; Weizen (*Triticum* spp.) und die aus ihm hergestellten Lebensmittel wie Brot und Nudeln sind für unser Leben essentiell. Die Domestizierung zweier früher Weizenarten, Einkorn (*T. Monococcum*) und Emmer (*T. Dicoccum*), bot den antiken Landwirten die Möglichkeit, langährige Gewächse mit größerem Korn zu züchten. Die Ähre hielt sich lang am Halm und konnte nach der Ernte problemlos gedroschen werden. Die Größe zählte, aber die Mutation der harten Blattspindeln (Rhachis), die Korn und Ähre verbinden und die Ähren während der Reife vor Bruch schützten, war vermutlich noch wichtiger. Es war sogar besser, wenn sich das Korn beim

Dreschen aus seiner Hülse löste – wie beim für Nudeln bevorzugten Hartweizen (*T. durum*) und beim Brotweizen (*T. aestivum*) –, anstatt erst im Mörser von seiner Schale befreit werden zu müssen.

Weizen ist ein gemischter natürlicher Hybridisierer. Die komplexen Genome, die unsere Vorfahren nutzten, sind Glücksfälle der drei Millionen Jahre alten Gattung *Triticum*, die sie sich seitdem weiter entwickelte. Der Brotweizen entstand vor rund 8000 Jahren nach zwei Hybridisierungen (Kreuzungen); in der zweiten kreuzten sich wildwachsender Walch (*Aegilops*) und kultivierter Emmer.

Die gemeine Gerste (*Hordeum vulgare*) wurde ausgiebig zum Brauen und Brotbacken verwendet. Ungefähr zur gleichen Zeit wie Einkorn und Emmer (etwa

Linsen sind Pflanzen der kühlen Jahreszeit. Diese einjährigen Strauchgewächse können etwas Trockenheit ertragen. Die als Puylinsen oder »Gemüsekaviar« bekannte Art aus der französischen Region Haute-Loire hat den Status einer Geschützten Ursprungsbezeichnung; damit wird sowohl die Vielfalt als auch die Region anerkannt – eine beachtliche Leistung für eine alte und einfache Hülsenfrucht.

Eine Gerstenähre zeigt ihre schönen langen Grannen – die steifen Borsten, die sich von der Schale des Korns erstrecken. In freier Wildbahn heften sie sich an das Fell von Tieren, damit die Streuung und das Einbringen der Samen in den Erdboden unterstützt wird.

8000 v. Chr.) tauchte die pralle sechsreihige Gerste in frühen Siedlungen auf. In den Wirtschaftssystemen Vorderasiens war Gerste wichtiger als Weizen. Sie ist winterfester und verträgt Kälte und Feuchtigkeit besser, was zum Teil auf eine Mutation nach ihrer Domestizierung zurückzuführen ist, die sie gegen Mehltau beständig machte. Bei aufeinander folgenden Kälteeinbrüchen, die das Leben in der Region erheblich störten, kam den Einwohnern die Widerstandsfähigkeit der Gerste zugute. Die einst an kleinflächigen, regenreichen Hängen, Fluss- und Seeufern heimische Getreideart wurde nun intensiv auf Talsohlenfeldern angebaut; dabei entstanden kulturfähige Landschaften. Aber auch der Weizen hielt seine Position; das aus ihm gebackene Brot war feiner und schmeckte besser. In besseren Zeiten galt die Gerste als Nahrung der Armen.

Getreide kam nicht nur als Brot und Bier, sondern auch mit Hülsenfrüchten in Gemüsesuppen auf den Tisch. Die wilden Vorfahren der Linsen (*Lens Culinaris*) und Erbsen (*Pisum sativum*) waren vermutlich unkrautartige Eindringlinge auf Getreidefeldern. Doch das von ihnen »befallene« Land bedeutete nichts im Verhältnis zu ihrem Nutzen: Mit ihren Aminosäuren, insbesondere Lysin bei Linsen, bildeten sie eine Ergänzung zum kohlenhydrathaltigen Getreide. Zur Aufbewahrung von Saatgut und zum Wegfall einer Ruhezeit kam es vermutlich zwischen 11 000 und 9 000 v. Chr. in der Heimat der Linsen im Südosten der Türkei und in Nordsyrien. Eine weitere Verbesserung waren Pflanzen, die aufrecht wuchsen, statt am Boden zu kriechen; und es bildeten sich später größere Getreidekörner. Die Samen domestizierter Erbsen wurden ebenfalls größer (ca. 8000 v. Chr.) und verloren ihre dicken, rauen Samenschalen. Damit entfiel die obligatorische Ruheperiode vor der Keimung, und die Erbsen waren zudem schmackhafter.

Die domestizierten Pflanzen des Fruchtbaren Halbmondes verbreiteten sich über Handelswege, die sich aus imperialen Interessen ergaben. Erbsen wurden nicht für den Verzehr außerhalb der Saison angebaut und daher getrocknet. Anders als Linsen hielten sie besser einer strengeren Witterung stand und verbreiteten sich so in ganz Europa. Erbsensuppe war wesentlicher Bestandteil des klassischen Speiseplans. Griechen und Römer kochten sie je nach Geschmack und Geldbeutel mit Wurst und Gewürzen. Am meisten verdankt sich die Macht Roms jedoch dem Weizenbrot. Riesige kaiserliche Kornkammern in Ostia waren mit Getreide aus Sizilien, Nordafrika und Ägypten gefüllt. Eine spezielle Flotte war nötig, um die Ernte einzufahren. Linsen und Erbsen fanden zudem ein neues Zuhause auf dem indischen Subkontinent, wo sie als wertvolle Proteinquelle geschätzt wurden.

Weizen half bei der Einleitung der Neolithischen Revolution und machte viele Gras- und Waldflächen des Flachlands zu Anbauflächen. In den Fünfzigern und Sechzigern des 20. Jahrhunderts war Weizen zusammen mit Reis von zentraler Bedeutung für die »Grüne Revolution«. Wieder war es eine zufällige Mutation – eine Reaktion auf das Hormon Gibberellin –, die kleinwüchsige Varianten mit größeren Ähren hervorbrachte. Diese Pflanzen hielten feuchtem oder windigem Wetter stand und reagierten gut auf Düngemittel; die Getreideerträge stiegen drastisch (auf bis das Sechsfache) an. Sie sind in der Tat Meister der Verwandlung.

Reis, Hirse, Soja, Bohnen

Oryza sativa, Setaria italica, Panicum miliaceum, Glycine max, Vigna radiata & Mungo

Das Vermögen Asiens

Gin Khao reu yung? [Hast du schon Reis gegessen?]

Thailändischer Gruß

Gegenüber: Eine einzelne Bohne sowie die behaarte Ranke und Schote der Sojapflanze, *Glycine max* (hier unter ihrem ursprünglichen Linné'schen Namen *Dolichos soja*). Nur die unreifen Bohnen, die gepflückt werden, wenn die Schoten noch grün sind, können frisch als *Edamame* (Japan) oder *Maodou* (China) gegessen werden.

In China zwang eine schwere Flut die Menschen zur Flucht in die Berge. Als sie nach Hause zurückkehrten, waren ihre Pflanzen hinfort gespült und die Lebensmittel knapp. In ihrem Überlebenskampf säten die Menschen lange gelbe Samen, die sich in einem Hundeschwanz verfangen hatten. Die Ernte stillte ihren Hunger. So lautet eine der vielen Sagen über den Reis im asiatischen Monsungebiet.

Heute ernährt Reis die Hälfte der Weltbevölkerung; er hat in der Geschichte möglicherweise mehr Menschen satt gemacht als jedes andere Getreide. Der am weitesten verbreitete ist der asiatische Reis, *Oryza sativa*. Vom westafrikanischen *O. glaberimma* leben weniger Menschen; er ist allerdings bei Züchtern beliebter. In der Geschichte der asiatischen Nutzpflanzen waren Fuchsschwanzgras und Rispenhirse für den kälteren und trockeneren Norden Chinas das, was der viel durstigere Reis für den Süden war. Jede Art brachte Körner hervor, die gesammelt, als Wildpflanzen kultiviert und dann domestiziert werden konnten. Als Nahrungsmittel und Rohstoff des Brauens sollte Reis eines Tages das bestimmende Getreide und ein verbindendes Element in der Ernährung Asiens werden.

Die lebenswichtige Kombination aus Stärke und pflanzlichem Eiweiß führte zu unterschiedlichen Gestaltungen in Asiens aufstrebender Landwirtschaft. In China, Südost- und Ostasien wurden die Sojabohne und die große Vielfalt ihrer fermentierten Produkte neben dem Reis zu einer tragenden Säule. In der Niederung des Indus-Tales unterstützte der Fruchtbare Halbmond die reiche Harappa-Kultur. Weiter südlich verbreiteten sich die Getreidesorten aus Vorderasien weniger stark. Im Neolithikum des indischen Süd-Dekkan bildeten die kleine grüne Linse oder Mungobohne (*Vigna radiata*), die schwarze Linse oder Urad (*V. mungo*), die Pferdebohne (*Macrotyloma uniflorum*) und die kleinkörnige Hirse (*Brachiaria ramosa, Setaria verticillata*) einen Nahrungsmittelkomplex. Erst später dominierte der Reis der Gangesebene. Heute ist von den erwähnten Nahrungsmittel die Mungobohne am weitesten verbreitet: in Südindien zu Mehl für »Dhosas« (gefüllte Pfannkuchen) gemahlen, finden sich ihre keimenden Sprossen auch weiter östlich in der asiatischen Küche.

Innerhalb der domestizierten Reisfamilie gibt es zwei wichtige Arten: *Japonica* und *Indica*. Die kurzen, klebrigen Körner des *Japonica*-Reises verklumpen nach dem Kochen, sodass man sie besser als die längeren, trockeneren Körner des

Dolichos Soja L.
Die Soja.

Reisrispen oder Samenkörner, von Mrs. Janet Hutton (1781–1866), 1817 in Kalkutta, wo sie mit ihrem Mann Thomas Hutton, einem Händler der Ostindien-Kompanie, lebte.

Indica-Reises mit Stäbchen aus einer Schüssel essen kann. Als das Wetter nach dem Rückzug der Gletscher (rund 15 000 Jahre v. Chr.) wärmer und regnerisch wurde, breitete sich der Urreis von den südlichen Gletscherzufluchten über ein riesiges Gebiet im tropischen und subtropischen Südchina sowie in Süd- und Südostasien aus. Ein wilder Vorfahr der hier domestizierten Reispflanze, die mehrjährige *O. rufipogon*, wurde kultiviert (vor 8000–10 000 Jahren) und vor etwa 6000 Jahren domestiziert. Das Ergebnis war eine einjährige Reispflanze mit höherem Ertrag (besonders bei guter Bewässerung) und größeren Körnern auf hochgewachsenen Halmen. Wie auch bei den Gewächsen im Fruchtbaren Halbmond vollzog sich der Domestizierungsprozess in einem weiten Gebiet mehrfach. Verschiedene Merkmale könnten vor ihrer Kombinierung und Hybridisierung an unterschiedlichen Orten ausgewählt worden sein, was auch die Kreuzung mit verschiedenen wildwachsenden Arten einschließt.

Im mittleren und unteren Jangtse-Becken wurden die Felder für den klassischen Nassreisanbau entwickelt (ca. 4200–3800 v. Chr.), um die Natur nachzuahmen und eine optimale künstliche Wachstumsumgebung zu erreichen. Anlage und Pflege solcher Felder waren arbeitsintensiv; die Erträge sicherten das Überleben der Menschen und sorgten für rasches Bevölkerungswachstum. Die Reisfelder wurden zusammengelegt und dann unter Wasser gesetzt; dabei wurde ein Auffangbecken gebildet, um den Wasserverlust einzuschränken. Die Reissamen wurden in Vorziehbeeten ausgesät und später von Hand in das nasse Feld umgesetzt. Der Einsatz des Wasserbüffels erleichterte diese Knochenarbeit ein wenig. In vielen Teilen der

Hirse: Kolbenhirse (*Setaria italica*, früher *Panicum italicum*), links, und Rispenhirse (*Panicum miliaceum)* rechts. Hirsen sind feinsamige Getreide, die verschiedenen Gattungen angehören. Sie sind nicht eng miteinander verbunden, haben aber ähnliche Bedürfnisse beim Wachstum. Besen, die zum Kulturerbe gehören, werden in den USA gewöhnlich aus einem anderen Gras (*Sorghum vulgare*) gefertigt, was ihm den Namen ›Besenkorn‹ einbrachte.

Welt hat sich beim Nassreisanbau wenig geändert. Die Einführung von frühreifem Reis aus dem Mekong-Delta führte zur Erweiterung der Nassreisterrassen an den Hängen und mehrmaliger Ernte pro Jahr in den Tiefebenen.

Von den anfänglichen Domestizierungszentren aus verbreitete sich der Nassreisanbau in der Eisenzeit langsam im Großteil der bedeutsamen Anbaugebiete Asiens. Über die Herkunft des Reises in Südasien wird immer noch debattiert. Möglich ist, dass ein anderer Vorfahre des Reises, eine einjährige Sorte der *Oryza nivara*, in der Gangesebene kultiviert, aber nicht domestiziert wurde. Diese Reispflanzen der Art *Indica* wurden später mit den domestizierten *Japonica*-Varianten gekreuzt. Der geschätzte Basmati-Reis, der lange für eine *Indica*-Variante gehalten wurde, verdankt seinen delikaten Duft einem Vorfahren der *Japonica*.

Wo Getreide nur schwer gedeihen konnte, war Hirse von entscheidender Wichtigkeit. Ihr Mehl ist reich an Proteinen und B-Vitaminen und sehr nahrhaft; sie kann aber selbst unter optimalen Bedingungen nicht die Erträge anderer Getreidesorten erreichen. Das anfängliche Sammeln und die frühe Kultivierung von Hirse geschah vermutlich am Huang Ho (Oberer Gelber Fluss), aber während

einer ungewöhnlichen Trockenperiode (10 800–10 000 Jahre v. Chr.) könnten die Hirsebauern nach Süden in die Region Dadiwan weitergezogen sein. Hier und weiter östlich entlang des Gelben Flusses führten domestizierte Rispenhirse (*Panicum miliaceum*) und Kolbenhirse (*Setaria italica*) mit ihren größeren Samen und besseren Erträgen zum Entstehen mehrerer sesshafter, entwickelter Gesellschaften, die sich jedoch nicht zu Stadtstaaten entwickelten. Mit der Zeit war der Hirseanbau zusammen mit der sich langsam ausbreitenden Reiskultur des Südens die effektivste Form der Landwirtschaft. Der Weizen wurde nach seiner Einführung gemeinsam mit Hirse, Reis und Sojabohnen als *Wugu* (die vier Körner Chinas) bekannt.

Sojabohnen (*Glycine max*) sind Abkömmlinge einer Kletterpflanze aus Nordostasien, *Glycine Soya*. Ihre frühen Kultivierer (3500–1500 v. Chr.) in Japan und am Gelben Fluss in China mussten aus einem liegenden Rankengewächs eine aufrecht stehende Pflanze mit größeren Samen in der Schote züchten. Nach ihrer Domestizierung bewiesen die Sojabohnen, dass sie auch auf schlechten Böden gute Erträge liefern können. Seit der Zhou-Dynastie (1046–256 v. Chr.) wurden die Bohnen angebaut und eingelagert, um für einen Ernteausfall gewappnet zu sein; unverarbeitet schätzte man sie jedoch wenig. Ihre fermentierten Produkte erfreuten sich deutlich wachsender Beliebtheit: als ganze Bohnen, Saucen, Pasten, Würze, ebenso als Bohnenquark oder Tofu. Die Fermentierung der Sojabohnen (besonders der gelben Sorte) machten sie wohlschmeckender und nahrhafter; sie wurden mit Vitaminen angereichert, und die gefährlichen Giftstoffe, die die Proteinverdauung sowie die Aufnahme von Eisen und Zink hemmen, wurden bei diesem Vorgang zerstört.

Die Sojaprodukte aus der Zeit der chinesischen Han-Dynastie (206 v. Chr.–220 n. Chr.) gelangten in die regionalen Küchen Koreas, Japans und Indonesiens. Obwohl sie allgegenwärtig und wegen Fleischmangels oder Vegetarismus von unschätzbarem Wert waren, gab es bei diesen Produkten auch regionale Geschmacksunterschiede, die oft auf den Einsatz spezifischer Mikroben bei der Herstellung zurückgehen. In Ländern ohne Traditionen in der Käse- und Wurstherstellung war fermentiertes Soja ein Ersatz. Sojabohnen werden heute in Amerika großflächig angebaut; ein großer Teil davon als Futtermittel, was Bedenken bezüglich der Landnutzung sowie genetisch modifizierter Nutzpflanzen aufkommen lässt. Und der Rest? Wie auch der Mais (S. 28) wird Soja unbemerkt über stark verarbeitete Lebensmittel konsumiert und verändert dabei stillschweigend unsere Ernährung.

Gegenüber: Mungobohnen und Urdbohnen bzw. die grüne und schwarze Bohne sind jetzt getrennte Arten. Der Band *The Food Grains of India* (1886), dem diese Illustration einer Mungobohne entnommen wurde, führte beide Arten unter dem älteren Namen *Phaseolus mungo*. Sie wurde, so der Autor, ›allgemein kultiviert‹, ›hoch geschätzt‹ und ›wann immer möglich bei Krankheit verwendet‹.

Mais, Bohnen, Kürbis

Zea mays, Phaseolus vulgaris, Cucurbita pepo

Amerikas »Drei Schwestern«

Oben: 1712–1714 reiste Amédée Frézier die Küsten Chiles und Perus entlang, um die ›Begabungen und die Verfassung der Einwohner‹ zu beobachten. Hier im Vordergrund hält er die traditionelle Methode des Maisvermahlens fest.

Gegenüber: ›Feuerbohnen‹ (*phaseolus multiflorus* oder *P. coccineus*) sind eine der mittelamerikanischen Bohnenarten, die nach Europa gebracht wurden, nachdem Kolumbus die Neue Welt erreicht hatte. Wegen ihrer prächtigen roten Blüten wurden sie ursprünglich zur Zierde angepflanzt, was in den Gärten Nordamerikas noch immer der Fall ist. Weiße und zweifarbige Blütenvarianten ergeben eine schöne Mischung.

Der moderne Mais war wohl des Menschen erstes und vielleicht größtes Kunststück der Gentechnik.

Nina V. Fedoroff, 2003

Mais, Bohnen und Kürbis sind die »Drei Schwestern« der amerikanischen Landwirtschaft. Diese Triade der Feldfrüchte wurde in einem Dreifachsystem, auch »Milpa« genannt (abgeleitet von »auf dem Feld« in der Aztekensprache Nahuatl), angebaut. Der Milpa-Anbau hat viele Vorteile: Mais bietet neben einer nahrhaften Ernährung ein geeignetes Stützwerk für Bohnenranken, die den Speiseplan um nahrhafte Proteine (in Form von Aminosäuren), die dem Mais fehlen, erweitern. Ihre Wurzeln bringen Stickstoff in den Boden ein; die Kürbisse, die zu ihren Füßen wachsen, bilden ein dichtes grünes Meer, das Feuchtigkeit speichert und den Boden fruchtbar erhält. Es hält auch Unkräuter zurück und seine Früchte sind eine hervorragende Quelle von Kohlenhydraten.

Das Wort »Mais« stammt von *mahiz* aus der Sprache der Taíno-Arawak-Indianer und bedeutet »lebensspendend«. Kolumbus begegnete diesen Indianern bei seiner ersten Reise auf die Karibischen Inseln. Die Alternativbezeichnung »corn« entstammt dem deutschen »Korn«. Der Mais (*Zea mays*) ist die einzige Pflanze mit zentraler Bedeutung in einem Schöpfungsmythos: Die Maya in Mesoamerika glaubten, dass die Götter den Menschen aus Maisteig erschaffen hatten. Mais ernährte nicht nur die meisten der alten Kulturen Amerikas, sondern war auch zentraler Bestandteil vieler religiöser Zeremonien. Die spanischen Eroberer der Region waren manchmal davon irritiert, mit welcher Leichtigkeit die Einheimischen die Eucharistischen Gaben durch Maisbrot und Bier ersetzten.

Durch genetische Analyse wurden Teosinte als wilder Urahn des Mais identifiziert – ein Gras, das im westlichen und südlichen Mexiko noch immer wild wächst. Teosinte tragen nur wenige Körner, die für den Menschen eigentlich unverdaulich sind. Ihre Stängel schmecken jedoch süß, und so wurden sie wahrscheinlich zum Lutschen und Brauen verwendet. Ihre Domestizierung begann in dieser Region vor etwa 6250 Jahren, als zufällige Mutationen zu größeren und leichter zu erntenden Ähren führten; diese wurden zum Essen gepflückt, einige Samen bewahrte man für die erneute Aussaat auf, wodurch die Weitergabe bevorzugter Eigenschaften erreicht wurde. Der Mais hat den grundlegenden Vorteil, dass er gut trocknet und zur späteren Verwendung eingelagert werden kann.

Von seiner mexikanischen Heimat breitete sich der domestizierte Mais nach Süden zu den Inkas sowie nach Nord und Ost zu den Ureinwohnern Amerikas

F. Guimpel sc.

Phaseolus multiflorus.

Oben links: Frucht, Blüten, Blätter und aufgerollte Ranken von Cucurbita pepo. Die Pflanze hat männliche (unten) pollenerzeugende und weibliche (oben) samenerzeugende Blüten. Die Blüten, mit ihrem süßlichen Nektargeschmack, werden sehr geschätzt, können gefüllt und gebraten werden.

Oben rechts: Die Domestizierung des Speisekürbis hat verschiedene Sorten dieses vielseitigen Gewächses erzeugt. Dies zeigt sich in einer Breite verschiedener Farben und Formen, mit ebenso verschiedenen Namen, wie Bischofsmütze, Turbankürbis, Bisam-Kürbis, Elector's cap und La galeuse.

aus. Die Azteken hatten ihre eigenen mit Mais verbundenen Gottheiten und die Maya einen Maisgott. Die Herrscher der Inka monopolisierten Anbau und Verteilung von Mais und belohnten mit ihm und dem gleichermaßen wichtigen Maisbier (*Chicha*) eifrig arbeitende Staatsdiener. Die Maiskörner konnten als eine Art Brei gegessen oder gemahlen in Teig für Tamales und später auch die berühmten Tortillas verwendet werden. Über Jahrhunderte waren solche Gerichte Grundnahrungsmittel, und die Steine, auf denen der Mais gemahlen wurde, sowie die flachen Pfannen, auf denen die Tortillas gebacken wurden, werden häufig bei archäologischen Ausgrabungen gefunden. Das Verarbeiten der Ernte war Frauenarbeit: Die Maiskörner mussten vom Kolben gelöst und dann gemahlen werden. Wohl gegen 1500 v. Chr. wurde das Verfahren der Nixtamalisierung entdeckt. Dabei werden Maiskörner in Wasser eingeweicht, das mit Kalk oder Asche versetzt wurde. Der alkalische Kalk erlaubte die leichtere Weiterverarbeitung der Maiskörner und machte zudem auch das Vitamin dieses Mehls, Niacin, stärker verfügbar. Somit wurde der Pellagra (hervorgerufen durch einen Mangel an Vitamin B) vorgebeugt.

Die Bauern mussten feststellen, dass der Boden schnell auslaugte, wenn allein Mais angebaut wurde. Die Maya legten deshalb regelmäßig, oft durch Brandrodung, neue Felder an und ließen die alten Felder mehrere Jahre brachliegen. Eine sich rasch verbreitende Innovation verhalf den Böden jedoch zu längerer Fruchtbarkeit: der Anbau von Bohnen neben dem Mais. Wie auch andere Hülsenfrüchte lagern Bohnen durch Bakterien in ihren Wurzelknoten Stickstoff ein. Die gemeine

Bohne (*Phaseolus vulgaris*), das zweite Mitglied der »Drei Schwestern«, hat vielerlei Farben, Formen und Größen, darunter auch Grüne, Schwarze, Kidney- und Pintobohnen. Auch diese Hülsenfrüchte wurden auf dem gesamten amerikanischen Kontinent angebaut und im Gegensatz zu Mais unabhängig voneinander mehr als einmal domestiziert – in Mexiko und Peru und vielleicht anderswo. An Höhlenfundplätzen fand man 11 000 Jahre alte wilde Bohnen, doch ihre domestizierten Sorten sind viel jünger. Die Bohnen wurden als Proteinquelle zu Eintöpfen gegeben, konnten aber auch wie Mais getrocknet und eingelagert werden.

Die dritte »Schwester« war der Kürbis, dessen Nutzen bereits sehr früh in Amerika erkannt wurde. Der ungenießbare, aber für sein langlebiges, hartschaliges Äußeres geschätzte Flaschenkürbis (*Lagenaria siceraria*) fand womöglich durch

Eine reife Maisähre (*Zea mays*). Ein gleichwertiger Spieler in der historischen ›Milpa‹-Triade; Dank seiner Dominanz im Tierfutter und seiner breiten Anwendungsmöglichkeiten – verarbeitet in unseren Nahrungsmitteln und Getränken – ist der Mais die Grundlage der industriellen Nahrungskette geworden.

frühgeschichtliche Migranten beim Überqueren Beringias aus Asien den Weg nach Amerika. Getrocknete Schalen von Kürbissen (*Cucurbita pepo*) dienten auch als Behältnisse, stammten aber anders als die Flaschenkürbisse nicht aus Asien, sondern aus Amerika. Mexikanische Höhlenfunde lassen darauf schließen, dass bereits seit 10 800 v. Chr. Kürbisgewächse (*Curcubitaceae*) domestiziert wurden; diese »Hauspflanzen« sind also älter als der Mais. Diese frühesten Kürbisse hatten bitteres, ungenießbares Fruchtfleisch, aber ihre Samen konnten entweder roh oder geröstet gegessen werden. Das Fruchtfleisch späterer Sorten wurde entweder zu Eintöpfen aus Bohnen und Mais gegeben oder geröstet und oft mit Chili, einer weiteren domestizierten Pflanze aus Amerika (S. 66), verzehrt.

Alle »Drei Schwestern« konnten sich an eine Vielzahl von Klimazonen und Böden anpassen, wodurch sie sich von Mesoamerika über den gesamten Kontinent verbreiteten. Im Tal des Mississippi wurde um etwa 900 n. Chr. mit großflächigem Maisanbau begonnen. Die ersten englischen Siedler erlernten das System von den amerikanischen Ureinwohnern in Massachusetts, wo es sich 1000 n. Chr. etablierte, und begannen das Getreide der Neuen Welt und seine Begleitpflanzen schnell zu schätzen. Das Milpa-System wird noch immer verwendet, auch wenn von Hand gepflanzt werden muss, damit die drei Pflanzenarten gemeinsam gut wachsen.

Mais, Kürbis und Bohnen traten ihren Siegeszug um die Welt an. Kolumbus brachte Maiskörner von seiner ersten Reise aus Amerika mit. In Spanien, Südfrankreich und Italien wurden bald darauf viele Maisfelder angelegt, da der Geschmack und die Vielseitigkeit des neuen Korns schnell erkannt wurden. Auch Bohnen wurden zu einem Grundpfeiler der Ernährung in Europa (und waren für den mährischen Mönch Gregor Mendel eine der Pflanzen, an der er seine berühmten Experimente zur Vererbung durchführte). Obwohl das Lagern von Kürbissen problematisch war, konnten zumindest die Samen über den Winter aufbewahrt werden. Im Laufe der Zeit haben Kürbisse eine Vielzahl von Farben, Formen und Größen entwickelt – von zierlichen kleinen bis hin zu den riesigen Exemplaren, die für Wettbewerbe gezüchtet werden.

Alle drei Feldfrüchte sind noch immer ein wichtiger Teil der menschlichen Ernährung, aber die wohl weltweit bedeutsamste Kulturpflanze ist der Mais. Im frühen 20. Jahrhundert wurden Kreuzungen zur Ertragssteigerung vorgenommen, vor allem von Donald F. Jones in Amerika. Neben der Verwendung zum direkten menschlichen Verzehr wird die Maispflanze heute für Öl, Maissirup, Tierfutter und Biokraftstoff angebaut. Ihr Erbgut wurde gründlich untersucht (die Pflanze besitzt mehr Gene als der Mensch), und sie wurde als erste Pflanze erfolgreich genetisch modifiziert, um sie besser gegen Krankheiten und Schädlinge resistent zu machen und den Ertrag zu steigern. Barbara McClintocks wissenschaftliche Abhandlung über die Genregulierung und »springende Gene« bezieht sich auf das Mais-Chromosom, das sie kartierte; so gewannen wir ein besseres Verständnis von den Veränderungen der Maispflanze, und die Wissenschaftlerin erhielt für ihren Beitrag 1983 den Nobelpreis für Physiologie oder Medizin.

Ein Herbarium-Exemplar (getrocknet und gepresst) von *Phaseolus albiflorus*, aus den Königlichen Botanischen Gärten in Kew. Wilde Bohnen wie diese, aus dem Hochland von Mexiko, können wertvolles genetisches Material zur Verfügung stellen, um domestizierte Bohnen angesichts der Klimaveränderung zu veredeln.

Kartoffel, Süßkartoffel, Erdnuss, Quinoa

Solanum tuberosum, Ipomoea batatas, Arachis hypogaea, Chenopodium Quinoa

Südamerikanische Kulturpflanzen

Durch die Ernährung der schnell wachsenden Bevölkerungen ermöglichten es Kartoffeln einer Handvoll europäischer Nationen zwischen 1750 und 1950, die Herrschaft über den Großteil der Welt geltend zu machen.

W. H. McNeill, 1999

Die Kultur der Inka wuchs rasch, blühte für eine kurze Zeit und ging auf katastrophale Weise zugrunde – als Opfer von Krankheiten und der spanischen Aggression in den 1530er Jahren. Diese Andenvölker hatten ein riesiges, beeindruckendes Reich geschaffen. Während sie ihre domestizierten Nutzpflanzen erbten, hat die Welt durch sie von der Existenz einiger Nahrungsmittel, die heute weltweite Verwendung finden, erfahren.

Eines davon, die Kartoffel (*Solanum tuberosum*), hat sich als so belastbar erwiesen, dass sie heute in fast jedem Klima angebaut wird. Es gibt Hinweise, dass sie in den Anden seit mindestens 5000 v. Chr. genutzt wird, und seit 2500 v. Chr. war sie im Hochland bereits Bestandteil der Nahrung. Die Anden-Kartoffeln haben eine Vielzahl von Formen, Größen und Farben entwickelt; ein Blick auf peruanische Märkte verdeutlicht dies bis heute. Europäer kamen erstmals 1537 mit der Kartoffel in Berührung, aber ihr Weg zur Weltherrschaft war steinig. Die Knollen wurden in Spanien und Italien gekostet, aber nicht gemocht; außerdem gedieh die Pflanze im südeuropäischen Klima nicht. Die Nordeuropäer betrachteten die Kartoffel zunächst mit Argwohn, und einige Protestanten lehnten sie ab, da sie nicht in der Bibel erwähnt wird. Zudem gehört die Pflanze zur gleichen Familie wie die Tollkirsche, und so hielt man sie für giftig.

Die frühen südamerikanischen Sorten, die nach Europa kamen, waren die Tag-und-Nachtgleiche der Äquatorialregion gewohnt. Auf der Nordhalbkugel liegt diese Zeit im Herbst, wenn die Frostgefahr hoch ist. Kartoffeln hybridisieren jedoch leicht, also arbeiteten europäische Bauern im 18. und frühen 19. Jahrhundert an der Entwicklung neuer Sorten, die für die Klimazonen Europas und Nordamerikas besser geeignet waren. Hohe Ernteerträge und der Kaloriengehalt der Pflanze spornten sie bei ihrer Arbeit an. Um Sorten zur Verfügung zu haben, die europäische Lichtverhältnisse gewohnt waren, wurden Bestände aus dem südlichen Chile weiterentwickelt; sie fanden Anklang in Nordeuropa – zunächst in Frankreich, Deutschland und dann in Irland –, wo Bauern mit wenig Land nun ihre Familien ernähren konnten.

Die berüchtigte Große Hungersnot der Jahre 1845–1849, im englischen Sprachgebrauch als »Kartoffel-Hungersnot« bezeichnet, nahm ihren Anfang in Belgien, hatte jedoch verheerende Auswirkungen in Irland, wo etwa eine Million Menschen

den Hungertod starben und die gleiche Anzahl auswanderte. Die »Kartoffelfäule«, die die Ernten in Irland zerstörte, und andere Krankheiten sind bis heute eine Belastung, aber neue Kartoffelsorten sind widerstandsfähiger. Durch intensive Züchtung konnte die Nutzpflanze Ende des 19. und Anfang des 20. Jahrhunderts in immer mehr Klimazonen angebaut werden – fast weltweit. China, Indien und die USA sind die führenden Erzeuger, aber egal ob gebacken, gekocht, püriert oder in Scheiben geschnitten – die Kartoffel ist weltweit auf dem Speiseplan. Die Knolle selbst ist nahrhaft, ihr Nährstoffgehalt kann aber durch ihre Zubereitung abnehmen.

Süßkartoffeln (*Ipomoea batatas*) stammen aus einer ganz anderen Familie. Ihre gebräuchliche Bezeichnung beruht auf einer früheren europäischen Verwechslung.

Nach Befruchtung der gelben Blüten einer Erdnuss wächst ein als Zapfen bekanntes Gebilde in den Boden. Die Spitze nimmt Wasser und Nährstoffe auf und entwickelt sich, durch Lichtmangel stimuliert, zu einer Schote mit Nüssen. Die Ranken und Blätter werden als proteinreiches ›Heu‹ verwendet, während die leeren Schalen zu Spanplatten verarbeitet werden können.

La Pomme de Terre

Lat. Solanum Tuberosum Allem. Grundbir. Angl. Potatoe. Americ Papas.

G. de Nangis del et Sc.

Oben: Eine Version des traditionellen Andenpflugs mit gehärteter Spitze aus Holz oder Metall – die aufgeworfenen Erdschollen wurden mit einem Hammer gebrochen. Solche einfachen Werkzeuge wurden über Jahrtausende erfolgreich zum Anbau von Kartoffeln in den Anden eingesetzt.

Gegenüber: Eine blühende und fruchttragende Kartoffelpflanze. Der französische Apotheker Antoine Parmentier, ein Kartoffelbefürworter, riet Königin Marie Antoinette, sich mit Kartoffelblüten zu schmücken, um das Ansehen dieser Pflanze am Ende des 18. Jahrhunderts zu heben. Nach der Befruchtung werden die Samen in der kleinen runden Frucht ausgebildet. Werden sie gepflanzt, können sie neue Arten hervorbringen, die sich über ihre Wurzelknollen fortpflanzen.

Der Westindische Name für die Pflanze, auf die Kolumbus' Männer erstmals 1492 in Haiti stießen, lautete »Batatas«; von ihm leitet sich das englische Wort »Potato« (Kartoffel) ab. Die Süßkartoffel ist die Wurzelknolle einer tropischen Kletterpflanze, verwandt mit der Prunkwinde, und hat ihren Ursprung wahrscheinlich in einem Gebiet zwischen Südmexiko und Venezuela. Wilde Sorten wurden möglicherweise bereits um 8000 v. Chr. konsumiert, und Hinweise darauf fanden sich in den frühgeschichtlichen archäologischen Stätten Perus. Im Gegensatz zu den neuzeitlichen Süßkartoffeln, die hohe Mengen an Stärke und bestimmten Zuckern enthalten, waren die ursprünglichen Knollen eher faserig als süß. Dennoch verbreiteten sie sich bereits vor der Ankunft Kolumbus' sehr weit: nach Norden über Mexiko, den Süden Nordamerikas und die Karibik, und überraschenderweise auf allen pazifischen Inseln bis nach Australien und Neuseeland.

Wie es vor über 2000 Jahren zu dieser Verbreitung kam, war Anlass vieler Spekulationen. Da die Knollen im Meerwasser nicht lange genug überleben konnten, um diese Orte als Treibgut zu erreichen, war vermutlich menschliches Zutun ausschlaggebend, ob absichtlich oder zufällig; samentragende Vögel müssen jedoch auch als Möglichkeit in Betracht gezogen werden. Auf welchem Weg auch immer, Süßkartoffeln wurden in Ozeanien und auf den Antipodeninseln bereits lange vor Ankunft der Europäer angebaut. Verwunderlich ist, dass die *Ipomoea* in Europa zunächst mehr Anklang als ihre Cousine *Solanum* fand; sie wurde im Mittelmeerraum angebaut und konsumiert, bevor sie über spanische und portugiesische Schiffe nach Afrika und Asien gelangte. In Westafrika und auf vielen ozeanischen Inseln konkurrierte die Süßkartoffel mit der Yamswurzel (*Dioscorea* spp.; S. 40) als Grundnahrungsmitteln. Süßkartoffeln werden oft auf gleiche Weise wie »irische«

Die Süßkartoffel, gemalt von Jean-Théodore Descourtilz aus Zeichnungen seines Vaters Michel Étienne während seines Aufenthalts in Haiti und Reisen in der Karibik. Viele von M. Descourtilz' Sammlungen gingen während der Französischen Revolution verloren, aber einige blieben erhalten und wurden für die Illustrationen des Werks *Flore pittoresque et médicale des Antilles* (1821–1829) verwendet.

oder »weiße« Kartoffeln sowie für Süßspeisen verwendet. China, wo diese Nutzpflanze im späten 16. Jahrhundert über die Philippinen eingeführt wurde, ist heute der weltweit größte Produzent und Verbraucher. Auch in vielen Teilen Afrikas, in Indien und in den Südstaaten der USA wird diese Frucht angebaut.

Eine andere peruanische Pflanze, die weitflächig angebaut wird, ist die Erdnuss (*Arachis hypogaea*). Sie ist allerdings keine Nuss, sondern ein Hülsenfrüchtler. Die sogenannte Virginia-Erdnuss ist die häufigste amerikanische Sorte. Erdnüsse, die sich unter der Erde entwickeln, wurden bei archäologischen Ausgrabungen in Siedlungen (6500–4500 v. Chr.) gefunden. Vor Ankunft der Europäer in der Neuen Welt wurden sie roh, geröstet oder zermahlen als Paste gegessen. Im Jahr 1492 hatten sie sich bereits bis zu den Taíno auf der Insel Hispaniola verbreitet und wurden von den Spaniern von dort auf die Philippinen und nach Indien gebracht. Dann verbreiteten sie sich nach China und Japan. Die Portugiesen brachten Die Pflanze von Brasilien nach Afrika, wo sie schnell zu einer wichtigen Kulturpflanze wurde, und nach Indien. Obwohl sie schon lange als Viehfutter angebaut wurde, ist die Erdnuss auch bei Menschen beliebt – roh, geröstet oder gepresst als Speiseöl. Sie hat einen festen Platz in der malaysischen Küche und wird zu einem Aufstrich verarbeitet, der in den USA und anderswo unter dem Namen »Erdnussbutter« bekannt ist.

Im Gegensatz zu den drei oben beschriebenen kosmopolitischen Nahrungsmitteln war das wichtigste einheimische Getreide der Anden, Quinoa (*Chenopodium Quinoa*), bei der Eroberung der Welt weniger erfolgreich. Die großen spinatähnlichen Blätter der Pflanze sind essbar, aber meist werden ihre kleinen weißen oder rosafarbenen Samen verzehrt. Um das giftige Saponin zu entfernen, das die Pflanze vor Vögeln schützt, müssen die Samen vor dem Genuss in einer alkalischen Lösung aufbereitet werden. Bei den Inkas war Quinoa eine Grundnahrungspflanze, da sie winterhart ist und auf nährstoffarmem Boden sowie in großer Höhe wachsen kann. Quinoa wurde in Eintöpfen verwendet, zu Mehl für Brot oder Tortillas gemahlen, war Bestandteil religiöser Zeremonien und Grundlage des Inka-Biers *Chicha*. Sie wird auch weiterhin in Andenstaaten wie Peru und Bolivien ausgiebig angebaut, gilt andernorts aber weitgehend als »exotisch«. Anbau und Verzehr könnten in Zukunft zunehmen, da die Körner mit dem Protein Lysin, Vitaminen und Mineralstoffen angereichert sind und als »Supergetreide« betrachtet werden.

›Weiße‹ Quinoa, abgebildet 1839 in *Curtis's Botanical Magazine*. Der Redakteur entschuldigte sich bei seinen Lesern für das glanzlose Äußere der Pflanze, hat sie aber daran erinnert, dass die Zeitschrift neben ›ansehnlichen Pflanzen‹ auch jene von ›besonderem Interesse‹ zeigt. Die Quinoa ist Hauptnahrungsmittel in den gemäßigten Gebieten Südamerikas. Die Inkas verehrten sie als die ›Mutter‹ der Körner.

T. 3.

Host. Ic. Gram.

Sorghum cernuum.

Sorghum, Yams, Augenbohne

Sorghum bicolor, Dioscorea spp., *Vigna unguiculata*

Grundnahrungsmittel südlich der Sahara

Es gibt nichts, was die »Seele« von Seelennahrung besser wiedergibt als Schwarzaugenbohnen.

Lindsey Williams, New Soul, 2006

Ein Korn, eine Knolle und eine Hülsenfrucht: Ursprünglich aus Afrika, verbreiteten sie sich weitläufig, blieben aber Grundelement des Speiseplans vieler Afrikaner. Vermutlich war ein Gras, Sorghum (*Sorghum bicolor*), schon um 4000–3000 v. Chr. in Äthiopien, im Sudan oder Tschad heimisch. Es wird bis zu vier Meter groß, trägt eine Rispe voller Samen und hat den Vorteil, auf trockenen Böden zu wachsen. Es wurde höchstwahrscheinlich aus der wilden Unterart *S. verticilliflorum* domestiziert. Sein Wert wurde rasch erkannt; um etwa 2000 v. Chr. verbreitete es sich nach Indien und wurde in frühchristlicher Zeit in vielen Teilen Afrikas heimisch. Es bleibt auch weiterhin das wichtigste Getreide südlich der Sahara und steht in der weltweiten Getreideproduktion an fünfter Stelle. Seine frühe Kultivierung ist Ausgangspunkt für Debatten über die Ursprünge der Landwirtschaft in Afrika, ein Prozess, der noch immer nicht vollständig geklärt ist.

Gegenüber: Wie viele afrikanische Nahrungsmittel wurde auch Sorghum verwendet, um die Sklaven während der ›Middle Passage‹ von Westafrika über den Atlantik nach Amerika zu verpflegen. Man dachte, die Versorgung mit vertrauten Nahrungsmittel würde ihre Überlebenschancen auf dieser schrecklichen Reise erhöhen.

Durch Gärung werden die Sorghumproteine in bekömmlichere und nutzbarere Moleküle aufgespalten. Die Körner sind dann sehr vielseitig verwendbar: als Mehl, Pasten oder Zugaben für Eintöpfe oder Brei. Sie können auch zur Bierproduktion genutzt werden. Es gibt verschiedene Arten des *S. bicolor*. Obwohl sie frei hybridisieren, hat jede Art unterschiedliche Eigenschaften und Wachstumsanforderungen, was diese Gattung in unterschiedlichen Regionen Afrikas zum Hauptgetreide machte. (Sorghum konkurriert fast immer mit anderen Getreidesorten, besonders mit Hirse, aber auch mit Mais, je nach Bodenqualität und jährlicher Niederschlagsmenge.) Eine Art – Durra – kommt am besten mit Trockenheit zurecht und verbreitete sich mit dem Islam. Die zweite – Kafir – ist südlich des afrikanischen Äquators verbreitet; ihr hoher Tanningehalt schützt sie vor Vögeln, was jedoch bedeutet, dass sie vor dem menschlichen Verzehr aufbereitet werden muss. Die dritte Art – Guinea – bevorzugt größere Niederschlagsmengen und ist das Hauptgetreide Westafrikas. Es gibt auch einige wilde Sorten, die in Zeiten einer Hungersnot geerntet werden können. Während der frühen Kultivierung von Sorghum in Afrika wurde das Gras auch als Viehfutter eingesetzt.

Indien produziert Sorghum in erheblichen Mengen; es wird als Nahrung für Mensch und Vieh verwendet. Auch in den USA ist es häufig anzutreffen. Eine Sorte mit hohem Saccharingehalt wurde zur Herstellung eines günstigeren Ersatzes für Ahornsirup benutzt, obwohl es hauptsächlich als Futtermittel dient.

Die Augenbohne verbreitete sich von ihrem wahrscheinlichen Domestizierungsgebiet in Westafrika und erreichte etwa im 2. Jahrtausend v. Chr. Südindien. Bessere Werkzeuge und Bewässerungsmethoden begünstigten ihre Verbreitung. Heute ist sie nach dem Reis eine wichtige Feldfrucht. Hendrik van Rheede zufolge wurde sie flächendeckend angebaut; er untersuchte im 17. Jahrhundert die Küste von Malabar und erwähnte die Pflanze in seinem *Hortus Malabaricus* (Garten von Malabar, 1678–1693).

Andere wichtige afrikanische Nahrungspflanzen sind die eng miteinander verwandten Arten von Yams (*Dioscorea* spp.), die als tropische Kletterpflanzen unter unterschiedlichsten Gegebenheiten wachsen. Ihre Knollen sind essbar und bringen sowohl Vor als auch Nachteile. Zu den Ersteren zählt die Tatsache, dass die Knollen nach dem Ausgraben auch ohne Kühlung mehrere Monate gelagert werden können. Somit ist die Versorgung in Zeiten mangelnder Alternativen gewährleistet. Die Knollen können sehr groß werden (ein Exemplar wog 60 kg); bei angemessener Pflege (»Veredelung«) sind die Pflanzen äußerst ertragreich. Die meisten Yamswurzeln müssen vor dem Verzehr gekocht werden, um Giftstoffe zu neutralisieren. Ihr größter Nachteil ist, dass die Knollen oft bis zu zwei Meter tief in der Erde liegen, was die Ernte zu einem schwierigen und erschöpfenden Unterfangen macht. (Einige asiatische Arten bilden ihre Knollen aber auch über der Erde aus.) Diese Tatsache sorgte für Debatten über die frühe afrikanische Landwirtschaft, die noch keine Eisenwerkzeuge kannte. Damals wurde vermutlich mit Steinhacken gearbeitet. Yams wurde wahrscheinlich bereits 2000 v. Chr. von migrierenden Gruppen zur Pflanzung an andere Orte transportiert und schon lange zuvor von Jägern und Sammlern ausgegraben.

Obwohl sich Yams in vielen Teilen der Welt entwickelte, gibt es zwei wichtige afrikanische Arten: *D. cayenensis* mit gelbem Fleisch, vorherrschend in Westafrika, und die eng verwandte *D. rotundata* mit weißem Fleisch (heute allgemein nur als Variante der anderen Art betrachtet). In ganz Zentralafrika sind sie ein Grundnahrungsmittel, obgleich sie heutzutage mit der Süßkartoffel und anderen importierten Pflanzen in Konkurrenz stehen. Ihr Fleisch kann geraspelt, zu einer Paste zerstoßen oder auf vielfältige Weise gekocht werden. Yams nimmt auf vielen ozeanischen Inseln, in Indien und China eine zentrale Stellung auf dem Speiseplan ein, wobei die *D. alata* die häufigste Art darstellt. Asiatischer Yams wurde im 1. Jahrtausend n. Chr. in Afrika und Madagaskar eingeführt und gelangte mit dem Sklavenhandel in die Neue Welt.

Auch ein weiteres afrikanisches Grundnahrungsmittel überquerte in europäischen Schiffen den Atlantik: Im 17. Jahrhundert führten die Spanier die Augenbohne (*Vigna unguiculata*) ein, die in den USA als »Schwarzaugenbohne« bekannt ist. Da auch diese Pflanzen zur Reifung Wärme benötigen, sind Augenbohnen noch immer Teil der Südstaatenküche und ein zentraler Baustein des afroamerikanischen »Soul Food«. Die meisten werden getrocknet, aber die frischen, weniger ausgereiften Schoten können auch so gegessen werden. Für gewöhnlich werden sie mit Schweinefleisch und Chili gekocht, um ihnen mehr Geschmack zu verleihen. Augenbohnen werden noch immer in weiten Teilen Afrikas und Asiens sowie auf den karibischen Inseln angebaut. In Haiti sind sie ein Hauptnahrungsmittel.

Wie auch andere Hülsenfrüchte binden Augenbohnen Stickstoff, sind also geeignete Beipflanzen; vor allem in Afrika sind sie ein Bestandteil der einfacher Landwirtschaft. Auch in Indien können sie als Ersatz für Linsen bei der Zubereitung von Dal und für Bohnencurrys verwendet werden. Eine besondere Sorte, *V. sesquipedalis*, bildet sehr lange Schoten, aber nur wenige werden ihrer Bezeichnung als »ellenlange Bohne« gerecht. Sie werden meist nicht als Bohne, sondern als Schote verwendet.

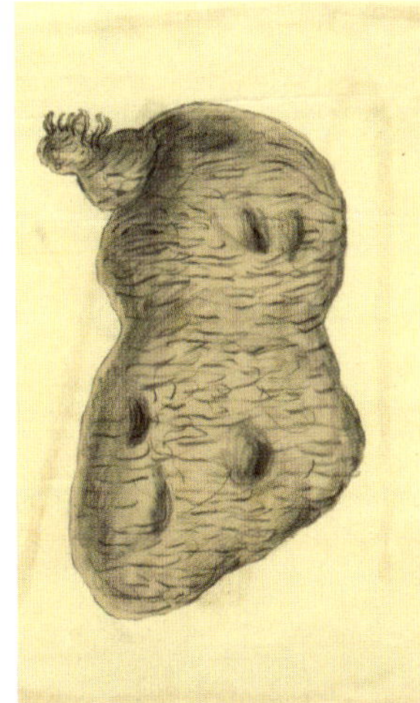

Dioscorea cayenensis, gezeichnet 1921 in Sierra Leone. Im westafrikanischen Anbaugebiet der Süßkartoffel gibt es aufwendige Yams-Feste. Die Süßkartoffeln könnten zur Bildung der sesshaften Lebensweise und der Landwirtschaft beigetragen haben. Die Pflege der Gartenpflanzen bis zur Reife und deren gelegentlichen Kreuzung mit wilden Waldpflanzen (ein dauerhafter Prozess) hat die modernen veredelten Süßkartoffeln hervorgebracht.

Reifende Brotfrucht und Blätter (oben), männliche Blüte (unten links) und Frucht, die sich aus den weiblichen Blüten entwickelt. Die Brotfrucht hat die Völker Ozeaniens seit Jahrtausenden ernährt. Mehr als 2000 volkstümliche Namen existieren für die vielen dort vorkommenden Kultursorten.

Taro, Brotfrucht

Colocasia esculenta, Artocarpus altilis

Was Ozeanien antreibt

[Die Brotfrucht] wird als Ganzes in heißer Glut gebacken und das Innere mit einem Löffel ausgehöhlt. Das Mahl glich einem Yorkshire Pudding.

Alfred Russel Wallace (1869)

Taro (*Colocasia esculenta*) und Brotfrucht (*Artocarpus altilis*) könnten kaum unterschiedlicher sein. Die eine ist eine Wurzel (eigentlich eine Knolle) mit großen, anmutigen Blättern, die andere ein Baum, der eine Höhe von 85 m erreichen kann. Dennoch haben sie etwas wichtiges gemeinsam: Ihre Produkte sind sehr stärkehaltig. Sie haben auch eine eng miteinander verwobene Geschichte, da sie beide lange Zeit Grundnahrungsmittel auf den pazifischen Inseln waren. Mit dem Namen »Taro« werden drei weitere essbare Knollen unterschiedlicher Gattungen bezeichnet, die viel mit der *Colocasia* gemeinsam haben.

Die Taro stammt aus Südasien, wahrscheinlich Indien oder Burma, breitete sich aber vor 6000 Jahren nach Thailand, Malaysia, Indonesien und den Philippinen aus. Schnell wurde sie in Papua-Neuguinea und auf anderen Pazifikinseln heimisch. In Hawaii gab es für sie 70 unterschiedliche Namen. Die Pflanze produziert keine Samen, also bedarf ihre Verbreitung menschlicher Hilfe. Dies wird durch die Verpflanzung einer Wurzelspitze samt eines Teils des Stammes erreicht; somit konnte die Wurzel gleichzeitig zur Fortpflanzung und als Nahrung genutzt werden. So konnten die Bauern sie immer in verschiedenen Wachstumsstadien halten. Von der Pflanzung bis zur Ernte vergehen 9–18 Monate. Als tropische Pflanze benötigt sie viel Wasser; sie gedeiht sogar in Überschwemmungsgebieten, was sie in vielen Regionen zum Konkurrenten von Reis macht.

Obwohl Taro hauptsächlich auf den tropischen Inseln im Pazifik angebaut wurde, verbreitete sich diese Nutzpflanze auch nach Westen, Afrika, Ägypten, auf einigen Mittelmeerinseln und ab dem 8. Jahrhundert auf der Iberischen Halbinsel. Schließlich gelangte sie auch in die Karibik und nach Südamerika. Mit ihrem hohen Stärkegehalt war sie als Ersatz für Zuckerhaltiges willkommen. Sie ist leicht bekömmlich und verdiente einen guten Ruf als Nahrung für Säuglinge und für Erwachsene mit Verdauungsproblemen. In der ozeanischen Küche ist sie sehr beliebt, obwohl die Verfügbarkeit anderer, billigerer Lebensmittel bedeutet, dass sie oft besonderen Anlässen vorbehalten ist.

Die mit der Maulbeere verwandte Brotfrucht (*Artocarpus altilis*) war wohl im heutigen Papua-Neuguinea heimisch und wurde noch lange vor dem Auftauchen der Europäer auf viele Pazifische Inseln gebracht. Sie kann jährlich 150–200 Früchte von der Größe einer mittelgroßen Melone tragen, die gekocht eine angenehm

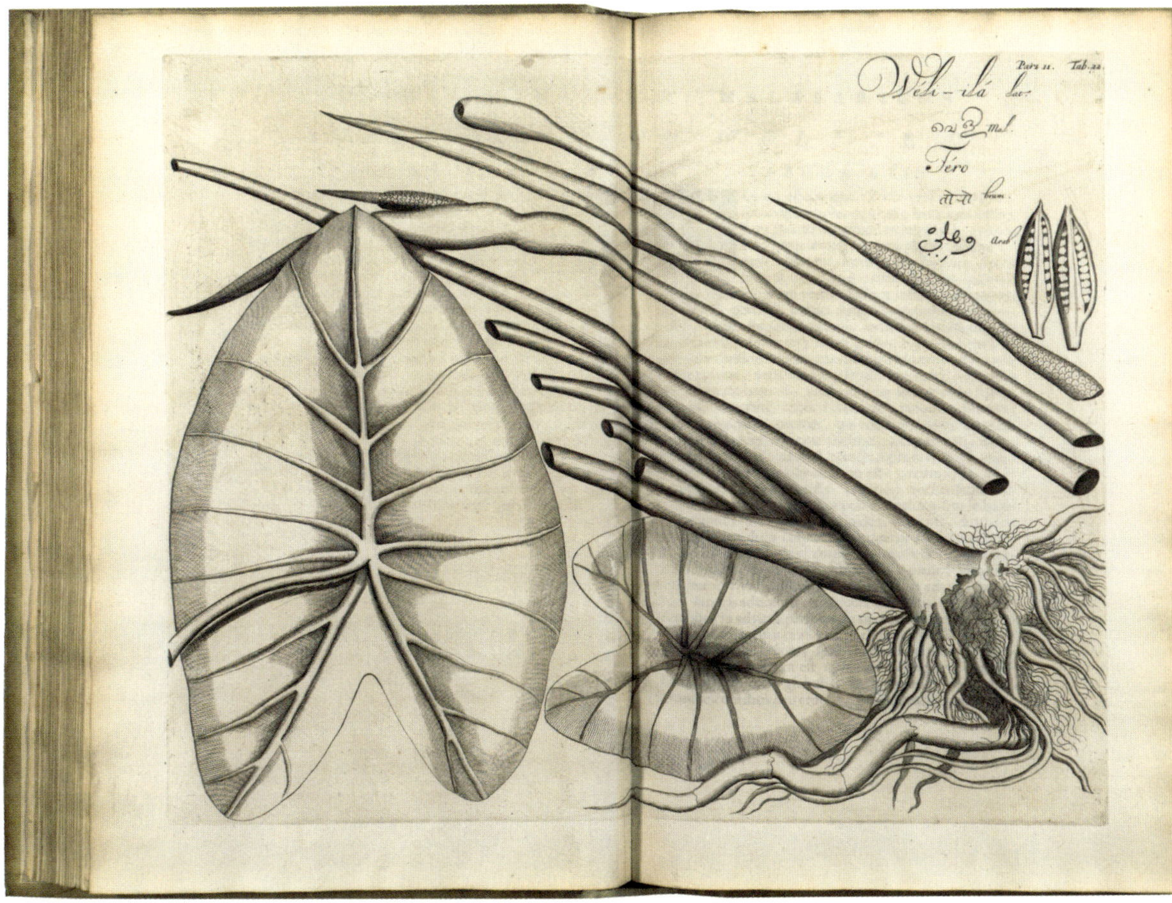

Taro, aus Hendrik van Rheedes *Hortus Malabaricus*. Neben den essbaren Blättern und dem zentralen Kormus (aus dem die Blattstiele entstehen) hat er die Blütenstrukturen und die Frucht mit ihren Samen dargestellt.

süße Speise ergeben. Sie wurde in Gruben auf heißen Steinen gebacken. Sie kann auch getrocknet werden, und ihr Fleisch lässt sich zu Mehl zermahlen. Die vergorene Frucht wird manchmal zu Kuchen verarbeitet, und sie kann bei der Zubereitung eines süßen Breis anstatt Taro verwendet werden. Außerdem ließ sich das Holz des Baums zu Bauzwecken nutzen. Heute gibt es mindestens 200 Sorten, überwiegend neuzeitliche kernlose.

Seine Ergiebigkeit und einfache Verfügbarkeit machten den Baum in der ganzen Region beliebt, und er beeindruckte die Europäer. Der Naturforscher Joseph Bank, der in den 1770er Jahren Captain Cook begleitete, beschloss, dieses Gewächs im tropischen Nordamerika zu verbreiten. Die Brotfrucht war Gegenstand der Reise der HMS *Bounty*, Schauplatz der legendären Meuterei im Jahr 1789. Der Schiffskapitän William Bligh überlebte und kehrte später zurück, um Exemplare der Brotfrucht für die Verpflanzung in der Neuen Welt zu sammeln, wo sie als billige Nahrung für Sklaven gedacht war. Obwohl das Experiment kaum das erwartete Wundermittel lieferte, ist der Baum in der Karibik und im tropischen Südamerika heimisch geworden.

Alfalfa, Hafer

Medicago sativa, Avena sativa

Treibstoff für Karren und Pflug

Das medische Heu ist auch bei den Griechen ausländisch, und etwa aus Meden, durch die Kriege der Perser, womit sie [König] Darius überzog, dahingebracht: aber es verdient vorzüglich seine Erwähnung. So groß sind seine Vorzüge!

Plinius, Naturgeschichte

Die Szene mit Pflug aus Pieto de' Crescenzis *De Omnibus agriculturae* (1548) wirkt skurril, unterstreicht jedoch die Wichtigkeit der fortlaufenden Entwicklung landwirtschaftlicher Ausrüstung und Futterpflanzen.

Domestizierte Tiere sind aus vielen Gründen ein Segen, müssen aber versorgt werden. Die am frühesten erwähnte Futterpflanze ist die Alfalfa oder Luzerne (Medicago sativa). Diese kleinkörnige, kleeartige Hülsenfrucht fand sich im gleichen Steppenbiom Westeurasiens, aus dem die zahmen Pferde der nomadischen Stämme hervorgingen. Sie fraßen wildwachsende Luzernen, was sie zur bevorzugten Futterpflanze der Pferdezüchter machte.

Die anatolischen Hethiter, als frühe Wagenlenker umjubelt, beschreiben auf Tontafeln, wie ihre Pferde mit Luzerne überwinterten. Diese Form der Fütterung verbreitete sich über Handel und Feldzüge. Darius der Große fütterte seine Kamele und Nutztiere mit dieser Pflanze und brachte sie den Griechen näher. Alfalfa wurde Teil der römischen Militärversorgung. Columella und Plinius priesen sie im 1. Jahrhundert n. Chr. und lieferten detaillierte Anweisungen zur Anbau. Auch der Osten zeigte Interesse. Der im 2. Jahrhundert v. Chr. herrschende Kaiser Wu von Han wollte seine territorialen Gewinne festigen und begehrte neben den berühmten Pferden aus dem Ferghana-Tal (Ost-Usbekistan) auch deren Futterquelle. Der Weg von der Hauptstadt Xi'an durch Ferghana führte weiter zum Schwarzen Meer und entwickelte sich zur nördlichsten der Seidenstraßen.

Alfalfa war nicht nur ein nützliches, lagerfähiges Getreide; als Hülsenfrucht verbesserte es auch die Bodenqualität, sodass die im Folgejahr angepflanzten Feldfrüchte besser gedeihen konnten. Offenbar geriet es in Europa in Vergessenheit, bis es über Spanien, womöglich mit den Muslimen, zurückkehrte. Damals wurde allerdings eine andere Futterpflanze immer wichtiger für die Landwirtschaft, vor allem in Nordeuropa.

Wilder Hafer (*Avena sterilis*) entstammte dem Fruchtbaren Halbmond, blieb aber im Gegensatz zu Weizen und Gerste eigentlich ein unkrautartiger Eindringling auf domestizierten Feldern. Auf diese Weise verbreitete sich der Hafer in ganz Europa. Wenn im Nordwesten das Wetter schlecht war, neigte der Hafer dazu, andere Getreidearten zu überragen. Im nächsten Schritt folgte der Anbau als Monokultur mit Belegen aus Deutschland von vor etwa 4000 Jahren. Der domestizierte Hafer (*Avena sativa*) entstand tausend Jahre später. Im keltischen Europa wurde Hafer zum Hauptgetreide und verstärkte so die Verachtung der Römer für ein Gewächs, das in ihren Augen nur für Barbaren und Tiere genießbar war.

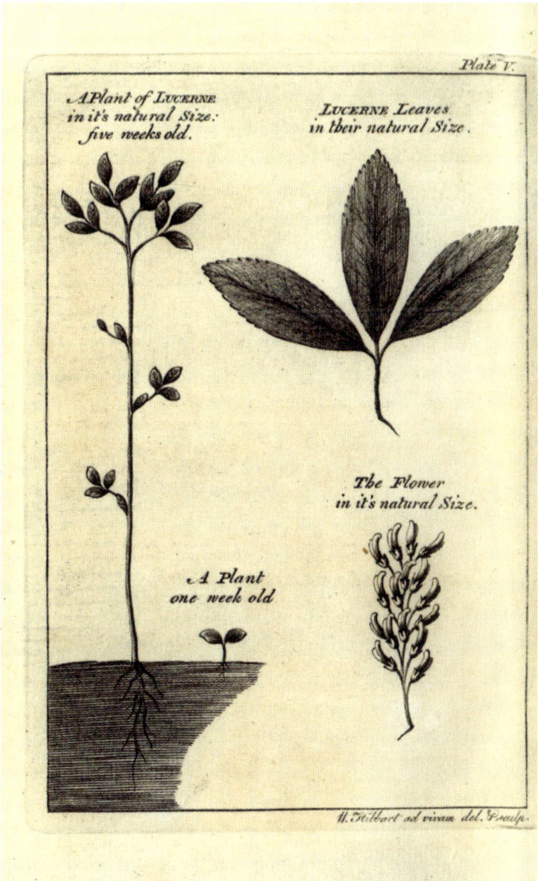

In Vorderasien und im südlichen Europa waren die Böden leichter. Nördlich und westlich der Donau und der Alpen war der Boden schwerer und oft noch nicht lange gerodet. Der robustere Räderpflug mit Streichblech, der die Sode trennen und wenden kann, wurde zunächst von Ochsen gezogen. Das damals übliche Zuggeschirr behinderte die schnelleren Pferde. Verbesserungen seiner Konstruktion und das Hufeisen perfektionierten den mittelalterlichen Pflug. Der energiereiche Hafer ernährte das Pferd. Die Pflanzen waren Teil einer etablierten Fruchtfolge; im Vergleich zu Weizen und Gerste war ihre Genügsamkeit unübertroffen.

Außerhalb Europas wurde Hafer weiterhin eher als Tierfutter als für den menschlichen Verzehr verwendet, obwohl man seine cholesterinsenkenden löslichen Ballaststoffe schätzte. Alfalfa reiste im 16. Jahrhundert mit den Spaniern und Portugiesen in die Neue Welt. Von Südamerika ging es nach Norden. Die Einführung von Samen aus der ursprünglichen asiatischen Heimat und die selektive Züchtung brachten neue Sorten hervor. Im 21. Jahrhundert reinigen Alfalfas die Umwelt von Schadstoffen, darunter auch beständige Herbizide, durch die Mikroorganismen, die an ihren Wurzeln leben und Chemikalien abbauen – eine sehr moderne Nutzung für ein altertümliches Viehfutter.

Oben links: Walter Harte studierte die Anbaumethoden auf dem Kontinent, als er einen jungen Schüler auf seiner Bildungsreise durch Europa begleitete. Im zweiten seiner *Essays on Husbandry* (1764) hat er die ›Zucht der Luzerne durch Verpflanzung‹ behandelt. Er vertrat entschieden die Überzeugung, dass ›unter allen Gräsern am ansehnlichsten die (unpassend genannt) künstlichen sind‹.

Oben rechts: Zwei Hafersorten, abgebildet in J. Metzgers *Europaeische Cerealien* (1824). Diese werden jetzt eher als Synonyme und nicht als unterschiedliche Pflanzen angesehen.

A
B
a
c
d
e

Olive

Olea europaea subsp. *europaea*

Das vollkommene Öl

Der Olivenbaum ist der erste aller Bäume.

Columella, Buch V, 1. Jahrhundert n. Chr.

Ein blühender Zweig – ein internationales Symbol für Frieden und Freundschaft – mit Oliven und Kernen. Da Oliven Früchte (Steinfrüchte) sind, ist Olivenöl (wie Palmöl) ein ›Fruchtsaft‹.

Olivenbäume sind ein Synonym für das Mittelmeer. Baum, Frucht und Öl haben dazu beigetragen, Land, Klima und die dort lebenden Menschen zu prägen. Obwohl ihre Domestizierung einige Veränderungen bewirkte, sind Olivenbäume noch immer dort am ertragreichsten, wo das mediterrane Muster von Temperatur und Niederschlag mit warmen, feuchten Wintern und heißen, trockenen Sommern vorherrscht. Die ganzen Früchte bereicherten die Küche, am begehrtesten aber war das Öl. Als Brennstoff für Lampen brannte es hell und sauber und erleuchtete die Dunkelheit. Seine salbenden Eigenschaften beruhigten rissige Haut und Sonnenbrand, verliehen dem Haar Glanz und ergaben eine hervorragende Seife. Olivenöl ist ein natürliches Lösungsmittel. Es vereint die Aromen in einer Schale und erfüllt den Träger mit den herrlichen Düften der antiken Welt. Im östlichen Mittelmeerraum wurde das Olivenöl zur heiligen Salbungsflüssigkeit; wohin auch immer die dortigen Völker mit ihren Ideen reisten, die Verehrung für das Öl folgte ihnen.

Einst eher als wichtige Kalorienquelle betrachtet, verkörpert Olivenöl heute das »gute Leben«. Es ist die Kernzutat in der viel gepriesenen »mediterranen Ernährung«, von der angenommen wird, dass sie Krebserkrankungen und Arteriosklerose vorbeugt. Dank des Komplexes aus einfach ungesättigten Fettsäuren und Polyphenolen liegt in einem großzügigen Schuss Olivenöl »extra vergine« viel mehr als Nostalgie – ebenjener Name der höchsten Güteklasse des Öls erzeugt ein Gefühl besonderer Reinheit.

Die wilde Olive (*Olea europaea* subsp. *sylvestris*) des Mittelmeerraums ist eher ein dorniger Strauch als ein Baum, mit breiteren Blättern und kleineren Früchten als die Kultursorten, die aus ihr hervorgegangen sind. Die gedämpften Grün-, Grau- und Schwarztöne der wilden Oliven vermischten sich mit anderen immergrünen Pflanzen; so entsteht die typische Macchia-Vegetation der Kalksteinhänge im Mittelmeerraum. Heute ist die wilde Pflanze gegenüber den domestizierten Sorten und verwilderten Oliven stark in der Unterzahl. Für die Olivenhaine in Hanglage wurden ursprünglich wohl Konkurrenzvegetation abgetragen, bestehende Bäume bewirtschaftet und neue Bäume gepflanzt. Die Analyse von Pollen der östlichen Mittelmeerregion zeigt, wie dominant Oliven in der Region während ihrer Blütezeit um 550 v. Chr. bis 640 n. Chr. waren. Die Bedeutung der Oliven für den Menschen lässt sich jedoch viel weiter zurückverfolgen.

Archäologische Funde deuten darauf hin, dass die halbnomadischen Jäger und Sammler, die am Ufer des Sees von Galiläa lebten, seit etwa 19 000 v. Chr. große Mengen wilder Oliven sammelten. Ab dem Spätneolithikum sammelten sie die Früchte nicht nur, sondern pressten aus ihnen auch Öl. Funde aus der darauffolgenden Kupfersteinzeit im Binnen- und Hochland zeigen, dass sich die Produktion ausweitete. Ob dabei wilde oder kultivierte Oliven oder eine Mischung aus beiden verwendet wurde, ist umstritten. Sicher aber ist, dass die Nutzung intensiviert wurde.

Der Übergang vom wilden Busch zum bewirtschafteten Baum, von dem derzeit angenommen wird, dass er in der nördlichen Levante geschah, wäre ein langsamer Prozess gewesen. Die kontinuierliche Auslese größerer, fleischigerer, ölhaltigerer Früchte erforderte den mehrfachen Austausch zwischen wilden und kultivierten Bäumen und musste mit einer Art vollzogen werden, die langsam reift und Früchte ausbildet. Olivenbäume sind sehr langlebig und können bei guter Bewirtschaftung mehrere hundert Jahre lang Erträge liefern, was den Wert des Landes immens steigert. All dies spricht für die starke historische Verbindung mit der sesshaften Lebensweise; ein Olivenhain war es wert, verteidigt zu werden.

Während der späteren Bronzezeit wurde das zunehmend von kultivierten Bäumen gewonnene Olivenöl zu einer wertvollen und viel gehandelten Ware. Damals wie heute verlangte das hochwertige Öl Geschick beim Pressen, Extrahieren und Transportieren, Letzteres unterstützt von der aufkeimenden Keramikindustrie. Wo sich der Olivenanbau schwieriger gestaltete, so z. B. in Mesopotamien oder Ägypten, wurde das Öl zu einem hohen Preis an ausgewählte Kunden verkauft.

Was in der Levante begonnen hatte, verbreitete sich mit den Griechen und Römern weiter. Roms Geschmack und damit sein Bedarf an Olivenöl war kolossal. Die Römer begannen auch damit, die Früchte bei Tisch zu essen (eingelegt und gesalzen, um der natürlichen Bitterkeit entgegenzuwirken). Oft pflanzten und bewässerten die Römer Haine in Nordafrika, Süditalien und Andalusien. Mit charakteristischer Effizienz entwickelten sie auch ein Bewertungssystem für das Öl und eine Bürokratie, um einen Schutz gegen das allgegenwärtige Problem von Betrug und Fälschung zu bieten. Die Nachfrage war so groß, dass Septimius Severus (reg. 193–211) die Zuteilung des Öls der Lebensmittelaufsicht (*Annona*) übergab, um die Bürger Roms ruhig zu halten.

Heute sind Olivenhaine für ihre Nachhaltigkeit bekannt. Sie sind reich an Insekten und bieten einheimischen und Zugvögeln wichtige Futterplätze. Nicht nur, dass Oliven mit schlechten Böden zurechtkommen, sie wachsen auf ihnen tatsächlich besser. Die Abfallprodukte vom Olivenpressen geben neben einem nützlichen Dünger auch gutes Tierfutter ab und können – vom Holz des Baumes einmal abgesehen – auch als Brennstoff genutzt werden. Ihre ausgedehnten, flachen Wurzeln halten den Boden an Hängen fest. Durch den Anbau auf terrassierten Hängen wird das Regenwasser zurückgehalten und die Ausschwämmung der Böden verlangsamt. Da die Bewässerung den Ertrag eines Baumes steigert, profitieren auch die Bauern. Olivenbäume können mit einer Tendenz zum Zweijahresrhythmus von schlechten

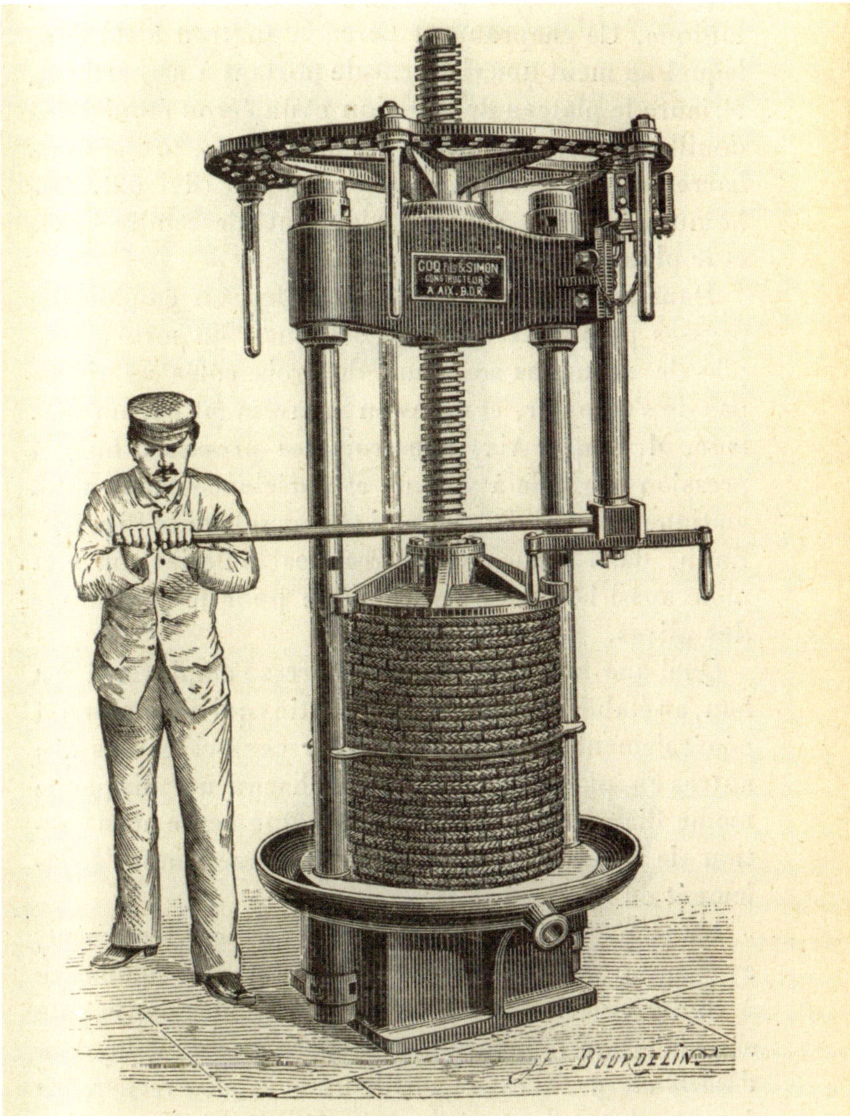

Oliven werden zerdrückt und die daraus entstehende Paste wird gepresst. In dem daraus entstehenden Gemisch werden Öl und Wasser getrennt. Die Ende des 19. Jahrhunderts eingeführten hydraulischen Anlagen erleichterten den Pressvorgang; das abgebildete französische Modell wurde in P. d'Aygalliers' *L'olivier et l'huile d'olive* (1900) vorgestellt. Heute erfolgt die Aufbereitung von Öl per Zentrifuge in abgedichteten Systemen, um den Luftkontakt so gering wie möglich zu halten und die Frucht so sanft wie möglich zu behandeln.

und guten Erträgen unregelmäßig tragen; mit dem richtigen Rückschnitt lässt sich dem jedoch entgegenwirken. Oft wird noch immer von Hand geerntet; die grünen Oliven werden früher als die reiferen schwarzen gepflückt.

Gleichsam als Lohn für ihre Großzügigkeit wurde der Olive Symbolcharakter zugesprochen. Es war der Baum, den Athen von Pallas Athene zum Geschenk erhielt. Das Olivenöl der heiligen Bäume, der *moriai*, wurde als Preis bei den Panathenäen verliehen; der Sieger der Olympischen Spielen erhielt einen Olivenkranz. Der Olivenzweig überwandt seine griechische Herkunft sowie die biblischen und talmudischen Sinnbezüge und wurde zu einem internationalen Symbol des Friedens und der Versöhnung.

ci ueteres seruati querendi sunt, quia meliores durabilic
huc semimaturi existunt.
De tempore uindemię, Cap. 2
V
uuæ ma
ideo sub
manens
tardius
neas led
eius, sed
us & m
gnoscit
gustu &
trius & Africanus sex solũ dies habere uuã, & non plu
enim granũ uuæ iam nõ uiride sit, sed in ea nigredine u
dem esse debet secundũ naturã generis illius uuæ, signi

Oben: Wein wurde traditionell in Eichenfässern gelagert und transportiert. Das Zusammenspiel aus Wein und Holz ergibt den spezifischen Geschmack.

Gegenüber: Cornichons blancs, auch Frauenfinger genannt, waren wegen ihrer charakteristischen länglichen Form geschätzte Tafeltrauben. Der belgische Künstler Pierre-Joseph Redouté, für seine Blumen bekannt, setzte die Technik des Farbstichs ein, um diese kostbare Frucht in *Choix des plus belles fleurs et des plus beaux fruits* (1827–1833) abzubilden.

Traube

Vitis spp.

In Vino Veritas

Der Weinstock trägt dreierlei Trauben: die erste der Wollust, die zweite der Trunkenheit und die dritte des Ekels.

Anacharsis, 6. Jahrhundert v. Chr.

Es mag vielleicht eine besondere englische Gepflogenheit sein, bei einem Patientenbesuch im Krankenhaus Trauben mitzunehmen, aber es steht eine gewisse Logik dahinter. Rote und rotblaue Trauben enthalten große Mengen Flavonoide – Pflanzenfarbstoffe, die für die attraktive Färbung sorgen und als Antioxidantien wirken. Die Rolle dieser Moleküle beim Schutz vor den verheerenden Krankheiten der Moderne – Krebs, Herz-Kreislauf-Erkrankungen, neurodegenerative Erkrankungen, rheumatische Arthritis – hat sich nicht als so simpel herausgestellt wie zunächst angenommen. Als Nahrungsergänzungsmittel waren Antioxidantien eine Enttäuschung, aber noch immer gibt es beim Verzehr von Obst irgendetwas, das eine positive Wirkung hat. Trauben sind schmackhaft, gesund und nützlich.

Die einst weit verbreitete wilde eurasische Weinrebe (*Vitis vinifera* subsp. *Sylvestris*), eine Liane aus gemäßigten Zonen, wächst in Wäldern entlang von Flüssen. Die Bäume bieten den holzigen Ranken Halt, wenn sie aufwärts in Richtung der Baumkronen wachsen. Die freistehenden männlichen und weiblichen Pflanzen bilden Blüten aus; nach Bestäubung tragen die weiblichen Pflanzen Früchte. Der Weinstock wurde in den Bergregionen des Nordzagros, im Osttaurus und Kaukasus domestiziert. Er war Teil der zweiten Welle von Domestizierungen nach Getreide und Hülsenfrüchtlern. Der Schlüssel war eine in freier Wildbahn vorkommende Zwitterpflanze, die nur eine einzige genetische Mutation und ihre Selektion durch den Menschen benötigte.

Weinstöcke schlagen durch ihre einfach in den Boden gesteckten dünnen Zweige leicht aus; so konnten gewünschte Sorten leicht reproduziert und unerwünschte Eigenschaften vermieden werden, da die Samen der Trauben sehr variable Pflanzen ergeben. So war es möglich, einen Hain oder eine Terrasse mit Klonen zu pflanzen und einen neuen Naturraum zu erschaffen – den Weinberg. Diese einfache, aber sehr effektive vegetative Verbreitung wurde später von der komplexeren Methode der Transplantation aufgegriffen – eine wichtige Methode in der Geschichte der Pflanzenkontrolle. Sorgfältige Pflege und Beschneiden erbrachte frische Trauben für den Verzehr, zum Einkochen süßen Sirups und zum Trocknen wie bei Rosinen, Sultaninen und Korinthen – lagerfähige Grundnahrungsmittel der europäischen Winterküche. Mit den Blättern ließen sich verschiedene Gerichte umhüllen, und der Gehölzschnitt ergab gutes Brennholz zum Kochen.

Cornichons blancs.

P. J. Redouté. Victor.

Lange vor ihrer Domestizierung wurden die kleinen, säuerlich schmeckenden wilden Trauben gesammelt, und vermutlich erfreute man sich bereits an ihrer Neigung zum Gären. Wenn die Frucht reift und platzt, gerät der Saft in Kontakt mit natürlich vorkommenden Hefen auf der Haut, sodass Alkohol entsteht. Der nächste Schritt, der vermutlich in der Altsteinzeit gemacht wurde (»Paläolithische Hypothese«), deutet auf aktive Traubensammlung und Gärung hin. Eine genaue Bestimmung ist nicht möglich, weil die dafür notwendigen Artefakte nicht überlebt haben. Hinweise über die mögliche Verwendung wilder Trauben (oder Weißdornbeeren) in alkoholhaltigem Grog stammen aus einer Fundstelle der Jungsteinzeit bei Jiahu, Provinz Henan, nördliches Zentralchina; in Hajji Firuz im nördlichen Zagros-Gebirge wurde vor 7400–7000 Jahren ein Tongefäß verwendet, um Trauben oder Traubenprodukte aufzubewahren. Man geht aber davon aus, dass es erst vor 5500–5000 Jahren zur Traubendomestizierung und regelrechten Weinherstellung kam. Von den Bergregionen im Norden verbreitete sich die Produktion weiter nach Mesopotamien und Ägypten. Wein und Rosinen waren wichtige Handelswaren, die in mit Kiefernharz bestrichenen Amphoren aufbewahrt wurden; der dadurch entstehende Geschmack erinnert an den heutigen griechischen Retsina.

In all diesen Kulturen, so auch in der späteren griechischen und römischen, war Wein eng mit Ritualen, Religion und Geselligkeit verbunden. Neben einer gewöhnlichen Schenke hatten elitäre Griechen ihr *Symposion*, die Römer das *Convivium*, und der Kult um Dionysus/Bacchus florierte. Wein ist bis heute beim jüdischen Sabbat und in der christlichen Eucharistie von zentraler Bedeutung. Nach dem Niedergang Roms blieb in der instabilen Situation Europas die Herstellung des Weins eng mit der Kirche verbunden. Als sich die Mönchsorden, insbesondere Benediktiner und Zisterzienser, verbreiteten, entstanden in einigen der renommiertesten Weinbaugebiete von heute erstklassige Lagen, auch wenn weltliche Winzer ebenfalls dabei eine Rolle spielten.

Nach dem System der vier Körpersäfte wurde Wein als Medikament angesehen; ihm wurden heiße und feuchte Eigenschaften zugeschrieben. Er wurde vor allem für seine nährende Wirkung auf untergewichtige, unterkühlte und dehydrierte alte Menschen geschätzt – leicht verdaulich, belebt der Wein die nachlassenden Lebensgeister. Und wie der Mensch reift auch der Wein bis ins hohe Alter, wenn er zu Essig oxidiert. Weinessige waren nicht einfach Abfälle, sondern sorgfältig hergestellte Würz- und Konservierungsmittel. Sie waren auch unabdingbar zu Zeiten der Pest, da man ihnen zuschrieb, Körperöffnungen wie z. B. Hautporen und Nasenlöcher zu verengen und somit die Aufnahme schädlicher Dämpfe oder Erreger, die als Krankheitsursache angesehen wurden, zu verhindern.

Die Weinreben begleiteten Europas Forschungsreisen und Kolonisierungen. Von Mexiko aus verbreiteten sich *Vinifera*-Trauben nach Peru, Chile und Argentinien; in nördlicher Richtung gelangten sie nach Kalifornien. In Südafrika war das Kap der Guten Hoffnung besonders empfänglich; in Australien und Neuseeland dauerte die Suche nach einem geeigneten Anbaugebiet bis in die 1840er Jahre. Wie so oft verbreitete der Export von Pflanzen in andere Teile der Welt auch

1700–1702 unternahm der französische Botaniker Joseph Pitton de Tournefort eine Botanisierungsexpedition in die Levante; er reiste auf dem Landweg bis nach Georgien. Claude Aubriet, ein berühmter botanischer Künstler, begleitete ihn und illustrierte die Plätze, Pflanzen und Menschen, auf die sie während der Reise trafen. Hier in Scala Nova nahe Smyrna (jetzt Izmir) an der türkischen Ägäis beobachteten sie die Pflanzung eines neuen Weingartens. Die gesamte Region war für Rosinen und Wein berühmt.

Krankheiten. Drei bedeutende Traubenparasiten – Mehltau oder Oidium (*Erysiphe necator*), falscher Mehltau (*Plasmoparaviticola*) und eine Blattlausart (*Viteus vitifoliae*, zuvor *Phylloxera vitifoliae*) – entstanden im Nordosten der USA. Die dort heimischen Weinreben waren seltener von Krankheitserregern betroffen als die importierten Reben. Das ist auch der Grund, weshalb die ab dem 16. Jahrhundert zur Ostküste verschifften Reben nicht gediehen, sodass die Zucht von lokaler Sorten vorangetrieben wurde.

Kupfersprays hielten Oidium in Schach. Der Wunsch nach resistenten Pflanzen brachte den Austausch von Stecklingen mit sich, wodurch vermutlich in den 1860er Jahren die wurzelfressenden Blattläuse nach Europa kamen; das hatte verheerende Auswirkungen auf die französische Weinindustrie. Weitere Versuche der Weinbauern, die Probleme durch Kreuzungen zu umgehen, brachten den falschen Mehltau nach Europa. Das Wüten der Reblaus wurde durch das Verpflanzen von *Vinifera*-Reben auf resistente amerikanische Wurzelstöcke gestoppt. Die Technik, die in der Antike bessere Weinberge hervorgebracht hat, rettete die globale Weinindustrie.

Die Züchtung neuer Rebsorten hat, insbesondere bei jüngeren Weinen, auch neue Geschmacksnoten hervorgebracht. Ältere Weine wurden zu Spitzenprodukten oder Sammlerstücken ausgebaut und scheinen kaum mehr zum Trinken gedacht. Es gibt heute etwa 10 000 Traubensorten, darunter viele kernlose, die sehr beliebt sind; zur Zucht sind sie jedoch unbrauchbar.

Geschmack

Jenseits der bloßen Bedürfnisse

Oben: Detail einer japanischen gestreiften Tomate aus dem *Album Benary* (1879).

Die Entwicklung von Kulturen hängt eng mit der Verfügbarkeit von Grundnahrungsmitteln zusammen. Obwohl sie uns ernähren und unseren Hunger stillen, erfüllen sie allein nicht immer unser Verlangen nach Geschmack und Verfeinerung des Alltäglichen. Diese Qualität von Pflanzen steht im Mittelpunkt dieses Kapitels.

Herausragend ist das Gewürz Safran, das ganz besonders für Exklusivität steht. Das hat natürlich viel mit seiner Verfügbarkeit zu tun. Was für den einen gewöhnlich ist, mag für den anderen exotisch sein. Aus Indien und den Gewürzinseln kamen Pfeffer, Muskatnuss und Gewürznelken; die Nachfrage nach diesen Gewürzen trieb den Handel an und führte zu einigen der großen Entdeckungsreisen. Im Gegensatz dazu könnten Laucharten als eher banaler Bestandteil der Küche erscheinen. Knoblauch, Zwiebeln, Schalotten und Lauch haben jeweils ihre eigene Mischung aus stechenden Schwefelverbindungen, wobei Lauch den delikatesten Geschmack hat. Knoblauch ist heute eines der »Supernahrungsmittel«; er wurde in den antiken Gärten Asiens und im östlichen Mittelmeerraum gepflanzt. Er war Opfergabe in ägyptischen Gräbern. Knoblauch und Zwiebeln waren wegen ihres Geruchs eher unattraktiv. Römische Sklaven und Soldaten allerdings aßen sie, da man eine stärkende Wirkung annahm.

Auch Spargel stand bei den Römern hoch im Kurs. Sie bemühten sich sehr, ihn zu kultivieren, weil sie seine heilenden Qualitäten schätzten. In dem Moment, da in der Ernährung mehr die Qualität als die Quantität von Inhaltsstoffen in den

Vordergrund trat, wurde er – wie in der Renaissance – für seine zarte und leichte Verdaulichkeit geschätzt.

Kohl, oft als langweiliges Grün betrachtet, ist in seinen vielseitigen Arten und Sorten erstaunlich nahrhaft! Die Vorfahren heutiger Kohlsorten (vor allem Blumenkohl, Rosenkohl, Brokkoli und Kohlrabi) besaßen keine Köpfe, die erst mit Pflanzen aus nordeuropäischer Züchtung aufkamen. Endlich eine Schlüsselpflanze aus dem kalten Norden! In China gehören viele Gewächse zur selben Familie.

Bier, heute als Genussmittel mitunter für gefährlich gehalten, war früher wichtiger täglicher Ernährungsbestandteil der arbeitenden Bevölkerung. Es bestand aus sauberem Wasser, hatte Kalorien und berauschte angenehm, aber nicht zu lange. Hier kommt der Hopfen ins Spiel. Dieses aphrodisierende Kraut kam erst im 8. oder 9. Jahrhundert als eines von mehreren Aromen nach Europa; seine konservierenden Eigenschaften wurden später festgestellt.

Die zwei letzten Geschmäcker stammen aus der Neuen Welt, wurden bei uns aber so bedeutend, dass sie heute wesentlicher Bestandteil der lokalen Küchen sind. Die Chilischoten wurden übernommen, nachdem sie die Iberer mit nach Hause und weiter in ihre östlichen Kolonien gebracht hatten. Und mit ihren süßen, scharfen Früchten hatten Tomaten kein Pendant in der Mittelmeerküche, sodass sie dort ihren Siegeszug antraten. Nach anfänglichem Misstrauen stieg die Gunst des »Liebesapfels« bei den Menschen ab dem 17. Jahrhundert.

Oben links: Aquarell einer schwarzen Pfefferpflanze (*Piper nigrum*), in Indien von Mrs. Janet Hutton Anfang des 19. Jahrhunderts gemalt.

Oben rechts: Eine Zwiebelpflanze mit Blüte, aus *La Botanique* (1774) der Eheleute Nicolas-François Regnault und Geneviève de Nangis-Regnault.

Safran

Crocus sativus

Das Gewürz des Prestigekonsums

Getrocknete Safranstränge aus der Apotheke, auch wenn sie in jeder Hinsicht mit denen im Gewürzglas identisch sind. Kilikische Ärzte empfahlen sie der schönen ägyptischen Königin Kleopatra, um sicherzustellen, dass ihre Gesichtshaut makellos blieb.

Seine Blüte steigt zunächst nackt aus dem Boden.

John Gerard, 1636

Crocus sativus ist eine kleine, eher reizlose Wurzelknolle, die zarte, lilafarbene Blüten mit markanten großen, dunkelorangen bis roten, hängenden Stigmen bildet. Diese Stigmen – sonst nur selten verwendete Pflanzenteile – produzieren eines der weltweit teuersten Lebensmittel: Safran. Durch seine Stellung in der Ernährung, Medizin, Mythologie und als Farbstoff ist der goldgelbe Safran hoch begehrt. Von den safrangefärbten Gewändern buddhistischer Mönche bis zu den Straßen des antiken Rom, die Kaiser Nero zum Gruß mit Safran übersät waren, finden sich in den unterschiedlichsten Kulturen Zeugnisse seiner Wertschätzung. Ob als Faden oder gemahlen, der scharfe Geschmack, der eindringliche Geruch und die starke Farbe legen nahe, dass nur kleinste Mengen benötigt werden.

In seiner persischen Heimat wertete der Safran die traditionellen Reisgerichte wie Pilaw und Shola auf. Die Phönizier handelten mit ihm entlang der Seewege im Mittelmeer und brachten ihn im Westen bis nach Spanien; die Muslime führten ihn dort während der Blütezeit ihres Reiches erneut ein. Die Mogule sorgten für seine Verbreitung in Indien. Mutmaßlich brachten Kreuzritter und fromme Pilger die Knollen aus dem Heiligen Land mit, obwohl es dafür keine Beweise gibt. Wie auch immer der Safran nach Europa gelangte – er wurde später in Italien, Frankreich und Deutschland angebaut. Die Stadt Walden im Osten Englands stellte Safran ihrem Namen voran, als dessen Anbau für die ehemalige Wollstadt immer wichtiger wurde.

Die Köche des mittelalterlichen Europas betrachteten Safran als Bestandteil höfischer Ästhetik und nutzten so Nahrung zur Demonstration des Reichtums. Die Geschmäcker aristokratischer Gaumen mochten sich ändern, Safran aber ist bis heute wichtig für Provenzalische Bouillabaisse und Mailänder Risotto. Das zum Fest der Santa Lucia zubereitete schwedische Gebäck »Lussekatte« zeugt von seiner Aufnahme in die gemeine Vorratskammer. Der hohe Preis und die Knappheit ließen Fälschungen aufkommen. Den ganzen Stigmen konnten Blütenteile der Färberdistel (*Carthamus tinctorius*) beigemischt werden, während pulverisierte Gelbwurz (*Curcuma longa*) das gemahlene Gewürz ersetzen konnte. Die Deutschen gingen im 15. Jahrhundert gegen Betrug vor: Sie erhoben ihn zum Kapitalverbrechen, das mit Verbrennung oder Begraben bei lebendigem Leibe bestraft wurde.

Die hohen Kosten entstehen durch Ernte und händische Verarbeitung. Jede Pflanze hat drei Blumen, die sich an aufeinanderfolgenden Tagen öffnen; jede

Blüte trägt drei der wertvollen Stigmen, die langen fadenartigen, weiblichen Teile, die das herrliche Gewürz liefern. Nach dem Schnitt der Blüte müssen die an der Basis verbundenen Stigmen getrennt und getrocknet werden. 70 000 Blumen sind notwendig, um 450 Gramm getrockneten Safran zu erhalten, und diese 70 000 Blumen benötigen eine Fläche von etwa 400 m^2. Am besten werden die Blüten vor Sonnenaufgang gepflückt, wenn die Luftfeuchtigkeit optimal ist. Auf den Safranfeldern des weltweit größten Produzenten, dem Iran, wird die Ernte im Oktober und November in 20 Tagen intensiver Arbeit eingebracht.

Medikament und Gewürz: Safran wurde als Mittel verschrieben, das starke, ungesunde Flüssigkeiten im Körper reduziert, wie etwa diejenige, von der man glaubte, dass sie bei Lungenschwindsucht die Lungen verstopfe. Es wurde auch in Rezepturen verwendet, da seine feine Qualität die Wirkungen anderer Zutaten ausgleichen und der Produktion träger Körperflüssigkeiten entgegenwirken würde.

Plenck. Ic.

PIPER NIGRUM. L.
Der schwarze Pfeffer.

Muskatnuss, Nelken, Pfeffer

Myristica fragrans, Syzygium aromaticum, Piper nigrum

Die Reichtümer der Westindischen Inseln

Von den Inseln Ternate und Tidore bringen die Händler ihre Gewürze.

John Milton, *Das Verlorene Paradies* (II, 639–40), 1667

Gewürze waren für das Europa der beginnenden Moderne so wichtig, dass die Herkunftsorte von Muskatnuss und Nelken »Gewürzinseln« genannt wurden. Nach der Entdeckung der Seewege nach Osten kam es sogar zu Gewürzkriegen, als Portugal, Spanien, die Niederlande und Großbritannien um die Kontrolle dieser wertvollen Rohstoffe wetteiferten. Der Gewürztransport auf traditionellen Landwegen war in der europäischen Antike mühsam, und die frühen mediterranen Kulturen schätzten Zimt, Muskat, Nelken und Pfeffer. Durch den aufwendigen Transport waren sie teuer; in der Regel wurden sie zunächst mit Schiffen über den Indischen Ozean zu den Häfen der Arabischen Halbinsel und dann weiter zu Land und zu Wasser bis an ihre endgültigen Bestimmungsorte gebracht. Die Muskatnuss könnte in Rom bereits im 1. Jahrhundert n. Chr. bekannt gewesen sein, obwohl niemand wirklich sicher ist, woher das kostbare Gewürz kam.

Tatsächlich war der Muskatnussbaum nur auf wenigen Inseln eines Archipels östlich des heutigen Indonesien, den Banda- oder Gewürzinseln, heimisch. Dieser immergrüne Baum ist einzigartig unter den Gewürzpflanzen, da er zwei Gewürze sowie eine Frucht ausbildet. Die Muskatnuss ist der hochgeschätzte Kern der Frucht, und der noch teurere Macis bildet die dünne Hülle um ihn herum. Die Frucht selbst wurde oft in Honig oder Zuckersirup kandiert. Der mit seinen goldenen Früchten beladene Baum wurde im 16. Jahrhundert als »der schönste Anblick der Welt« beschrieben. Muskatnuss wurde lange im Orient gehandelt und in China, Indien und im byzantinischen Konstantinopel (dem heutigen Istanbul) geschätzt. Sie diente zum Süßen von Ale, einem dunklen Bier, und zur Parfümierung von Kleidung. In China sprach man ihr medizinische Wirkungen zu, und auch die Europäer glaubten, dass sie eine Reihe von Krankheiten lindern könne, darunter die Pest – was die Nachfrage entsprechend erhöhte.

Nachdem der portugiesische Seefahrer Vasco da Gama im späten 15. Jahrhundert einen direkten Seeweg in den Orient gefunden hatte, waren die Gewürze dieser Region leichter verfügbar. Auch wenn die Route um die Südspitze Afrikas im Vergleich zum Transport auf den traditionellen Gewürzstraßen der Antike die doppelte Zeit in Anspruch nahm, war die Verschiffung aus einer Hand lukrativer. Die Schiffe konnten auf den Bandainseln Muskatnuss laden und zusätzlich auf den nahe gelegenen Molukkeninseln Ternate und Tidore Nelken, die getrockneten

Oben: Mit schwarzem Pfeffer wurde ein Vermögen gemacht. Am 16. November 1665 beschrieb der Tagebuchschreiber Samuel Pepys die Gewürze in der Hand eines Ostindienfahrers als den ›größten Reichtum unter Gewirr, den ein Mensch in der Welt erblicken kann‹. Es scheint fast so, als könne man ›den verteilten Pfeffer durch jeden Spalt riechen‹ und er habe ›ganze Räume bis über die Knie mit Nelken und Muskatnuss gefüllt durchschritten.‹

Gegenüber: Ein blühender, fruchtbarer Stamm der schwarzen Pfefferpflanze (*Piper nigrum*). Das Detail zeigt die farbkräftige reife Beere, das getrocknete schwarze Pfefferkorn und das weiße Pfefferkorn nach dem Entfernen der Schale.

Rechts: Blütenzweig, Frucht, Nuss und Samenschale (Arillus) der Muskatnuss. Auf seinem heimatlichen Boden auf den Banda-Inseln in Ostindien tragen die Bäume das ganze Jahr hindurch Blüten und goldgelbe Früchte. Die Frucht platzt auf, um die leuchtend scharlachrote Samenschale um die Nuss zu enthüllen; diese trocknet zur vertrauten gelbbraunen, spröden Muskatblüte für die Küche.

Gegenüber: Die aromatischen Blätter und Blüten des Gewürznelkenbaums. Es ist die unentfaltete Blüte, die als Gewürz vermarktet wird, aber die purpurfarbenen Beeren, die nach der Blüte entstehen, können in Zucker eingelegt und als verdauungsförderndes Mittel verzehrt werden.

Blütenknospen von *Syzygium aromaticum*, aufnehmen. Unbeschadet von Schiffbruch oder Piraterie in Europa angekommen, war eine Ladung getrockneter und lagerfähiger Gewürze ein Vermögen wert war. Nelken waren in Europa sehr begehrt; sie sorgten als Gewürz für frischen Atem und wurden auch von Ärzten eingesetzt. Es gibt kaum ein Gewürz, dass in der Medizin keine Rolle spielte.

Der Handel mit beiden Gewürzen war so ertragreich, dass Spanien, später auch die Niederlande und England, Portugal das Monopol streitig machten. Spanien war kurzfristig erfolgreich, bevor ab 1602 die Niederländische Ostindien-Kompanie (VOC) starke Präsenz auf den Inseln zeigte. Die Ostindien-Kompanie aus London, die ihre königliche Satzung im Jahr 1600 erhielt, war im Versuch, die Niederländer zu verdrängen, nur mäßig erfolgreich, obwohl die kleine Muskat-Insel Run kurz Englands erste Überseebesitzung wurde. Die Engländer konnten sie nicht halten, und so wurde schließlich den Niederländern das Monopol über die Gewürzinseln zugesprochen. Im Gegenzug erhielten die Briten New Amsterdam (also Manhattan) und die anderen niederländischen Kolonien Nordamerikas).

Die Ostindien-Kompanie orientierte sich daraufhin nach Indien, wo sich Franzosen und Portugiesen bereits engagierten und ein weiteres hoch gehandeltes Gewürz zu Hause war – der Pfeffer (*Piper nigrum*). Diese Kletterpflanze wächst naturgemäß in Südindien und wurde für den heimischen Gebrauch sowie den Export in andere Teile Asiens und nach Europa kultiviert. Als Kletterpflanze braucht sie eine Stütze: Die Wildpflanzen rankten oft an Kokospalmen empor, die auf Plantagen

Schwarzer Pfeffer aus *Hortus Malabaricus* (Garten von Malabar, 1678–1693). Konzipiert und beaufsichtigt vom Naturforscher und Kolonialverwalter Hendrik van Rheede, Niederländische Ostindien-Kompanie. Diese bemerkenswerten Bände führen mehr als 700 Pflanzen des Malabar-Gebiets mit Abbildungen und beschrieben erstmals die Pflanzenwelt Asiens. Der lateinische Text wurde um Pflanzennamen in lokalen Sprachen – Kankani, Arabisch und Malayalam – ergänzt.

durch Pfosten ersetzt wurden. Die Beeren wurden Anfang Herbst geerntet und dann getrocknet, zeitgleich mit den Monsunwinden, die die Heimreise der europäischen Schiffe begünstigten.

In der Antike schätzten Griechen und Römer den Pfeffer; sowohl schwarze als auch weiße Versionen waren bekannt. Weißer Pfeffer ist die länger gereifte Version des schwarzer Pfeffers, dem die äußere Hülle entfernt wird. Römische Autoren klagten darüber, ihre Zahlungsbilanz geriete in Gefahr, weil nur mit Gold die großen Pfeffermengen, die importiert wurden, bezahlen werden konnten. Die Griechen verwendeten auch »Langen Pfeffer« (*Piper longum*), eine schärfere Version, die stets teurer war und von der fälschlicherweise angenommen wurde, sie stamme von der gleichen Pflanze. Der in Nordwestindien heimische lange Pfeffer wurde in Europa noch bis ins 17. Jahrhundert hoch geachtet; noch zwei Jahrhunderte später mussten ihn Köche, die nach Mrs. Beetons klassischem Kochbuch (1861) kochen wollten, vorrätig haben. Seine Stellung in der westlichen Küche verlor er an die amerikanische Chilischote (S. 66), die die gleiche Schärfe besaß und in Europa angebaut werden konnte.

Schwarzer Pfeffer war das meistgehandelte Gewürz, und die weltweite Nachfrage schien unersättlich. Sogar im Mittelalter war er in Europa recht leicht erhältlich, wenn auch aufgrund des Transports entsprechend teuer. Seine medizinischen Eigenschaften wurden so hoch geschätzt wie seine Fähigkeiten zur Verfeinerung von Lebensmitteln. Ihm wurde nachgesagt, er könne Schleim abbauen, den Körper wärmen und Blähungen im Zaum halten.

Die Kontrolle über die Herstellung der drei Gewürze wurde so wichtig wie deren Transport und Vermarktung. Die Holländer gingen auf den Gewürzinseln rücksichtslos vor, zerstörten, um ihr Monopol zu halten, sämtliche Muskatnussbäume auf Run und reduzierten dadurch leider deren genetische Vielfalt. Botanische Spionage war weltweit gängige Praxis, und sowohl Muskatnuss als auch Gewürznelken wurden zur Pflanzung an anderer Stelle geschmuggelt. Noch vor Beginn der christlichen Zeitrechnung waren Pfefferpflanzen bereits von Indien nach Indonesien exportiert worden, sodass europäische Schiffe neben Muskatnuss und Nelken auch Pfeffer laden konnten, nachdem der Seeweg in die Region einmal bekannt war.

Obwohl Muskatnuss, Nelken und Pfeffer warmes Klima benötigen, haben Globalisierung und Nachfrage dafür gesorgt, dass sie heute in vielen Ländern gewerblich angebaut werden. Umso mehr Anbaugebiete es gibt und je stärker die Produktion kontrolliert wird, desto schwieriger ist es, den Preis eines Gewürzes auf dem Weltmarkt zu regulieren. Grenada, eine der Westindischen Inseln, konkurriert in der Muskatnussproduktion heute mit Indonesien, und es gibt Pfefferplantagen in Malaysia, Brasilien und Indien. Nach Sansibar kamen Nelken im 20. Jahrhundert, aber der dortige Anbau wurde durch eine Pilzerkrankung weitgehend unmöglich, sodass ihre ursprüngliche Heimat Indonesien weltweiter Hauptproduzent und -verbraucher blieb; gemahlene Nelken werden dort zusammen mit Tabak auch zu Zigaretten verarbeitet.

Oben: Eine Naturhalskette aus Muskatnüssen und Nelken. Ein Teil der reichhaltigen Sammlung der Wirtschaftsbotanik in Kew.

Links: Laub, Blüten und Frucht der Muskatnuss (*Myristica fragrans*). Obwohl sie auf den Molukken und Banda Inseln im Südpazifik heimisch ist, wurde sie von Marianne North in Jamaika gemalt. Unter den westindischen Inseln dominierte Grenada – die ›Gewürzinsel‹ – die Produktion (nur von Indonesien übertroffen), bis Hurrikan Ivan 2004 die Plantagen auf der Insel verwüstete.

Oben: Capsicum baccatum wurde vermutlich in Bolivien domestiziert, obwohl sich seine natürlichen Verbreitungsräume von Peru nach Brasilien erstrecken. Als *Aji* ist es in Südamerika bekannt, wo das feine Aroma und die verschiedenen Aromen der kultivierten Sorten geschätzt werden.

Gegenüber: Hier zeigt sich die reiche Vielfalt an Formen, Größen und Farben der kultivierten Capsicum-Früchte. Ihr Feuer wird mit der Scoville-Skala (SHU für Scoville Heat Units) gemessen; sie wurde 1912 vom amerikanischen Apotheker Wilbur Scoville entwickelt. Paprikaschoten erzielen 0 SHU, weil sie kein Capsaicin enthalten; der lange rote Cayennepfeffer hingegen erzielt 30000–50000 SHU. Das Sortiment ist ein Spiegel der Wechselwirkung von Genetik und den Verhältnissen beim Anbau.

Chili

Capsicum spp.

Manche mögen's heiß

[Die Azteken] besitzen als Gewürz eine [Pflanze], ähnlich wie Pfeffer, die sie Chili nennen, und sie essen niemals irgendetwas ohne es.

»Der Anonyme Eroberer«, *Erzählungen [...] aus Neuspanien*, 16. Jahrhundert

Nur wenige Pflanzen haben so viel Feuer wie die Früchte der mittelgroßen Sträucher *Capsicum annuum* oder der noch schärferen *C. frutescens*, jenen Chilis (auch »Chilli«), die für die Tabasco-Sauce verwendet werden. Sie verdanken ihre Schärfe einem Alkaloid namens Capsaicin, das wie andere Pflanzenalkaloide wahrscheinlich zum Schutz vor Fressfeinden entstand. Die stärkste Konzentration befindet sich um die Samen herum; deshalb wird einer Chili durch das Entfernen des Inneren und der Samen viel von ihrer Schärfe genommen. Da Capsaicin wasserunlöslich ist, kann ihre Schärfe nicht durch Wasser bekämpft werden.

C. annuum wurde schon von den Azteken geschätzt. Die Eintöpfe der Milpa-Felder (Mais, Bohnen, Kürbis, S. 28) wurden damit viel schmackhafter, und auch Schokolade ließ sich mit ihnen verfeinern. Schon um 7000 v. Chr. pflückte man Chilis (das Wort stammt aus der Aztekensprache Nahuatl); seit etwa 4000 v. Chr. werden sie angebaut. Zur Zeit der spanischen Eroberung gab es sie bereits in unterschiedlichen Größen, Formen, Farben und Schärfegraden. Chilis verbreiteten sich auch in Nordamerika und der Karibik. Ihr Gebrauch beim Volk der Taíno von Santo Domingo bestätigte Kolumbus in seinem Irrglauben, dass Chilis der Pfeffer (*Piper nigrum*) des Indischen Archipels seien und eine westliche Route gefunden sei. Obwohl ohne jede Verwandtschaft haftet das Wort »Pfeffer« oft den Sortenbezeichnungen des *Capsicum* an, vor allem bei den größeren, süßeren Sorten.

Kolumbus' Arzt Diego Álvarez Chanca nahm Chilis mit nach Spanien, wo sie sich zunächst nur mäßiger Beliebtheit erfreuten. Sie ließen sich dort problemlos anbauen, was jene Kaufleute alarmierte, die mit dem lukrativen Pfeffer handelten. Europäische Seeleute brachten das neue Gewürz bald nach Asien, Afrika und Brasilien. Rasch eroberten Chilis der indische Küche – kaum vorstellbar, dass sie erst eine relativ neue Zutat sind. Leonhart Fuchs, ein Naturkundler der Renaissance, hatte sogar angenommen, sie stammten aus Indien.

Wie die meisten Gewürze wurden auch Chilis als Medizin angesehen. In ihrer Schärfe mit schwarzem Pfeffer vergleichbar, hielt man sie gegen Kälte und Nässe für hilfreich. Medizinisch aber blieben sie zweitrangig, und so werden sie damals wie heute vorrangig in Mexiko und Indien als Gewürz angebaut. Es gibt mehr als ein Dutzend Hauptsorten, mit erheblichen Unterschieden in Geschmack und Schärfe. Die modernsten stammen vom *C. annuum* ab; der Cayennepfeffer wird

dagegen aus den Samen der *C. frutescens* gemacht. Auch Paprika (vom Wort *Piper*) als Elemnet der ungarischen Küche existiert in vielen Schärfe- und Süßegraden.

Neben *C. annuum* und *C. frutescens* haben andere Capsicum-Arten lokale Bedeutung, darunter *C. chinense*, das auf den Westindischen Inseln beliebt ist. Trotz des Namens stammt es genauso wenig aus China, wie die dominante Spezies *annuum* eine einjährige Pflanze ist. Als Carl Linnaeus sie im 18. Jahrhundert benannte, hatte er den Anbau in Europa vor Augen; in tropischen Ländern wächst Capsicum mehrjährig.

Knoblauch, Zwiebeln, Schalotten, Lauch

Allium spp.

Höllenfeuer und Schwefel?

Und, allerliebste Akteure! eßt keine Zwiebeln, keinen Knoblauch; denn wir sollen süßen Odem von uns geben.

William Shakespeare, *Ein Sommernachtstraum*, 4. Aufzug, 2. Szene

Wenn man die bekannten Laucharten schneidet und verzehrt, ist das Resultat charakteristisch. Zwiebeln (*Allium cepa* var. *cepa*), Schalotten (*A. cepa var. aggregatum; A. Oschaninii*) und Lauch (*A. porrum*) können Tränen auslösen und einen anhaltenden Geruch in Atem, Schweiß und Urin hinterlassen. Diese bekannten Effekte werden von organischen Schwefelverbindungen hervorgerufen, die in vielen der mehr als 800 *Allium*-Arten in hohen Konzentrationen vorkommen. »Höllenfeuer und Schwefel« ist ein passendes Sinnbild der mächtigen Kraft der Laucharten.

Intakte Pflanzengewebe binden Schwefel zu stabilen Verbindungen (Cysteinsulfoxiden); sie werden flüchtig (in erster Linie als Thiosulfinate), wenn die Zellen etwa durch Schneiden oder Kauen aufgebrochen werden und der Schwefel mit dem Enzym Alliinase in Kontakt kommt. Bei Zwiebeln, die uns am meisten zum Weinen bringen, wird der flüchtige Schwefel in unserer natürlichen Augenflüssigkeit zu Schwefelsäure. Die Evolution hat solche Prozesse zum Schutz der Pflanzen vor Fressfeinden hervorgebracht. Wir mögen zwar keine Tränen, aber der scharfe, beißende Geruch von rohem und der wunderbar süße, weiche Geschmack von gekochtem Lauch werden seit Jahrtausenden geschätzt – als eigenständiges Gemüse oder auch als abrundende Würze im Hintergrund.

Allium ist auf der Nordhalbkugel beheimatet (nur zwei Arten stammen von der Südhalbkugel). Die Vielfalt dieser essbaren Pflanzen, die sich von den trockenen Subtropen bis knapp unterhalb des Polarkreises erstreckt, bot für Sammler viele Möglichkeiten. Die größte Artenvielfalt bietet die Region vom Mittelmeerbecken über Zentralasien bis hinein nach Afghanistan und Pakistan – das gleiche Gebiet, das wahrscheinlich auch die wichtigsten domestizierten Gartenpflanzen beheimatete. Auch aus Ostasien kamen einige Sorten, etwa die Winterzwiebel (*A. fistulosum*) und der Chinesische Lauch (*A. ramosum*).

Von Zwiebeln wird angenommen, dass sie zuerst in Zentralasien angebaut wurden; ihre Wildform ist heute unbekannt. Die Laucharten kommen vermutlich ursprünglich aus dem Gebiet um das östliche Mittelmeer und Westasien. Bis zum 3. Jahrtausend v. Chr. wurden beim Kurrat (*A. kurrat*) die Blätter abgeschnitten. Es folgen die Stielformen (*A. porrum*). Die Domestizierung von Knoblauch (*A. sativum*) reicht bis um 3000 v. Chr. nach Zentralasien zurück. Von dort nahmen vermutlich Nomadenstämme den Knoblauch mit nach Mesopotamien und Indien.

Gegenüber: Europäische Zwiebelsorten (*Allium cepa*) mit unterschiedlicher Schalenfarbe, Form und Saison.

ALBUM BENARY.

Tab. XXII.

3/4 gr. nat.

Ad nat. pict. in horto Benary.

Chromolith. G. Severeyns. Bruxelles.

ERNST BENARY, ERFURT.

Wie auch Zwiebeln waren die trockenen Knoblauchknollen leicht zu transportieren und sogar noch einfacher zu pflanzen – einzelne Zehen können behutsam direkt in den Boden gedrückt werden.

Die Ägypter verglichen die Schichten der Zwiebel mit den konzentrischen Sphären ihres Kosmos. Dies könnte erklären, warum sie Zwiebeln in die Körperhöhlen der Mumien steckten, sie auf Altären opferten und ihre Eide auf sie schworen. Die Einstellung der Ägypter zu Alliumgewächsen sagte viel über ihre spätere kulinarische Geschichte. Knoblauch, Zwiebeln und Lauch waren sicherlich Teil der täglichen Kost ägyptischer Arbeiter. Auch in der Bibel ist zu lesen, dass die Israeliten, bereits während sie von Moses aus der ägyptischen Knechtschaft durch die Wüste geführt wurden, den Alliumgewächsen nachtrauerten, von denen sie während ihrer Gefangenschaft zu essen bekommen hatten. Der Verzehr war nicht auf die unteren Klassen beschränkt, doch heißt es, Knoblauchatem könne den priesterlichen Verweis aus einem ägyptischen Tempel nach sich ziehen. Lauch, vor allem Knoblauch, galt als sowohl schmackhaft als auch verunreinigend.

Griechen und Römer schätzten Knoblauch auch wegen seiner stärkenden Qualitäten. Er war tägliche Nahrung der Arbeiter, Sportler, Matrosen und Soldaten, die

Kraft und Ausdauer benötigten. Aus den gleichen Gründen wurde er an Kampfhähne verfüttert, bevor sie in die Arena gesetzt wurden. Knoblauch wurde häufig sowohl äußerlich als auch innerlich als Medikament gegen eine Reihe von Krankheiten eingesetzt. Dies war zum Teil auf seine nachweisbaren antimikrobiellen Eigenschaften zurückzuführen, wenn dieser Zusammenhang zu jener Zeit auch nicht bekannt war. Aufgrund seiner leichten Verfügbarkeit, des günstigen Preises und der breiten Anwendungsmöglichkeiten bezeichnete der Arzt Galenos (129–ca. 210) Knoblauch als »*theriaca rusticorum*«, des armen Mannes Allheilmittel – eine Überzeugung, die so lange währte wie die Medizin der Körperflüssigkeiten nach Galenos.

So wie die Ägypter sorgten sich auch Griechen und Römer um schlechten Atem; eine Sorge, die selbst mit den Unsterblichen geteilt wurde – die uralte Muttergöttin Kybele verwehrte Gläubigen mit Knoblauchatem den Eingang zu ihrem Tempel. Auch die Brahmanen, die Priesterkaste der Hindus, mieden Knoblauch. Übermäßig anregend, lenkte der Geruch von der andächtigen Kontemplation ab und hatte den Beigeschmack von Untergebenen, die ihn verzehrten.

Die Römer führten ihre kulinarischen Laucharten mit sich in andere Teile Europas, wo Schnittlauch (*A. schoenoprasum*) bereits wild wuchs. Die Kultursorten hatten ihren Platz in den späteren Kloster- und Arzneigärten. Ihre Popularität in Kulturen, deren Rezepte viel früher in Kochbüchern erschienen, wurde wiederum gemindert durch die Bedenken wegen des Geruchs; auch befürchtete man die zu starke Anregung der Verdauung. Der Knoblauch war stets der Hauptschuldige. Nach dem Tagebuchschreiber Jon Evelyn aus dem 17. Jahrhundert sollten sich Damen oder ihre Verehrer durch zartes Reiben einer einzigen Zehe rund um den Teller nur einen Hauch von Knoblauch erlauben oder sich auf die sicherere, sanftere Zwiebel verlassen. Bauern dagegen konnten es sich nicht leisten, wählerisch zu sein; vielleicht aber sollte dies gar kein Nachteil sein.

Wir wissen heute, dass die stark mit Knoblauch und Zwiebeln angereicherten bäuerlichen Gerichte aus dem Mittelmeerraum genauso gesund wie köstlich sind. Alliumgewächse enthalten Kohlenhydrate (oder Zucker), die die herzhafte Süße der Französischen Zwiebelsuppe oder der roten Zwiebelmarmelade ausmachen. Neben den Einfachzuckern bieten Zwiebeln, Knoblauch, Schalotten und Lauch relativ große Mengen komplexerer Kohlenhydrate (Fructo-Oligosaccharide). Da diese im Dünndarm unverdaulich sind (dem Menschen fehlt das nötige Enzym), werden sie zum Dickdarm weitergeleitet. Dort werden sie von den gesunden Darmbakterien vergoren und stärken diese zu Lasten der schädlichen Bakterien – somit fungieren Alliumgewächse als probiotische Lebensmittel. Diese scharf riechenden Alliumgewächse haben ein immenses Potenzial: Sie schützen vor Blutgerinnseln, Diabetes und möglicherweise auch Krebserkrankungen.

Gegenüber links und rechts: Lauch und Knoblauch (*Allium porrum und A. sativum*), beide aus Joseph Jacob Plencks *Icones Plantarum Medicinalium* (Band III). Dieser österreichische Arzt und Dermatologe hat sieben großartige illustrierte Bände über Heilpflanzen (1788–1792) zusammengestellt; ein achter Band wurde nach seinem Tod hinzugefügt. Die Aufnahme der vertrauten Küchengemüse ruft uns ihre lange Geschichte in der Medizin ins Gedächtnis und zeigt, dass die Grenzen für die Nutzung von Pflanzen fließend sind.

Kohl

Brassica spp.

Esst euer Grünzeug

Das Walross sagte: »Nun ist es Zeit, über Dinge zu sprechen,
[...] Über Schuhe und Schiffe und Spiegelwachs
Über den König und Kohl und Stoff aus Flachs.«

Lewis Carroll, *Alice hinter den Spiegeln*, 1872

Der bescheidene Kohl entstammt einer großen Familie. Wir benutzen das Blattgrün von Weiß- und Grünkohl, zudem die anderen Pflanzenteile von Brokkoli, Blumenkohl, Rosenkohl und Kohlrabi (alles Varianten von *B. oleracea*) und die Wurzeln von Rüben und Kohlrüben (*B. rapa* subsp. *Rapa* und *B. napus* subsp. *rapifera*), aber allen fehlt irgendwie der Zauber. Vielleicht wurde aus Vertrautheit Geringschätzung. Diese Gemüsesorten werden oft mit bitterem Geschmack, schwefligen Gerüchen beim Kochen und Blähungen nach dem Verzehr in Verbindung gebracht. Doch die Deutschen genießen ihr Sauerkraut, die Russen haben Schtschi (Kohlsuppe) als Nationalgericht, und wo immer es auftaucht, begleitet heutzutage der niederländische Krautsalat amerikanisches Fastfood. Auch in Ostasien werden die Kohlarten geschätzt – das eingelegte Kimch'i ist ein wesentlicher Bestandteil einer koreanischen Mahlzeit, und in den letzten Jahren sind zahlreiche Chinakohlarten und Pak Choi zusammen mit dem Wok weiter in die westlichen Küchen vorgedrungen. Senf, aus Kohlsamen (*B. nigra*), ist ein altes Gewürz aus den Mittelmeerländern. Der veredelte Raps (*B. napus* subsp. *Oleifera*) ist heute eine der wichtigsten Ölpflanzen der Welt, und seine Überreste werden oft als Tierfutter verwertet. Und es gibt noch mehr davon: Neben ihrem unverwechselbaren Geschmack können die Kohlarten auch über ihre reiche Vielfalt definiert werden. Sämtliche Pflanzenteile haben im Laufe der Entwicklung, von der prähistorischen Nahrungssuche bis hin zur industriellen Landwirtschaft, Verwendung gefunden.

Die in der Geschichte der Domestizierung oft genutzte Variabilität der Kohlsorten ist auf die komplexe Geschichte ihres Genoms zurückzuführen. Seit der Urahn der heutigen Gattung Brassica vor 20 Millionen Jahren auftauchte, führte eine Serie von Hybridisierungen oder Genduplikationen zu einer Vervielfältigung der Chromosomen, sodass Brassica vor 5 Millionen Jahren vier Kopien in ihrem Genom besaßen. Vor etwa 4 Millionen Jahren entstanden verschiedene Arten von Brassica (einschließlich der essbaren *B. oleracea, B. rapa* und *B. nigra)* aus ihrem gemeinsamen Vorfahren. Erst vor 2000 Jahren kam es zu einer natürlichen Kreuzung unter den Mitgliedern der Spezies, als die Ölpflanze *B. napus* mit ihrem riesigen Genom der Gruppe beitrat.

Eine Brassica (*B. rapa)* wurde wahrscheinlich wegen ihrer ölhaltigen Samen früh domestiziert, obwohl auch die Blätter und geschwollenen Wurzeln nutzbar

Gegenüber: Dekorative aber auch essbare Grünkohlsorten (krautartig, mit geöffnetem Kopf) aus *Album Benary* (1879). In der Mitte ist ein Palmkohl angebildet. Er ist auch als Cavolo nero oder Schwarzkohl bekannt und als Kulturpflanze wieder in Mode gekommen.

Unten: Rapspflanzen lassen die Agrarlandschaft in kräftigem Gelb erstrahlen. Die für den Verbrauch angebauten Sorten haben einen niedrigen Gehalt von Erucasäure und bitteren Glucosinolaten. Zuvor wurde das Öl vornehmlich als Schmiermittel für Dampfmaschinen verwendet. Entsprechend modifiziert kann es ein Comeback als ein umweltfreundliches Schmiermittel für Getriebe erfahren.

waren. Seit etwa 2000 v. Chr. wurde in einem weiten Gebiet vom Mittelmeer bis nach Indien mit dem gezielten Anbau begonnen, als auf einem für Getreide präparierten Land auch andere Pflanzen als Unkraut erschienen. Nach dem Öl kamen die Blätter der *B. oleracea*. Die wilden Kohlarten waren an den europäischen Atlantik- und Mittelmeerküsten heimisch. Die frühen Kulturpflanzen, die ähnlich wie der heutige Grünkohl keine ausgeprägten Köpfe besaßen, wurden vielerorts von Kelten, Griechen, Römern und Ägyptern verzehrt.

Der Kohl wurde als Heilpflanze geachtet; sogar der äußerlich angewandte Urin von Kohlessern fand einen Platz in der *materia medica*, verfasst im 2. Jahrhundert v. Chr. von Cato dem Älteren. Die Römer nahmen ihre stängeligen Gartenvarianten mit in die von ihnen eroberten Länder. Die dichten Kohlköpfe, deren Blätter sich fest um den Stiel wickeln und ein Herz formen, wurden aber in Nordeuropa entwickelt. Im 1. Jahrhundert n. Chr. schrieb Plinius über Kohl, aß ihn aber wahrscheinlich nicht; in heißen Klimazonen wächst er nicht gut, und in Europa war er vor dem Mittelalter noch nicht verbreitet.

Als die Menschen begannen, mit verschiedenen Pflanzenteilen zu experimentieren und deren inhärente Variabilität zu nutzen, kam es unweigerlich zu einer Kreuzung der Gartenpflanzen mit wilden und verwilderten Populationen. Der Blumenkohl ging aus dem Brokkoli hervor, vielleicht in Süditalien über eine sizilianische brokkoliartige Pflanze; allerdings wird auch Zypern als möglicher Ursprungsort erwähnt. Beide Varianten nutzen das Wachstum der Blütengewebe aus und halten es im Knospenstadium an, wenn reichlich Nährstoffe (die für die Blüte verwendet würden) vorhanden sind. Der verdickte Stängel von Kohlrabi wurde erstmals im Deutschland des 16. Jahrhunderts erwähnt. Über Rosenkohl (franz. *chou de Bruxelles*) gibt es Hinweise aus dem 13. Jahrhundert in den historischen Aufzeichnungen aus der namensgebenden Stadt Brüssel. Auch wenn die Brassicasorten aufgrund ihres Geschmacks für Uneinigkeit sorgten, erschienen sie angeblich auf der Speisekarte einer Hochzeitsfeier aus dem 15. Jahrhundert am burgundischen Hof und schafften den Sprung zu einem wesentlichen Bestandteil des Weihnachtsessens in einigen europäischen Ländern des 19. Jahrhunderts, wo frische (und konservierte) Kohlgerichte bereits beliebt waren. Ihre Rolle bei Winterfeierlichkeiten machte erneut bewusst, dass dieses Grün der kältesten Zeit des Jahres trotzen konnte.

Ein ›junger, robuster blutroter [Kohl aus] Erfurt‹. Erfurt, im Thüringischen Becken ist für seine lange Geschichte im Anbau von Gemüsepflanzen bekannt.

Ungeachtet ihrer heutigen Bedeutung zählten die Kohlarten in der frühen Landwirtschaft Nordchinas nicht zu den wichtigsten Blattgemüsen. Diese Rolle übernahm die mehrjährige Malve (*Malva sylvestris*), deren schleimige Eigenschaften ihren Mangel an pflanzlichen Ölen wettmachten. Die Methoden zur Ölgewinnung wurden weiterentwickelt, und auch das Angebot an Sorten wurde um jene erweitert, die das ganze Jahr über Nahrung boten. Diese verbreiteten sich nach Ostasien und hybridisierten dort mit lokalen Sorten.

Ein bitterer Geschmack deutet oft auf das Vorhandensein einer toxischen Substanz in der Pflanze hin. Unsere Geschmacksnerven

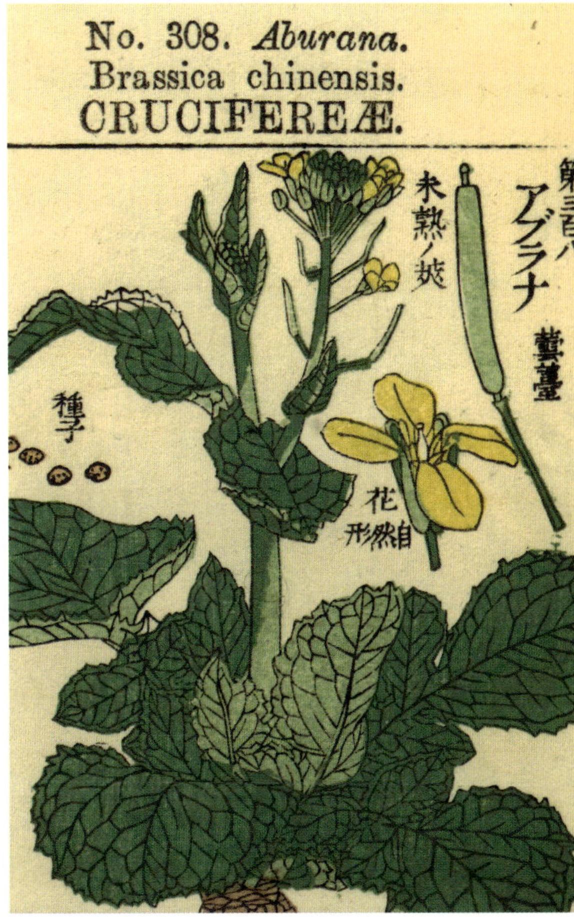

nehmen diese auf, wenn auch nicht annähernd so intensiv wie unsere frühen Vorfahren, die sie noch nicht kochen konnten. Es ist immer noch die Bitterkeit von Kohl, die seine Gegner beklagen. Er ist reich an schwefelhaltigen Glucosinolaten. Bei Schädigung des Pflanzengewebes durch Schneiden, Kochen oder die Wechselwirkung mit der menschlichen Darmflora wird es von einem Enzym zersetzt und flüchtiger Schwefel wird freigesetzt – daher die Gerüche; außerdem werden Senföle oder Isothiocyanate produziert. Diese dienen der Pflanze zur Abschreckung von Fressfeinden und verleihen ihr Schärfe. Derzeit wird untersucht, ob diese Stoffe auch für die krebsvorbeugenden Eigenschaften verantwortlich sind. Unsere Mütter haben wohl schon immer recht gehabt – wir sollten unser Grünzeug essen.

Oben links: Ein Herbarium-Exemplar des Schwarzen Senfs (*Brassica nigra*). Seine Samen wurden in Europa und Asien als Gewürz verwendet und waren Teil eines frühen Gewichtssystems im Industal.

Oben rechts: Brassica chinensis oder Aburana (der japanische Name für Raps) aus *The Useful Plants of Japan* (1895), herausgegeben von der Landwirtschaftlichen Gesellschaft Japans. Laut diesem Buch kann das Öl zum Kochen und für Lampen verwendet werden; die Blütenknospen und Blätter können gekocht oder in Salz gelagert werden.

Spargel

Asparagus officinalis

Schon immer eine Delikatesse

Unter allen Gartenkräutern aber wendet man die reichlichste Sorgfalt an den Spargel.

Plinius, *Naturgeschichte*

›Gartenspargel‹ aus einer illustrierten Ausgabe von John Gerards *Herball* (1633). Die unreifen Stängel anderer Futterpflanzen, wie die Rotfrüchtige Zaunrübe (*Bryonia dioica*), Gemeine Schmerwurz (*Tamus communis*) und der wilde oder echte Hopfen (*Humulus lupulus*) wurden auch verzehrt, aber Spargel wurde zum König unter den Frühlingssprösslingen.

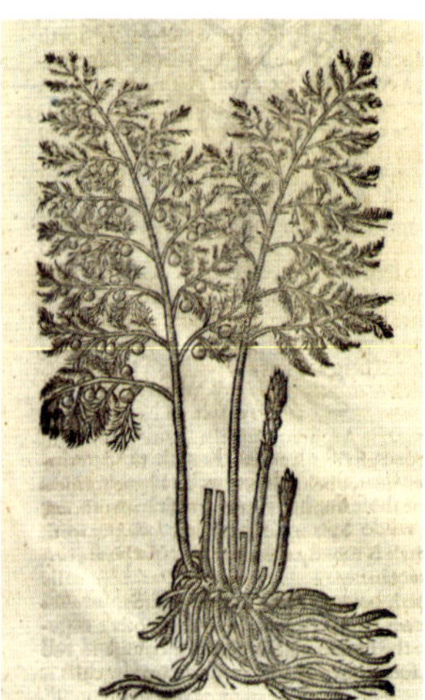

Kultivierter Spargel ist eine Delikatesse. Während der Saison von etwa acht Wochen muss dieses mehrjährige Gemüse täglich von Hand geerntet werden. Danach muss es ungestört weiterwachsen dürfen. Die Anlage eines Beets dauert drei bis vier Jahre; währenddessen darf nur wenig gestochen werden. Die Pflanze kann bis zu 20 Jahre lang Erträge liefern und dabei je nach Sorte grüne oder lilafarbene Stängel ausbilden (die weißen werden durch Abdecken mit Erde blanchiert). Spargel braucht viel Land, mag exquisite Böden, profitiert von regelmäßiger Düngung und muss wegen der empfindlichen Köpfe vorsichtig gejätet werden.

Der römische Schriftsteller Cato gibt in *De agri cultura* (160 v. Chr.) ähnliche Ratschläge zur Kultivierung des Spargels. Seine Anweisungen waren für die Sklaven von Gutshöfen gedacht. Anbau und Verzehr von Spargel galten als Luxus. Im Anhang seiner Schrift fügte Cato ein relativ neues Konzept des römischen Gartens bei. Die Anfänge des kultivierten *Asparagus officinalis* sind nicht eindeutig überliefert. Wahrscheinlich erkannten im östlichen Mittelmeerraum oder in Kleinasien Sammler von Wildspargel, dass sich die Ausbeute erhöht, wenn der Spargel jedes Frühjahr aufs Neue gestochen wird. Sein Name »Asparagus« leitet sich vom Persischen »Asparag«, der allgemeinen Bezeichnung der jungen Pflanzensprosse, ab. Plinius war erfreut, dass diese Wildpflanzen (*A. acutifolius)* leicht zu finden waren. Einige Menschen bevorzugten den dünneren wilden gegenüber dem dicken Kulturspargel, weil er als schmackhafter galt.

Mit dem Ende des Römischen Reiches ging auch das Interesse an kultiviertem Spargel zurück, obwohl er bei den Muslimen weiterhin angebaut wurde. Auch im medizinischen Bereich (oft in Klöstern) behielt er seine Bedeutung. Das Kochwasser wurde als Aphrodisiakum getrunken, aber es war der Samen und vor allem die Wurzel, die am häufigsten Verwendung fanden. Der Sud der Wurzeln wurde als Diuretikum genutzt, was ein leidiges Problem aufwarf. Der aus dem Italien des 16. Jahrhunderts stammende Alessandro Petronio zweifelte an der Bekömmlichkeit des Spargels. Er folgerte, dass Spargel auch im Körperinneren gefährlich faule, wenn der Urin entsprechend rieche. Auch wenn sich diese Theorie lange hielt, wuchs die Popularität des Spargels weiter. Frankreichs Ludwig XIV. setzte sich in Versailles für ihn ein. Der Chronist Samuel Pepys berichtete vom Spargelverzehr und Stechen von »Spatzengras« . Der Geruch wird möglicherweise durch den

Abbau der Asparagusinsäure verursacht; nicht jeder scheint diese Säure abzubauen und den Geruch zu produzieren, der auch nicht von jedem wahrgenommen wird.

Da er nur kurz haltbar ist und schnell an Geschmack verliert, reiste der frische Spargel früher nur kurze Wege. Sein Aroma, das die Menschen über Jahrhunderte faszinierte, verdankt einen Teil seiner Anziehungskraft und Komplexität dem fünften Geschmackssinn (Umami). Bereits seit langem in Ostasien bekannt, wird er seit kurzem auch andernorts zusammen mit den bekannten Noten süß, sauer, salzig und bitter wahrgenommen. 1912 bat der japanische Chemiker Kikunae Ikeda sein Publikum, sich ins Gedächtnis zu rufen, was der Geschmack von »Spargel, Tomaten, Käse oder Fleisch« gemein hat. Es war Umami – ein Wort, schwer zu übersetzen, das so viel wie herzhaft oder vollmundig bedeutet. Ikeda identifizierte Umami als die Aminosäure Glutamat; Spargel enthält relativ große Mengen davon.

Gras, Blüten, Beeren und Samen des Spargels. Eine von 500 Bildtafeln mit Heilpflanzen, gezeichnet, gestochen, koloriert und veröffentlicht von Elizabeth Blackwell in *A curious herbal* (1737–1738/39). Blackwell hat diese gewaltige Aufgabe übernommen, um Geld zu verdienen, damit sie ihren Ehemann, einen Verlagsbuchhändler, aus dem Schuldgefängnis befreien konnte. Sie zeichnete vom Leben im Chelsea Physic Garden.

Hopfen

Humulus lupulus var. *lupulus*

Das Bittere im Bier

Der Hopfen lebt und gedeiht durch Umranken von Pfosten, Ästen und anderen Dingen, auf die er klettert ... die Blüten hängen in Büscheln herab ... stark ist der Geruch.

John Gerard, *Kräuter*, 1636

Der Echte Hopfen war in den von Erlen und Eichen bewachsenen Feuchtgebieten verbreitet. Nach dem Klimawandel zum Ende der letzten Eiszeit und durch die Eingriffe des Menschen blühte der Hopfen an den Rändern der schwindenden Waldgebiete, auf sumpfigen Böden und in Hecken, was die Futtersuche in der Wildnis erleichterte.

Die Heimat des gemeinen Hopfens erstreckt sich von Europa über Zentralasien bis ins Altaigebirge. Jedes Frühjahr treibt die krautige, mehrjährige Pflanze aus weitläufigen, unterirdischen Rhizomen. Die zarten Spitzen und jungen Blätter schon zu jener Zeit verspeist, als Plinius im 1. Jahrhundert n. Chr. seine *Naturgeschichte* verfasste; noch immer gelten Hopfensprossen in Teilen Europas als Delikatesse.

Humulus sind zweihäusig mit getrennten männlichen und weiblichen Pflanzen. Die Bitterkeit findet sich vor allem in den Blütenständen oder »Zapfen« der weiblichen Pflanzen. Sie werden aus Deckblättern gebildet; an ihrer Basis sitzt eine Drüse, die die bitteren Säuren Humulon und Lupulon produziert. Hopfen wird schon lange in der Medizin verwendet. Man nahm an, dass Hopfen die ungesunden, dicken Körpersäfte durchdringe, den Körper reinige und so für besseren Durchfluss sorge. Er stand jedoch auch im Verdacht, Melancholie hervorzurufen.

Wir wissen nicht, wann und wie genau Hopfen zum ersten Mal zum Brauen verwendet wurde. Gibt man ihn zu einem Aufguss aus Malzgetreide oder Stammwürze hinzu und kocht das entstehende Gemisch vor der Fermentation, so wird es dadurch sterilisiert. Die Hitze löst die Säuren des Hopfens, die mit den Getreideproteinen reagieren und das Gebräu klären. Die anhaltende antimikrobielle Wirkung der Säuren bewahrt die Mischung vor dem Verderben. Aus ebenjenem Grund wurden allen kommerziellen Bieren fortan kleine Mengen an Hopfen zugefügt, auch wenn ein starker Hopfengeschmack nicht unbedingt erwünscht war.

Dank der Haltbarkeit des gehopftem Bieres wandelte sich das Brauen vom lokalen Handwerk zum rentablen Gewerbe. Ab dem 13. Jahrhundert exportierte Bremen Bier nach Flandern und in die Niederlande. Im England des 14. Jahrhunderts kauften vornehmlich Menschen deutscher oder niederländischer Abstammung gehopftes Bier. König Heinrich VIII. verabscheute es, doch spätere Tudor-Monarchen förderten den Hopfen-Anbau. Ihr Ziel war die Bevorratung von Armee und Marine: Gehopftes Bier galt als saubere, trag- und haltbare Erfrischung. Als sich nach der Atlantiküberquerung im Winter 1620 die Situation auf der *Mayflower* verschlechterte, war Berichten zufolge der Mangel an Bier ein Grund, warum entschieden wurde, in New Plymouth zu siedeln anstatt weiterzusegeln.

Nordamerika hatte eine eigene Hopfensorte (*Humulus lupulus* var. *Lupuloides*), doch um 1630 erreichte die europäische die neue Welt. Wie so oft, wollte man

europäische Nutzpflanzen in den Kolonien anbauen. Das originale »India Pale Ale«, ab dem 18. Jahrhundert aus Großbritannien exportiert, erhielt seinen typischen Geschmack durch die Seereise und die Reifung bei tropischen Temperaturen. Ende des 19. Jahrhundert wandte sich die Murree-Bierbrauerei in Rawalpindi gemeinsam mit jungen Hopfenbauern aus Kaschmir und Himachal Pradesh an die botanischen Gärten von Kew, um Hilfe für ihre Pflanzen zu erbitten.

Die richtige Menge Bier hat einschläfernde Wirkung. Will man dies anders erreichen, soll ein Hopfenkissen den gleichen Effekt haben.

Lycopersicum peruvianum aus *Curtis's Botanical Magazine* (1828). Die ›Großblütige Tomate‹ kommt ursprünglich aus Peru und Chile. Obwohl sie mit *S. lycopersicum* nicht auf natürlichem Weg hybridisiert, gestattet die Gentechnik den Forschern, die Resistenz dieser wilder wilden Art gegen Krankheiten und Parasiten zu nutzen.

Tomate

Solanum lycopersicum

Der Liebesapfel

Wie haben die Italiener vor der Einführung der Tomate Spaghetti gegessen? Gab es so etwas wie eine tomatenlose neapolitanische Pizza?

Elizabeth David, 1984

Die Tomate stammt aus dem Westen Südamerikas und gehört zu den Früchten, die als Gemüse behandelt werden. Vielleicht wurde die Tomate von den Andenvölkern als belangloses Unkraut betrachtet, als sich aber ihre Samen, zumindest teilweise durch Vögel, weiterverbreiteten, wurde sie in Mittelamerika domestiziert. Die ursprüngliche Pflanze trug kleine kirschenähnliche Früchte. Die Spanier des frühen 16. Jahrhundert fanden Tomaten in unterschiedlichen Größen, Farben und verschiedener Konsistenz auf den Märkten der Azteken, die sie roh aßen und mit Chilischoten zu würzigen Saucen kombinierten. »Tomate« leitet sich aus dem Aztekischen ab, obwohl in früheren Beschreibungen die Tomate manchmal mit einer Variante der Physalis verwechselt wird, die die Azteken ebenfalls aßen.

Die Spanier mochten sie und nahmen sie mit nach Europa. Sie war dort nicht sofort beliebt, da ihre ungenießbaren Blätter denen der giftigen Tollkirsche (*Atropa belladonna*) glichen, die mit der Kartoffel zur gleichen Familie (*Solanaceae*) gehört. Ein früher Naturkundler ordnete die Tomate der Alraune zu, vielleicht wegen der ähnlichen Wurzeln. Das brachte ihr für kurze Zeit den Ruf als Aphrodisiakum ein.

In Italien dagegen wurde die Tomate mit offenen Armen empfangen und entwickelte sich langsam zur tragenden Säule der Landesküche. Sie verbreitete sich langsam entlang des Mittelmeers und weiter nach Norden, wo sie bisweilen als Zierpflanze galt. Die Türken brachten die Tomate in die Levante und die Balkanländer. Im 19. Jahrhundert erreichte sie die USA, während in Italien bereits die kommerzielle Tomatenproduktion entstand. Tomaten wurden zum Hauptbestandteil von »Ketchup«, ursprünglich die chinesische Bezeichung einer würzigen Fischsauce, heute aber nur noch im uns geläufigen Sinne gebraucht.

Trotz ihrer anfangs bescheidenen Akzeptanz ist die Tomate heute weltweit beliebt. In China, wohin sie im 16. Jahrhundert über die Philippinen kam, wurde sie bis ins 20. Jahrhundert selten angebaut. Mittlerweile ist China ihr weltgrößter Produzent. Die Briten brachten die Tomate im späten 18. Jahrhundert nach Indien, dem heute zweitgrößten Hersteller. Ihr anfangs überschaubarer Anbau vor Ort war vor allem für Europäer bestimmt; heute ist sie fester Bestandteil der indischen Küche. In der weltweiten Produktion folgt die Tomate der Kartoffel auf Platz zwei.

Die wachsende wirtschaftliche Bedeutung der Tomate führte zu genetischer Forschung, um ihre Erträge und die Schädlingsresistenz zu verbessern, Früchte

mit einer satten Farbe zu züchten und die Haut für den problemlosen Transport und die längere Haltbarkeit zu stärken. Leider oft zu Lasten des Aromas, wie die ganzjährig verfügbaren Supermarkttomaten zeigen. Der unverwechselbare Geruch und die Würze einer reifen Tomate basieren auf einer komplexen Reihe von Chemikalien, darunter flüchtige Aromastoffe, Säuren und Zucker, von denen einige durch Zucht entfernt wurden. Nun sind die Wissenschaftler bemüht, die verlorenen Aromen wieder in die Tomate zurückzuzüchten, obwohl die Versuche mit gentechnisch veränderten Tomaten in den 1990er Jahren aufgegeben wurden. Für den Handel bestimmte Tomaten werden für den einfacheren Transport oft grün gepflückt und vor dem Verkauf mit Ethylen, das während des natürlichen Reifungsprozesses entsteht, besprüht. Diese Zusammenhänge weckten das verstärkte Interesse an »althergebrachten« Tomatensorten.

Eine Auswahl von ›Tomaten oder Liebesäpfeln‹ aus dem *Album Benary* (1879). Viele von denen werden jetzt als vererbte oder althergebrachte Sorten betrachtet und nicht kommerziell angebaut. Sie alle machen dem Namen ›Tomatl‹ alle Ehre; er wurde ihnen von den mexikanischen Nahua gegeben und bedeutet ›Pflanze mit kugelförmiger und saftiger Frucht‹.

Heilung und Unheil
Das richtige Verhältnis

Angeritzte Samen des Opiummohns *Papaver somniferum* mit Spuren von getrocknetem Saft, aus dem die Droge hergestellt wird.

Während der gesamten bekannten Menschheitsgeschichte – zweifellos auch davor – waren Pflanzen Grundlage von Therapeutika. Es gibt nur wenige Pflanzen, die nicht irgendwo und irgendwann zur Heilung von Krankheiten oder Verletzungen genutzt wurden. Die Pflanzen in diesem Kapitel verfügen jedoch über eine spezifische physiologische Wirkung auf den menschlichen Körper; einige sind noch immer in der modernen wissenschaftlichen Medizin wichtig.

Unter bestimmten Umständen kann alles giftig sein, und das Verhältnis zwischen Nutzen und Schädigung muss sorgfältig abgewogen werden. Kokain, das Alkaloid einer südamerikanischen Pflanze, ist ein starkes Lokalanästhetikum, aber auch von zentraler Bedeutung für den Drogenhandel. Aus Mohnblumen lässt sich das wirksame Schmerzmittel Opium extrahieren, ebenso Morphium – ein weiteres nützliches Medikament –, aber auch Heroin, das ironischerweise ursprünglich als weniger süchtig machende Alternative zu Morphium eingesetzt wurde.

Die Weide findet sich seit langem in der Medizin; ihr therapeutischer Hauptbestandteil ergab, leicht modifiziert, Aspirin. Aloe findet sich in Präparaten der Hausapotheke und in Kosmetika. Rhabarber wird heute meist als zeitige Frühjahrsfrucht genossen; dabei lässt sich aus seinen Wurzeln ein Abführmittel gewinnen. Die in Europa relativ spät eingeführten Zitrusfrüchte halfen gegen Skorbut, eine häufige Erkrankung auf langen Reisen oder bei Mangelernährung während kalter Winter.

Zwei Arten der Brechnuss (*Strychnos*), eine aus Asien und eine aus Südamerika, produzieren Substanzen, die das Gleichgewicht zwischen Heilung und Schädigung in Richtung des Letzteren kippen lassen. Dies hinderte die asiatische Art *nux vomica* aber nicht daran, lange Zeit als Stärkungsmittel verwendet zu werden. Ihr Wirkstoff Strychnin wurde als Gift gegen Mensch und Tier eingesetzt. Das südamerikanische Gegenstück ist Curare, das durch Muskellähmung tötet. Curare wurde in der Chirurgie benutzt, bevor bessere muskelentspannende Mittel entdeckt wurden. Früher verwendeten indische Ärzte die Wurzeln der *Rauvolfia,* um Schlangenbisse und vieles andere zu behandeln. Als sicher war, dass sie den Blutdruck senkt, wurde ihr aktives Alkaloid Reserpin für kurze Zeit im Westen genutzt. Auch bei der Behandlung von psychiatrischen Erkrankungen lieferte es vielversprechende Ergebnisse, aber wie Curare wurde es bald durch andere Medikamente ersetzt. Auf der anderen Seite sind bis heute Chinin aus Südamerika und Artemisinin aus China im Kampf gegen Malaria, eine der übelsten Krankheiten der Neuzeit, wichtig.

Pflanzen können auch Steroide produzieren: Die mexikanische Yams war Quelle günstiger Steroide, die für die Anti-Baby-Pille wichtig waren – eine der nachhaltigsten medizinischen Innovationen der letzten fünfzig Jahre. Zu ihrer Veränderung bedarf es der modernen Chemie, ebenso bei der Umwandlung einer Substanz der Catharanthen zur Heilung von Leukämie bei Kindern.

Oben links: *Strychnos nux-vomica*, gezeichnet von einem indischen Künstler, der für den Chirurgen und Botaniker William Roxburgh die in den 1780er Jahren auf Coromandel (Ostküste von Madras) gesammelten Pflanzen abbildete.

Oben rechts: Eine der vielen charakteristischen Aloen vom südafrikanischen ›Hotspot‹. Die Botaniker beschrieben sie nicht unter ihem heutigen Namen, waren sich jedoch bereits der Artenvielfalt bewusst, was sich in G. K. Knorrs *Thesaurus rei herbariæ hortensisque universalis* (1770–1772) zeigt.

Mohn

Papaver somniferum

Freude, Schmerz und Sucht

All [ihre] Freunde rieten ihr, die Verwendung von Opium aufzugeben, damit es nicht zur Gewohnheit werde; aber sie flüsterte mir zu, dass sie eher ihre Freunde aufgeben würde.

George Young, *Ein Traktat über Opium: Begründet auf konkreten Beobachtungen*, 1753

Gegenüber: Mohnblumen waren im 16. Jahrhundert populär geworden, die in Asien heimischen Pflanzen wurden zu verschiedenen Farben und Formen gezüchtet. Eine Hauptbezugsquelle für Gartenexemplare war die Türkei. Dieses Aquarell eines rot gefransten Schlafmohns erschien in Sebastian Schedels *Calendarium* (1610), in dem die Blüte monatlich abgebildet ist.

Oben: ›Pavot‹ (Mohnblume) aus *Fleurs animées* von J. J. Grandville (1847) streut ihre Samen und schläfert Insekten ein. Das beiliegende Gedicht ›Nocturne‹ (von Taxile Delord) bezieht sich nicht nur auf den friedlichen Schlaf, sondern auch auf die Kraft der Träume unter Drogeneinfluss. Romantische Dichter wie Coleridge und De Quincey haben berichtet, sie hätten Opium genommen, um ihre Kreativität zu steigern.

Der Feldmohn (*Papaver rhoeas*) stammt aus Europa und wächst dort fast überall, vor allem als hübsches Unkraut auf Feldern; oft ist er rot. Der gewöhnlich weiße Schlafmohn (*P. somniferum*) ist ebenfalls weit verbreitet und wird seit langer Zeit aus nur einem Grund angebaut: Opium. In der Tat gehört der Mohn zu den frühesten Kulturpflanzen und wurde vermutlich im westlichen Mittelmeerraum kultiviert. Bereits die Menschen der Jungsteinzeit kannten ihn, und die frühen Mittelmeerkulturen Ägyptens, Kretas, Griechenlands und Roms schätzten ihn – er fand seinen Weg in den Osten bis nach Indien. Hippokrates (5.–4. Jahrhundert v. Chr.) empfahl ihn zur Schmerzlinderung, zur Behandlung von Durchfall und vieler anderer Krankheiten, selbst von Schlafstörungen. Dioskurides, die große Autorität der Pharmazie im 1. Jahrhundert n. Chr., schrieb Opium kühlende Eigenschaften zu und empfahl deshalb seine Anwendung bei Hitze.

Die Ernte des Mohnsafts ist nicht einfach: Die unreife Kapsel muss im richtigen Moment angeritzt werden, so dass der Opiumsaft austreten kann. Danach wird er getrocknet und gekocht. Die ursprünglich klebrige, weiße Flüssigkeit wird so zu einer braunen Paste. Erneutes Trocknen an der Sonne verleiht ihr ein lehmähnliches Aussehen mit hohem Opiumgehalt, das zum Transport leicht in Riegel oder Kugeln geformt werden kann. Dies geschieht so seit prähistorischer Zeit: In Zypern wurden kleine Krüge mit Opium gefüllt und exportiert. Ihre Form erinnerte sie an eine umgedrehte Mohnkapsel; oft waren sie verziert.

Dass Opium ein Gefühl von Euphorie erzeugen kann, ist seit langem bekannt; ebenso die Tatsache, dass allmählich die Dosis erhöht werden muss, um einen gleichbleibenden Effekt zu erzielen. Fest steht auch, dass Opium abhängig machend. Eine Überdosis kann tödlich sein; Opium wurde zweifellos zu Morden genutzt, so wohl auch von Kaiser Nero. Der spätere Kaiser Marc Aurel (121–180), dessen Leibarzt Galenos war, konsumierte regelmäßig Opium, war aber offenbar in der Lage, seine Dosierung zu steuern und dadurch die Selbstkontrolle zu bewahren. Im Laufe der Jahrhunderte zeigte sich die Abhängigkeit der Opiumkonsumenten auf sehr unterschiedliche Weise.

Die meisten Opiumabhängigen begegneten der Substanz in der Medizin; es war eine tragende Säule im Arsenal der Ärzte. Der kanadische Arzt Sir William Osler bezeichnete es im 19. Jahrhundert als »Gottes eigene Medizin«; es wurde gegen nahezu jede Krankheit oder jedes Symptom verwendet, auch bei fortgeschrittener Tuberkulose. Der Reformator, Arzt und Alchemist Paracelsus lehnte im 16. Jahrhundert einen großen Teil des traditionellen Wissens ab, hielt aber an Opium als Heilmittel fest. Er prägte den Begriff »Laudanum«, obwohl es erst das Rezept von Thomas Sydenham im 17. Jahrhundert war, das für dessen Verbreitung sorgte: eine Mischung aus Opium und Rotweinmit Safran, Nelken und Zimt. Sydenham war von Opium derart begeistert, dass er »Opiophilos« genannt wurde. Während des 18. und 19. Jahrhunderts war Opium (neben Alkohol) in vielen patentierten Medikamenten enthalten, etwa im Doverschen Pulver, Godfreys Stärkungsmittel und Daffys Elixier. Solche Medikamente wurden als Allheilmittel verwendet, um Kinder ruhigzustellen und die strapazierten Nerven zu entspannen. Ihr ungeregelter Verkauf bis weit ins 19. Jahrhundert war eine wichtige Einnahmequelle für Quacksalber, Drogisten und Apotheker.

Die abhängig machenden Eigenschaften des Opiums führten zu sozialen und rechtlichen Bedenken, auch wenn viele Literaten (am bekanntesten der Dichter Thomas de Quincey), Staatsmänner und andere Vertreter aller Klassen, Berufe und beider Geschlechter täglich nach seiner Wirkung verlangten. Auch die Regierungen schätzten die Einnahmen aus seiner Ausfuhr, dies galt vor allem für Britisch-Indien. Indien und die Türkei waren die beiden Hauptlieferanten; in Europa wurde hauptsächlich türkisches Opium genutzt. Doch Schlafmohn wurde auch großflächig in Indien angebaut, sowohl für den lokalen Markt und als auch zunehmend für den Export nach China, das es seit dem 18. Jahrhundert legalisierte (früher wurde es dort bereits im medizinischen Bereich eingesetzt).

In Großbritannien gab es Debatten, ob der Opiumexport nach China mit seiner Kultur der Abhängigkeit ethischen Grundsätzen entspräche. Die chinesischen Behörden stoppten Einfuhr und Gebrauch gesetzlich im 19. Jahrhundert. In den zwei Opiumkriegen (1839–1842 und 1858–1860) ging es nicht nur um Opium, letztendlich aber schränkten sie den indisch-chinesischen Handel gewaltsam ein.

In der Zwischenzeit wurde der Opiumsaft auf seine chemischen Bestandteile analysiert. Sein stärkstes Alkaloid, Morphium, nach dem griechischen Gott des Schlafes benannt, wurde 1804 isoliert und ein paar Jahrzehnte später vermarktet. Das heute am weitesten verbreitete Opiumderivat Codein folgte 1832. Diese Entdeckungen erlaubten pharmazeutischen Unternehmern, die Produkte in mehr oder weniger reiner Form zu nutzen. Das aus Morphium chemisch hergestellte Heroin galt ab 1898 als »sicherere« Alternative zu Morphium. Die Entwicklung von Spritzen in den 1850er Jahren verstärkte die Wirkung der Opiate (und anderer Substanzen wie Kokain, vgl. S. 94) wesentlich und steigerte Sucht und Abhängigkeit. Es folgten nationale und internationale Versuche, Verkauf und Konsum von Opiaten und anderen abhängig machenden Substanzen zu kontrollieren. Der »Krieg gegen den Drogenhandel« im frühen 20. Jahrhundert führte zu keinem nennenswerten Erfolg. Drogen nur auf ärztliche Verschreibung hin auszugeben oder in die Illegalität zu verbannen förderte den Schwarzhandel und etablierte

Eine getrocknete Samenkapsel des Schlafmohns, die ihre Samen wie ein Pfefferstreuer durch die Poren verstreut. Diese Naturkonstrukte haben Inspiration für alte Schmuck- und Töpferwaren. Kleine Krüge, bekannt als Base-Ring-Ware, wurden im 2. Jahrtausend v. Chr. von Zypern nach Ägypten, Syrien und Palästina exportiert. Stellt man einen solchen Krug auf den Kopf, ähnelt seine Form der Mohnkapsel, und aus dem ursprünglichen Inhalt wird deutlich, dass Opium darin aufbewahrt wurde.

kriminelle Kreise, die fortan den Markt von jährlich rund 350 Milliarden US-Dollar abschöpften. AIDS verstärkte in den 1980er Jahren die gesundheitlichen Bedenken, da Krankheiten unter den Drogenkonsumenten durch die Nutzung unreiner Nadeln verbreitet wurden.

Afghanistan gilt als weltweit führender Lieferant von Opium, aber die Staaten des Goldenen Dreiecks in Südostasien sowie Kolumbien sind ebenfalls Großproduzenten. Morphium und Codein werden nach wie vor häufig in der Medizin verwendet, aber das subtile Verhältnis zwischen Heil und Unheil bleibt weiterhin bestehen.

Der klassische weiße Schlafmohn. Der griechische Arzt Galenos (129–ca. 210) hat die Vorzüge der Dunklen Salbe des Olympischen Siegers gepriesen. Diese Salbe enthielt Opium und trocknete zu einem elastischen Pflaster. Es bot eine Möglichkeit zur Linderung von Schmerz und Schwellungen, besonders um die Augen.

CINCHONA OFFICINALIS.L

Die gemeine Fieberrinde.

Cinchona, Artemisia

Cinchona officinalis, Artemisia annua

Im Kampf gegen Malaria

Die Chinarinde wurde mein Rettungsanker.

Thomas Sydenham, *Über Epidemien*, 1680

Seit mehr als zwei Jahrhunderten war »die Rinde« die Kurzform für ein Medikament aus *Cinchona*, den Chinarindenbäumen, einer Gattung von etwa vierzig Arten immergrüner Bäume, die auf den erhöhten Hängen der südamerikanischen Anden heimisch sind. Die beiden Arten *C. officinalis* und *C. pubescens* sowie die Kultursorte »Ledgeriana« enthalten erhebliche Mengen an Alkaloiden, von denen Chinin und Chinidin besonders wichtig sind.

Gegenüber: Blütenzweig der *Cinchona officinalis* und die chininhaltige Baumrinde. Ursprünglich wurde die Rinde häufig durch die Entwurzelung und das Abstreifen des Baums gewonnen, was jedoch in Südamerika untragbar war und den Plantagenbesitzern missfiel. Verschiedene Methoden wurden entwickelt, um die Rinde so zu ernten, dass der Baum leben und die Rinde regenerieren würde; so konnte der Vorgang zu einem späteren Zeitpunkt wiederholt werden.

»Quinquina« bedeutete bei den Eingeborenen »Rinde der Rinden«, und die Chinarinde wurde in Peru und anderen Andenregionen zweifellos bereits vor Kolumbus im medizinischen Bereich verwendet. Malaria wurde wohl erst mit den Europäern eingeschleppt – obwohl die Mücken, die heute als Überträger dieser Krankheit feststehen, dort bereits heimisch waren. Ein Bericht, dass die Rinde empfohlen wurde, um die 1638 unter Malariafieber leidende Gräfin von Chinchon zu behandeln, ist zweifelhaft. Er wurde aber von Linné für wahr gehalten, als er bei der Aufstellung der Gattung *Cinchona* ihren Namen falsch schrieb. Als spanische Ärzte und Missionare vom Wert der Chinarinde bei der Behandlung von Wechselfieber (üblicherweise das, was wir Malaria nennen) erfuhren, verschickten sie das neue Medikament nach Europa, wo Malaria weit verbreitet war.

Als Chinarinde, Jesuitenrinde oder einfach nur als Rinde etablierte sich das neue Heilmittel gegen Fieber im 17. Jahrhundert, als ein geschäftstüchtiger englischer Arzt sie am französischen Hof einführte. Damals stützte sich Diagnose und Behandlung von »Fieber« nur auf Symptome oder individuelle klinische Erfahrung; zudem variierte die Qualität der Rinde. Trotzdem war sie eine wichtige Einnahmequelle für das spanische Peru, was hieß, dass die Bäume bewacht wurden.

Im frühen 19. Jahrhundert isolierten die beiden französischen Chemiker Joseph Bienaimé Caventou und Pierre Joseph Pelletier den Wirkstoff Chinin. Damit wurde die Dosierung wesentlich einfacher, und mit der europäischen Expansion in Afrika und Asien stieg die Nachfrage. Sowohl die Briten als auch die Niederländer waren daran interessiert, die Samen aus Peru herauszuschmuggeln. Hinter der britischen Initiative stand Joseph

Links: Malaria war ein ernsthaftes Problem in Indien. Während der Kolonialzeit haben es die Briten geschafft, Plantagen der in den Anden heimischen Pflanzen *Cinchona* anzulegen; aus deren Rinde wurde das Antimalariamittel Chinin für den lokalen Gebrauch gewonnen. Solche Päckchen (von 1925) wurden in Poststellen verkauft.

Dalton Hooker, Direktor der *Kew Gardens* (1865–1885), dessen Erfahrungen in Indien, wo Malaria weit verbreitet war, ihn das Potenzial für dortige *Cinchona*-Plantagen erkennen ließen. Die Niederländer hatten ihre Besitztümer auf Java im Auge.

Die frühen Versuche der botanischen Spionage bargen mitunter Elemente der Farce, als Samen falscher Arten gestohlen wurden und die lange Reise zurück nach England ihren Tribut forderte. Spätestens ab 1861 besaßen die *Kew Gardens* die Samen, und es wurden spezielle Setzlinge für Indien gezüchtet. Diese wurden in »Ward-Behältern« transportiert – speziellen verschlossenen Glaskästen, wie sie das 19. Jahrhundert für den Versand von Pflanzen nutzte. In Indien, Ceylon (Sri Lanka) und Java wurden Plantagen aufgebaut, die die Versorgung mit Chinin erleichterten, auch wenn der Bedarf riesig war. Traditionell wurde die Rinde von nur einem Teil des Baumes entfernt, sodass er sich erholen konnte. Vor der weiteren Verarbeitung wurde sie zunächst in der Sonne getrocknet.

In den späten 1890er Jahren entdeckten Ronald Ross und Giovanni Battista Grassi den Lebenszyklus von *Plasmodium*-Parasiten, die Malaria verursachen, und den Übertragungsweg der Krankheit durch den Stich der weiblichen *Anopheles*-Mücke. Dies half dabei, sumpfige Gebiete und tropische Länder als Ausgangspunkte von Malaria zu bestimmen, wo nach Gewittern Pfützen ideale Brutstätten für die Mücken bieten. Die Kontrolle der Mückenpopulationen wurde Teil der Präventivstrategie, aber Chinin, ob zur Prophylaxe oder Behandlung, blieb äußerst wichtig. Lieferprobleme während des Zweiten Weltkriegs förderten die Entwicklung alternativer synthetischer Arzneien, von denen es inzwischen viele gibt. Obwohl es heute chininresistente Plasmodium-Stämme gibt, blieb Chinin bis heute zur Behandlung einiger Krankheitsformen wichtig; Chinidin, das andere Hauptalkaloid aus *Cinchona*, wird zur Behandlung von Herzrhythmusstörungen verwendet.

Der Malaria verursachende Parasit hat gegenüber den bekannten Behandlungsmethoden eine Resistenz ausgebildet; im Kampf gegen die Krankheit gibt es aber noch ein weiteres pflanzliches Medikament: Beifuß (*Artemisia annua*), das ein wenig an Unkraut erinnert. Er wächst an Hängen, am Waldrand und auf Brachland. Auch er enthält eine leistungsstarke Verbindung gegen Malaria, das Artemisinin (*Qinghaosu*), das zusammen mit seinen Derivaten intravenös oder oral verabreicht werden können. Die Substanzen halfen, als die resistente Malaria in Südostasien durch Kriege und die damit einhergehenden Bevölkerungsbewegungen erschreckende Ausmaße erreichte. Malaria, ähnlich wie Beifuß, liebt das Chaos.

Qinghao (*A. annua*) war seit dem 2. Jahrhundert v. Chr. Bestandteil der chinesischen Medizin. Was es bekannt machte, war Nordvietnams Bitte an China um Medikamenten gegen Malaria; wichtig dabei waren auch die damaligen Zustände in China. Mao versuchte zugleich, Chinas Vergangenheit zu nutzen und zu überwinden; die moderne Wissenschaft sollte das Beste aus den traditionellen medizinischen Texten entnehmen und China pharmazeutisch autark machen. Im Jahr 1967 startete das Geheimprojekt »523«, nach dem Pflanzen wie *A. annua* auf ihr Anti-Malaria-Potenzial hin untersucht wurden. Die Pharmakologin Tu Youyou leitete das Team, und neben den Versuchspflanzen schenkte sie ihre Aufmerksamkeit auch

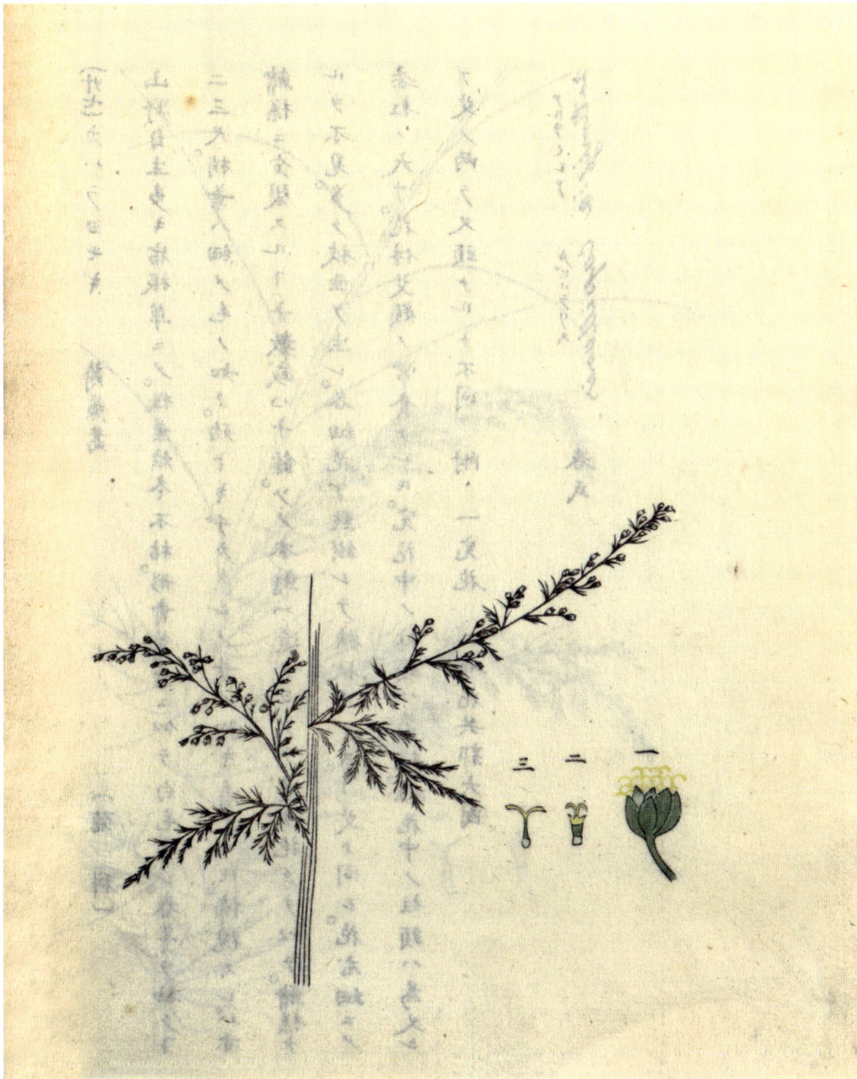

Die chinesische, gegen Malaria wirksame *Artemisia annua* aus *Somoku-Dzusetsu or an iconography of plants indigenous to, cultivated in, or introduced to Japan* (1874). Zwei Botaniker, Tanaka Yoshio und Ono Motoyoshi, bearbeiteten die Neuausgabe; sie waren an Japans Modernisierung beteiligt. Tanaka gilt als ›Vater der Museen‹; Ono publizierte ein zweisprachiges Wörterbuch der Botanik, das in China oft genutzt wird.

der ursprünglichen Herstellung des Medikaments, das im 4. Jahrhundert n. Chr. von Ge Hong beschrieben worden war. Als Erster empfahl er *Qinghao* gegen »Wechselfieber«; er gab den wichtigen Hinweis, dass beim Extraktionsprozess große Hitze zu vermeiden sei. Mit der Isolierung der aktiven Komponente aus dem Pflanzenextrakt stellte Prof. Tu das erste wasserlösliche Artemisinin-Derivat her.

Als die Welt 1979 von Chinas neuem Malaria-Medikament erfuhr, herrschte zwar eine gewisse Skepsis; heute gehören diverse Artemisinin-Präparate zur von der Weltgesundheitsorganisation empfohlenen ACT (Artemisinin-Kombinationstherapie). Dabei wird ein Cocktail eingesetzt, um die Parasitenresistenz einzugrenzen. Das Katz-und-Maus-Spiel zwischen Arznei und Parasit geht weiter.

Rauvolfia

Rauvolfia serpentina

Die alte ayurvedische Arznei

Erst in den letzten 25 Jahren hat die Welt den wahren Wert der Rauwolfia entdeckt. Unsere Anerkennung muss den indischen Chemikern und Pharmakologen gelten, die die Rohextrakte von R. serpentina analysierten.

Jurg A. Schneider, 1957

Rauvolfia (oft »Rauwolfia« geschrieben) ist eine große Gattung mit etwa 200 Arten von Bäumen und Sträuchern, die in den tropischen Klimazonen weit verbreitet sind. Sie werden häufig als Unkraut betrachtet, so stark ist ihr Wachstum. Die Gattung ist nach dem im 16. Jahrhundert lebenden deutschen Arzt und Naturforscher Leonhard Rauwolf benannt, der den Südwesten Asiens weit bereist und viele neue Tier- und Pflanzenarten beschrieben hat. Er hat jedoch nie Exemplare »seiner« Gattung, die später ihm zu Ehren so benannt wurde, zu sehen bekommen.

In Indien, wo die *Rauvolfia serpentina* als Sarpagandha, Chandra und Chotachand bekannt ist, haben ihre getrockneten Wurzeln und Blätter bereits seit langem einen Platz in der ayurvedischen Medizin. Das Pulver aus der Pflanze fand vielseitige Anwendung, einschließlich der als Gegenmittel gegen Schlangenbisse. Es wurde auch eingesetzt, um aufgeregte Patienten zu beruhigen, sowie zur Behandlung von Insektenstichen und Durchfall. Im Westen sah man in Rauvolfia nur wenig mehr als eine Kuriosität. Als dann im Jahre 1931 zwei indische Wissenschaftler das gemahlene Wurzelpulver analysierten, identifizierten sie darin mehrere Alkaloide. Es wurde angenommen, dass die physiologischen Effekte der Wurzel auf einem Cocktail dieser Alkaloide basierten. Viele Labors in Indien und auch andernorts begannen die chemische Zusammensetzung im Detail zu untersuchen; das stärkste der vielen Alkaloide, das sogenannte Reserpin, wurde 1952 isoliert.

Aquarell der *Rauvolfia*, gilt als Teil einer Sammlung von Claude Martin (1735–1800). Der in Frankreich geborene Martin desertierte von der Armee seines Landes und war in der Britischen Ostindien-Kompanie in Lucknow erfolgreich. Hier gründete er ein Museum und beauftragte Künstler aus Indien, die Pflanzen und Vögel seiner Wahlheimat zu malen.

An Labortieren zeigte sich, dass die Wurzel als ganze blutdrucksenkend wirkt, und das neu isolierte Alkaloid kam zu einer Zeit, als Bluthochdruck in der gesamten westlichen Welt steigende Zahlen von Herzkrankheiten und Schlaganfällen mit sich brachte. In den 1950er Jahren vermochten nur wenige sichere Medikamente den Blutdruck zu senken. Manchmal wurden größere Operationen durchgeführt, bei denen entlang der Wirbelsäule geschnitten und dabei die Fasern des sympathischen Nervensystems durchtrennt wurden, um die Arterienverengung zu verhindern. Diese Operationen waren gefährlich und bescherten den Patienten schwere Nebenwirkungen.

Die großen Versprechungen dieses neuen Medikaments führten zu einer systematischen Untersuchung und chemischen Analyse von Rauvolfiagewächsen aus der ganzen Welt. In vielen wurde Reserpin gefunden. Die Arzneimittel wurden aus Pakistan, Sri Lanka, Burma (Myanmar), Thailand sowie Indien geliefert. Die

Links: Rauvolfia (auch Schlangenwurz), von Hendrik van Rheedes *Hortus Malabaricus* (*Garten von Malabar*, 1678–1693). Es überrascht nicht, dass traditionelle Heiler auf dem indischen Subkontinent versucht haben, Heilmittel gegen Schlangenbisse zu finden. Jüngste Untersuchungen zeigen, dass dieses Gebiet weltweit die höchste Zahl von Blutvergiftungen und Vergiftungen mit Todesfolge birgt: 81 000 Schlangenbisse und fast 11 000 Todesfälle im Jahr.

indischen Behörden haben nur zögerlich den Zugriff auf die neue Wunderdroge ermöglicht. Nachdem es ab den späten 1950er Jahren für die Verwendung an Patienten in den USA und Großbritannien zugelassen wurde, bestand die hauptsächliche Verwendung von Reserpin in der Behandlung von Bluthochdruck. Da das Medikament eine beruhigende Wirkung hatte, erweckte es auch viel Aufmerksamkeit in psychiatrischen Kreisen. Ärzte begannen, Patienten in psychiatrischen Kliniken mit dem Medikament zu behandeln, und es gab Erfolgsberichte bei Schizophrenen, deren Verhalten dadurch beeinflussbarer wurde.

Das frühe Erfolgsversprechen konnte jedoch nicht gehalten werden. Berichten zufolge gehörten Depressionen zu den Nebenwirkungen von Reserpin, und mehrere Selbstmorde wurden auf seine Einnahme zurückgeführt. Intensive pharmakologische Forschung über die Wirkungsweise dieses Medikaments ergab, dass es eigentlich Depressionen eher lindern als sie verursachen müsste. Es wirkt im Nervensystem auf die Nervenenden und blockiert dabei die Ausschüttung mehrerer Stoffe (sog. Monoamine), die äußerst wichtig für die Aktivität des Zentralnervensystems sind. Dies erklärt seine beruhigende Wirkung, hat aber auch eine ältere Theorie über eine biologische Ursache von Depressionen neu aufleben lassen. Heute gibt es für die Behandlung von Bluthochdruck und auch von psychischen Störungen viel bessere Medikamente, und so kehrte Reserpin wieder in die Labore zurück, wo Wissenschaftler mit seiner Hilfe weiterhin versuchen, die exakte Funktionsweise des Gehirns zu verstehen.

Coca

Erythroxylum coca

Aufputschmittel und Nervenblocker

Mir bleibt das Kokain-Fläschchen.

Sherlock Holmes, *Das Zeichen der Vier*, Arthur Conan Doyle, 1890

Bei den Inkas war Coca heilig. Es war so wichtig, dass der Staat seine Produktion und seinen Vertrieb monopolisierte; Coca-Blätter wurden den Göttern geopfert. Als kleiner Baum oder Strauch wächst die Coca am besten an den unteren Hängen der tropischen Anden, und ihre Nutzung hat in der Region eine lange Geschichte. Die Blätter, die mehrmals im Jahr geerntet werden können, enthalten eine wirksame Mischung aus Alkaloiden; am bedeutendsten davon ist Kokain. Sie enthalten auch kleine Mengen Koffein.

Gesammelt, getrocknet und mit etwas Kalk vermischt, werden die Blätter zwischen Wangen und Zahnfleisch gepackt, wo ihre Alkaloide langsam resorbiert werden. Das Ergebnis ist die Steigerung der Muskelkraft, die Reduzierung des Hungergefühls und ein allgemeines Gefühl der Wachsamkeit. Die spanischen Eroberer beschrieben die Pflanze und ihre Auswirkungen. Wenn sie die Ureinwohner zur Arbeit in ihren Minen zwangen, stellten sie sicher, dass die Männer genug Blätter hatten, um hohe Leistungen zu erbringen. Mitte des 19. Jahrhunderts isolierten zwei deutsche Chemiker unabhängig voneinander das stärkste Alkaloid aus den Blättern. Einer von ihnen, Albert Niemann, gab ihm seinen Namen: Kokain.

Kokain war damals eines von vielen Pflanzenalkaloiden, die die Aufmerksamkeit von Medizinern und Chemikern erregten. Der junge Sigmund Freud, damals angehender Neurologe, begann im Jahr 1884 mit Selbstexperimenten. Seine Sammlung von Beiträgen zu diesem Thema »Über Coca« (On Coca) – eher eine Empfehlung als eine nüchterne wissenschaftliche Analyse – sollte er später bereuen. Er verharmloste jede Suchtgefahr und betonte stattdessen die euphorische Wirkung und die Fähigkeit zur Steigerung der Energie- und Muskelkraft. Sein Kollege, der Augenarzt Carl Koller, erkannte zeitgleich die betäubende Wirkung des Kokains.

Es dauerte einige Zeit, bis das Suchtpotential des Kokains erkannt wurden. In der Zwischenzeit verkauften kühne Pharmaunternehmen die Droge zur leichteren Anwendung zusammen mit einer Spritze; es wurde auch ein Inhaltsstoff beliebter Getränke. Kokain wurde angepriesen, auf sicherem Weg aus einer Morphiumabhängigkeit zu führen. Sherlock Holmes war kokainabhängig, auch wenn sein Schöpfer Arthur Conan Doyle ihn im Laufe der Geschichte in dem Maße davon

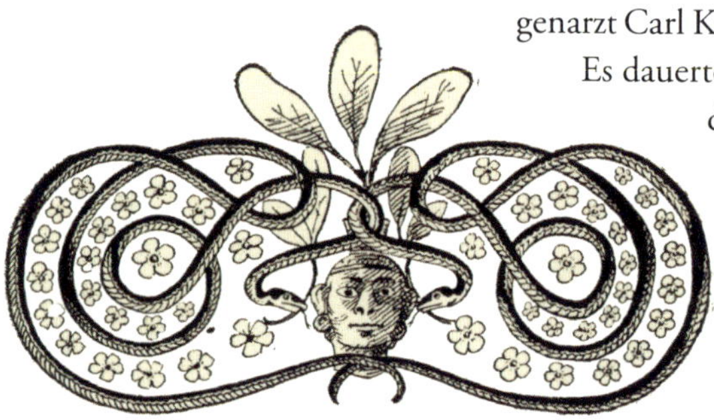

Schlangen und Coca-Blätter waren bei den Inkas heilig. Jüngste Analysen von Inka-Mumien aus einem 1999 entdeckten Schrein offenbaren, dass die drei Kinder in den zwölf Monaten vor ihrem Opfertod, als Teil der *Capacocha*-Rituale, zunehmend Coca-Blätter und Chicha-Bier zu sich genommen haben. Darüber hinaus wurde zwischen den Zähnen des dreizehnjährigen Mädchens eine beachtliche Menge von Coca-Blättern gefunden.

Ein Herbarium-Exemplar von *Erythroxylum coca*. Coca-Blätter werden von Vikunja und Guanaco abgeweidet. Die Alkaloide in den Blättern wirken im Tiermagen örtlich betäubend, erzeugen somit ein falsches Völlegefühl; die Tiere verlieren den Appetit und lassen die Pflanze in Ruhe. Sobald das Kokain und die anderen Chemikalien das Gehirn erreicht haben, animieren frische Energie und leichte Euphorie die Tiere zum Weiterziehen. Diese Tiere sind nicht süchtig nach Coca-Blättern, und auch deren ähnliche Nutzung durch den Menschen führt nicht zur Abhängigkeit, die dem verarbeiteten Kokain anhaftet.

abkommen lässt, in dem die Gefahren des Kokainkonsums bekannt wurden. Zu den prominenten Persönlichkeiten, die in jenen frühen Tagen Opfer des Kokainkonsums waren, gehörte der Pionier der aseptischen Chirurgie, William Stewart Halsted, Professor an der Johns Hopkins University. Obwohl er es schaffte, seine Karriere fortzusetzen, schwor er dem Morphium nie ganz ab, das er durch Kokain ersetzte.

Trotz seines medizinischen Einsatzes wurde Kokain vielerorts zur eingeschränkten Droge. Die Kriminalisierung seiner Konsums stellte sich als wenig erfolgreich heraus; Kokain wird in reiner und verfälschter Form als »Crack« von Millionen Menschen konsumiert. Der Coca-Anbau ist sehr profitabel, vor allem für Kolumbien, obwohl die dortigen Landwirte dazu angehalten werden, statt Coca Kaffeebäume zu pflanzen, genauso wie in Peru, wo der Anbau von Spargel gefördert wird.

Strychnos nux-vomica zeigt ihre glattschalige orangefarbene Frucht, die so groß wie ein Apfel ist und ein weiches, geleeähnliches Fruchtfleisch enthält. Berichten zufolge wurden die Samen in Südindien verwendet, um Sprituosen mehr Stärke zu verleihen. Das Holz ist hart und haltbar, und zusammen mit den Wurzeln wurde dieses äußerst bitter schmeckende Material traditionell zur Fiebersenkung (zweifellos bei Malaria) und zur Behandlung von Schlangenbissen eingesetzt.

Brechnuss

Strychnos nux vomica, S. toxifera

Medizin als Gift

»Strychnin ist ein vorzügliches Stärkungsmittel, Kemp, um dem Menschen die Schlaffheit zu nehmen.« – »Es ist der Teufel«, sagte Kemp. »Es ist die Altsteinzeit in einer Flasche.«

H. G. Wells, *Der Unsichtbare*, 1897

Die Alkaloide bei Pflanzen haben eine Vielzahl von Funktionen, einschließlich des Schutzes vor Fressfeinden, da viele von ihnen giftig sind. Zwei Arten von *Strychnos*, eine in den Tropen weit verbreitete Gattung von fast 200 Bäumen und Kletterpflanzen, produzieren besonders starke Alkaloide. Der Hauptwirkstoff der in Süd- und Südostasien heimischen Nuss der *S. nux vomica* ist Strychnin, eines der ersten Alkaloide, das im frühen 19. Jahrhundert chemisch isoliert wurde. Die südamerikanische *S. toxifera* enthält Curare. Beide Alkaloide spielten sowohl bei ihren indigenen Kulturen als auch im Westen eine bedeutende Rolle.

Obwohl von der *Nux vomica* manchmal fälschlicherweise angenommen wird, ihr Name bedeute »Brechmittel-Nuss« (*vomica* bedeutet »Grube« oder »Hohlraum«), erschwert Strychnin vielmehr das Erbrechen, was Ärzte beim Versuch, Überdosierungen zu behandeln, auf hartem Weg lernen mussten. Strychnin ist ein Nervenreizstoff, ruft Krämpfe hervor und führt in hohen Dosen zu heftigen Zuckungen und zum Tod. Die Nüsse des Baumes erhielten ihren Platz in der Medizin wegen ihrer offensichtlichen stimulierenden Wirkung. Es wurde auch angenommen, sie könnten vor Schlangenbissen schützen. *S. nux vomica* hat in der indischen Ayurveda-Medizin eine lange Tradition, und auch arabische Ärzte im Mittelalter kannten sie bereits. Die Portugiesen studierten sie auf Goa und begannen, sie nach Europa zu importieren.

In der westlichen Medizin wurde *Nux vomica* gegen viele Beschwerden verschrieben und frei zur Eigenbehandlung verkauft. Da es offensichtlich die Muskeln straffte und stimulierte, schien es ein Verkaufsschlager zu werden. Selbst nachdem ihre aktive Substanz Strychnin aus der gemahlenen Nuss isoliert worden war, erfreute sich das Medikament weiterhin großer Beliebtheit. Ironischerweise wurde es bereits im 16. Jahrhundert als Rattengift gebraucht, konnte aber auch für üblere Zwecke eingesetzt werden. Strychnin war schwerer zu erkennen als das zu viktorianischen Zeiten beliebte Gift Arsen; es wurde also von Ärzten mit einfachem Zugriff darauf bevorzugt. Der berüchtigte Giftmörder William Palmer benutzte es für den Mord an seiner Schwiegermutter, (eventuell) seiner Frau, mehreren Kindern sowie einem Freund. Ein weiterer Arzt und Serienmörder, Thomas Cream, benutzte es fortlaufend. Beide wurden gehängt. Als die chemischen Nachweismethoden verbessert und die Beschaffung stärkerer Kontrolle unterworfen wurde, sank

Zwei Kürbisflaschen aus Guyana enthalten Curare, das aus der Rinde von *Strychnos toxifera* gewonnen und für Giftpfeile verwendet wird. Die abgebildeten Exemplare wurden von Robert Spruce (1817–1893) gesammelt, der im Auftrag von Sir William Hooker aus Kew viel in Südamerika herumgereist ist. George Bentham hat viele der von Spruce gesammelten Exemplare beschrieben.

seine Beliebtheit. Selbst seine Verwendung gegen Ungeziefer wurde schließlich verboten, und so verschwand es, außer in Kriminalromanen, von der Bildfläche.

Während das Medikament Strychnin als Gift eingestuft wurde, erhielt das Gift Curare einen seriösen Platz in der Medizin. In den tropischen Regionen Südamerikas tauchten Jäger ihre Pfeile in eine Substanz aus *Strychnos toxifera*. Sie wussten, dass dies Lähmungen verursachen und so das Töten erleichtern würde. Die Substanz wurde auch in der Kriegsführung eingesetzt. Die frühen europäischen Entdecker wurden natürlich neugierig, und gegen Ende des 16. Jahrhunderts erreichten Proben der wundersamen Substanz Europa. Sie blieb jedoch weitgehend ein Kuriosum, bis der berühmte französische Physiologe Claude Bernard 1856 zeigte, dass die Wirkung von Curare, so der Name des aktiven Wirkstoffs, auf einer Blockierung der Nervenverbindungen zwischen den motorischen Neuronen und den Muskeln beruht. Der Tod tritt durch Ersticken ein, da die Atemmuskulatur gelähmt wird. Ein Versuchstier konnte durch künstliche Beatmung am Leben gehalten werden. Da die übrigen Muskeln ebenfalls gelähmt und somit entspannt wurden, ließ sich die Durchführung von Operationen erleichtern; die Droge wurde somit ein wichtiges Hilfsmittel in der modernen Chirurgie. Bei der Verwendung von Curare wird die Beatmung des Patienten durch einen Anästhesisten kontrolliert. Obwohl Curare durch neuere, die Muskeln entspannende Drogen ersetzt wurde, hat die Erforschung seiner Wirkungsweise erheblich zu unserem Verständnis der Interaktion von Nerven und Muskeln beigetragen.

Rhabarber

Rheum spp.

Ein abführendes »Supernahrungsmittel«

Erst [...] als ich die interessanten Hochblätter gedreht und die Blüten untersucht hatte, war [ich] davon überzeugt, dass es eine echte Rhabarberpflanze war.

Joseph Dalton Hooker *Illustrationen von Himalayapflanzen*, 1855

›Echter Rhabarber‹ aus Athanasius Kirchers *China Illustrata* (1667). Kircher war nie in China, sondern stützte sich auf die Berichte der Jesuitenmissionare Michał Boym und Martino Martini, die das Land bereist hatten. Er verwies auf die Wichtigkeit, die geerntete Wurzel feucht zu halten, da sie nach völliger Austrocknung ihre Kraft verlöre.

Heute gilt Rhabarber als »Supernahrungsmittel« – eine steile Karriere für eine Pflanze, die erst seit etwa zweihundert Jahren wirklich gegessen wird. Als Arzneimittel ist Rhabarber viel älter, aber die Medizin verwendet statt die Stile die dunkelhäutigen Wurzeln. Die Rhabarberwurzel findet sich in alten chinesischen Medizinschriften, vor allem die als *Rheum officinale, R. palmatum* und *R. tanguticum* identifizierten Arten, und war unter Hausärzten vor allem als Abführmittel geschätzt.

Die meisten der rund sechzig Arten von Rhabarber sind an den Berghängen und in den Wüstengebieten Nord- und Zentralasiens heimisch, wo sie sich vielfältig entwickelt haben. Rhabarberwurzeln wurden entlang der Seidenstraße gehandelt und finden sich seit dem ersten nachchristlichen Jahrhundert in die westlichen Arzneibüchern. Dioskurides beschreibt den Rhabarber als Magentonikum, das appetitanregend und verdauungsfördernd wirkt. Persische Ärzte empfahlen ihn zur Stärkung des Magens, und zur Bekämpfung von Kopfschmerzen nach übermäßigem Weingenuss. Erst das Mittelalter erkannte seine abführenden Eigenschaften. Als seine sanft abführende Wirkung bekannter wurde, bekam Europa zunehmendes Interesse an »echtem Rhabarber«. Die Portugiesen brachten ihn aus Macao mit, nachdem sie dort im 16. Jahrhundert ihren chinesischen Handelshafen eröffnet hatten. Auch die Niederländer und die Briten stellten sich dem Wettbewerb, aber das Landesinnere Chinas und damit die feinsten Wurzeln blieben in unerreichbarer Ferne.

Im 17. und 18. Jahrhundert handelten die Russen am erfolgreichsten mit Rhabarber, den sie bis nach Amsterdam brachten. Der profitorientierte russische Staat richtete bei Kyakhta an der Grenze zur Mongolei strenge Qualitätskontrollen ein. Damals gab es bereits Rhabarbersamen im Westen, und Gärtner, Züchter und botanische Gärten versuchten, Pflanzen zur medizinischen Nutzung zu ziehen. Ab einer bestimmten Größe wurden die Plantagen durch die britische Royal Society of Arts ausgezeichnet, doch die Debatte über die »wahre« Rhabarbersorte hielt an, zumal die Wirkung der dort gezogenen Wurzeln zu wünschen übrig ließ.

Rhabarberpflanzen sind nicht samenfest und hybridisieren leicht, wodurch neue Sorten entstehen, die sich durch Wurzelteilung erhalten können. Vielleicht führte dies zur Entwicklung kulinarischer Kultursorten. Im frühen 19. Jahrhundert zunächst nur mit mäßigem Erfolg im Londoner Covent Garden verkauft, wurden die rosafarbenen Stile populärer, als Zucker billiger wurde und ihre Herbheit

versüßte. Das Aufzucht der Pflanzen mit mehr Wärme und unter Ausschluss von Licht erbrachte eine bessere Geschmacksnote als bei auf dem Feld angebauten Pflanzen. Die früh im Jahr geernteten zarten Stile werteten die Tafeln der Reichen im Winter auf. In Amerika brachte der Pflanzenzuchtmeister Luther Burbank hervorragende neue Sorten hervor.

Nach dem Zweiten Weltkrieg musste der Rhabarber mit immer mehr importierten Obstsorten konkurrieren und fiel in Ungnade. Das Wiederaufleben seiner Popularität verdankt er seinem neuen Image als Speicher bioaktiver Polyphenole, die gegenwärtig auf ihre mögliche Anti-Krebs-Wirkung, entzündungshemmende Eigenschaften und andere potenzielle Vorteile erforscht werden. Wie alle guten Dinge kann zu viel Rhabarber über einen zu langen Zeitraum (eher als Abführmittel denn als Nahrung) zu gesundheitlichen Problemen führen. Und nicht die Blätter essen!

Rheum spiciforme ist wie die meisten 60 Rhabarberarten in den Ländern der Qinghai-Tibet-Hochebene (dem ›Dach der Welt‹) und in dessen Umgebung heimisch. Es wird angenommen, dass die schnelle Hebung dieses Gebiets zur Vielfalt der Gattung geführt hat. Die niedrige Wuchsform des *R. spiciforme* mag eine Anpassung an die schädigenden Winde in großer Höhe sein.

Weide

Salix alba und spp.

Baum des Schmerzes und Schmerzmittel

Es neigt ein Weidenbaum sich übern Bach
Und zeigt im klaren Strom sein graues Laub.

Shakespeare, *Hamlet*, 4. Akt, 7. Szene

Samuel Copland hat die Vorteile von Salix alba in *Agriculture Ancient and Modern* (1866) gepriesen. Unter den vertrauten Holzpflöcken und Stäben, Hürden und Körben aus geschlagenem Holz berichtete er davon, die Einwohner nahe der Arktis die innere Baumrinde trockneten, dann zerrieben und in Zeiten der Knappheit mit Haferflocken vermengten. In Russland wurden sie angeblich gepflanzt und gekappt, um die Wege durch die Steppen zu kennzeichnen.

Nur wenige Bäume haben in der Geschichte der Menschheit mehr Bedeutung als die Weide. Von alters her wurde sie für das Flechten von Körben, Bauen von Zäunen und anderes Flechtwerk benutzt, und dieses Handwerk lebt bis heute. Die Gattung *Salix* ist mit etwa 300 Arten und zahlreichen Sorten in den gemäßigten Zonen der Nordhalbkugel weit verbreitet. Auch südlich des Äquators und in den kälteren Regionen der Arktis sind Weiden anzutreffen. Sie wachsen an Flussufern, wo ihre Wurzeln die Erosion verhindern.

Die medizinischen Qualitäten einer besonderen Spezies, der *Salix alba*, werden schon lange von Menschen genutzt; der Name *alba* bezieht sich auf die silbrig-weiße Unterseite der Blätter. Ägypter, Griechen und die Völker Vorderasiens nutzten sie, um Fieber, Schmerzen und andere Beschwerden zu behandeln. In der Regel wurde die zerstoßene Rinde mit Wein oder einer anderen Flüssigkeit aufgegossen. Sie blieb ein zentraler Bestandteil europäischer Therapeutika, und der englische Botaniker Nicholas Culpeper empfahl im 17. Jahrhundert die Weidenrinde als Ersatz für teurere Chinarinde (S. 88). Beide haben einen bitteren Geschmack; *Salix* könnte zwar das Fieber gesenkt, nicht aber die Krankheit selbst (Malaria) geheilt haben. 1763 sprach sich der englische Geistliche Edmund Stone für das Einflößen von Weidenrindenlösungen als Mittel gegen Fieber aus.

Die Pflanze zog weiterhin das Interesse der Mediziner auf sich. In den 1820er Jahren isolierten zwei Apotheker, der Franzose Henri Leroux und der Italiener Raffaele Piria, unabhängig voneinander den Wirkstoff Salicin. Weitere Abhandlungen beschrieben Salicylsäure als Spaltprodukt von Salicin im Körper. In den 1870er Jahren wurde der Wert der Säure bei der Bekämpfung von Schmerzen und rheumatischen Entzündungen erkannt. Da Salicylsäure im Labor Bakterien abtöten kann und die Krankheitserreger-Theorie erst kürzlich aufgekommen war, wurde angenommen, sie könne im Körperinneren als Desinfektionsmittel fungieren. Heute weiß man, dass andere Mechanismen wirken. Eine weitere Art, *S. purpurea*, enthält ebenfalls diese bedeutenden Verbindungen.

»Aspirin«, das der Salicylsäure mit einem zusätzlichen Acetyl-Rest entspricht, wurde eigentlich bereits 1853 synthetisiert, aber erst 1899 (mit großem Erfolg) vom Pharmaunternehmen Bayer vermarktet. Lange Zeit war es das zentrale Medikament zur Behandlung von Fieber, Kopfschmerzen und anderen Schmerzen. Für

seine Herstellung wird keine Weidenrinde mehr benötigt; es wird aus Teerderivaten produziert. Trotz seiner Verbreitung würde Aspirin heute fast sicher an den Zulassungsbestimmungen für Medikamente scheitern.

Ein neuer Anwendungsbereich für die Weide ist ihre Nutzung als Biomasse. In Schweden und anderswo werden Weiden für die Erzeugung von Kraftstoff als Gebüsche angelegt: Viele Arten wachsen sehr schnell und schlagen von einem frisch geschnittenen Ast leicht aus. Ihr Holz wird zur Herstellung von Holzkohle und Papier benutzt, ihre Rinde zum Gerben; sie bieten einen hervorragenden Windschutz. Die aus China nach Europa eingeführte Trauerweide (*S. babylonica*) ist ein beliebter Zierbaum. Ihr Wirkung auf die Umgebung wird weithin geschätzt. Und während die *S. alba* über den Verlust ihres ehemaligen medizinischen Status trauert, werden aus einer anderen Spezies, *caerula*, Cricketschläger gefertigt.

Fig. 1
a
b
c
2
3
4
5
6
7

Zitrusgewächse

Citrus spp.

Vitamine und Schalen

Agridulce como la naranja es el sabor de la vida.
Sauer und süß wie die Orange ist der Geschmack des Lebens.

Spanisches Sprichwort

Orangen, Grapefruits, Clementinen und Zitronen, die wir zum Frühstück essen, als Saft trinken oder zum Kochen verwenden, scheinen uns zwar lang vertraut, aber einige von ihnen sind jüngeren Ursprungs. Die Grapefruit (*C. paradisi*) wurde erst im 18. Jahrhundert gezüchtet, und Clementinen, eine Kreuzung aus Mandarine und einer dekorativen Sorte der Bitterorange, sind noch ein Jahrhundert jünger. Das liegt daran, dass die Arten der Gattung *Citrus* untereinander wunderbar fruchtbar sind und die Bäume oder Sträucher sich sehr schnell an Manipulationen durch den Menschen anpassen.

Alle Zitrusfrüchte stammen ursprünglich aus einem Gebiet, das sich von Ostasien bis nach Australien erstreckt, aus einer Zeit (vielleicht vor 20 Millionen Jahren), als Australien noch mit dem asiatischen Kontinent verbunden war. Sie stehen in komplizierten historischen und genetischen Beziehungen zueinander, die noch immer nicht ganz verstanden werden. Bekannt ist, dass die australische Limette (*Citrus australis*) sehr alt ist und andere Zitrusarten eine lange Geschichte in Asien haben, wo sie für ihre duftenden Blüten und Früchte geschätzt wurden. Aus gegenwärtiger Sicht gab es drei grundlegende Spezies von Zitrusfrüchten, auf die sich die große Vielfalt gründet: die Zitrone (*C. medica*), die Mandarine (*C. reticulata*) und die Pampelmuse (*C. maxima*).

Nachdem Alexander der Große die Gattung *Citrus* im 4. Jahrhundert v. Chr. in Indien entdeckt hatte, verbreitete sie sich nach Westen, obwohl die Zitronatzitrone damals in Vorderasien schon bekannt war. Diese ähnelt einer großen Zitrone und wurde beim jüdischen Laubhüttenfest wichtig; die kleinfruchtige Sorte Etrog wird speziell für dieses Fest angebaut. Obwohl die Zitronatzitrone heute lediglich ein untergeordnetes Mitglied ist, gab sie ihren Namen der gesamten Gattung, was auf ihre historische Bedeutung hinweist.

Andere Zitrusfrüchte, wahrscheinlich Limetten und Zitronen, kamen bereits in frühchristlicher Zeit nach Europa, auch wenn sie exotisch und nur für Wohlhabende verfügbar waren. Bei den Arabern standen sie hoch im Kurs; sie brachten Bitterorangen, Zitronen und Limetten in die von ihnen eroberten Gebiete, darunter auch nach Spanien. Damals wie heute benötigen Zitrusbäume zwei Dinge: viel Wasser und keinen Frost. Beim Anbau in trockenen Gebieten müssen sie bewässert werden, und in Klimazonen, wo die Temperatur gelegentlich unter den Gefrierpunkt

Einige Sorten oder Arten (er war sich unschlüssig) ›saurer Zitronen oder Limonen‹ Indiens, die im Auftrag von William Roxburgh gemalt wurden; vielleicht während seiner Zeit als Leiter des Botanischen Gartens in Kalkutta (1793–1813). Während seiner Amtszeit haben seine indischen Künstler ungefähr 2500 botanische Abbildungen gezeichnet. Ein Satz dieser Werke verblieb in Kalkutta, der zweite wird in den Königlichen Botanischen Gärten in Kew aufbewahrt.

Oben links: ›Limon cedrato‹ oder Zitrone. Johann Christoph Volkamer, ein wohlhabender Großhändler aus Nürnberg, für seine umfangreiche Zitrusbaumsammlung Obstgärten und eine Orangerie errichten lassen. Sie wurden in seinem zweibändigen Werk *Nürnbergische Hesperides* (1708–1714) mit über 100 Bildtafeln dargestellt; botanische Kunst traf auf die Gartenkunst des Rokoko.

Oben rechts: Die leicht zu schälenden Tangerinen (*Citrus tangerina*) werden mit dem Gebiet um Tanger in Nordafrika verbunden. Im 19. Jahrhundert wurden sie von Sir Tillery, Gärtner des 5. Herzogs von Portland, als geschmackvollste Orange angepriesen, die je im englischen Nottinghamshire angebaut wurden. Das Anwesen in Welbeck hatte Küchengärten mit feuerbeheizten Mauern und Gewächshäuser aus Glas.

sinkt, ist Schutz vor Frost nötig. Als die reichen Nordeuropäer Gefallen am Geschmack der Zitrusfrüchte und am Duft ihrer Blüten fanden, erbauten sie Orangerien und große Gewächshäuser, um sie anzupflanzen. Die elegante Orangerie der *Kew Gardens* im Südwesten Londons stammen aus der Zeit, als sich die Gärten noch im Privatbesitz Georgs III. befanden. Leider waren die Lichtverhältnisse für eine erfolgreiche Bepflanzung mit Zitrusbäumen unzureichend.

Obgleich die Zitrusbäume in unseren Breiten nur schlecht wachsen, nahmen sie Briten, Holländer und andere nordeuropäische Seefahrer auf ihren Reisen dankbar an. Auf ihren langen Reisen führten die Seefahrer nur monotonen Proviant mit unzureichenden Nährstoffen mit. So war der Skorbut ein großes Hindernis der politischen und ökonomischen Interessen Europas. Die Krankheit verursacht Blutungen des Zahnfleischs und des Gewebes, Schwäche, Durchfall und Abmagerung; sie kann tödlich enden. Es ist nicht überliefert, wer zuerst erkannte, dass Zitrusfrüchte diese schreckliche Krankheit heilen und ihr vorbeugen. Erwähnt wird diese Eigenschaft ab dem späten 15. Jahrhundert, und einige Schiffskapitäne waren sich der Wirkung dieser Früchte bereits bewusst, bevor sie in der medizinischen Praxis Eingang fanden. Mitte des 18. Jahrhunderts wurde der Marinechirurg James Lind dafür berühmt, dass er in einer frühen klinischen Studie Zitrusfrüchte zusammen mit anderen empfohlenen Heilmitteln gegen Skorbut testete. Er fand heraus, dass Zitronen besonders effektiv waren, obwohl es noch drei Jahrzehnte dauerte, bevor die britische Marine ihre Seefahrer fest mit Limetten oder Zitronen versorgte.

Zitrusfrüchte enthalten verschieden große Mengen an Ascorbinsäure – jenem Vitamin, das Skorbut verhindert (und heilt), das der menschliche Körper aber selbst nicht produzieren kann. Ironischerweise enthält die Limette, die den britischen Seeleuten den Spitznamen »Limeys« verlieh, im Vergleich zu einigen anderen Zitrusfrüchten eine weniger zuverlässige Vitaminquelle als andere Zitrusfrüchte; und viele andere frische Früchte und Gemüsearten enthalten das Vitamin ebenfalls. Der schwankende Ascorbinsäuregehalt in Lebensmitteln erschwerte die ursprüngliche Bewertung der Zitrusfrüchte bei ihrer Wirkung gegen den Skorbut, aber die gesundheitsfördernden Eigenschaften der Früchte sind noch immer Teil ihrer modernen Vermarktung. Seit den 1980er Jahren empfahl der Chemienobelpreistäger Linus Pauling hohe Dosen von Ascorbinsäure bei der Behandlung von Erkältungskrankheiten und zur Vorbeugung vor Krebs- und Herz-Kreislauf-Erkrankungen.

Ab dem 15. Jahrhundert wurden süße Orangen (*C. sinensis*) in Europa kultiviert; Kolumbus nahm sie neben den Zitronen (*C. limon*) mit auf seine zweite Amerikareise. Dort wurden sie auf mehreren Karibikinseln und in Florida angebaut, das bis heute ein Zentrum der weltweiten Produktion ist. Nach der Anlage von Hainen im 19. Jahrhundert wurde Kalifornien zum größten Rivalen Floridas in Nordamerika. Nur ein Jahr nachdem die transkontinentale Eisenbahn Los Angeles erreicht hatte, schickte ein Zitrusbauer erfolgreich eine Ladung Orangen zurück nach Osten. Zu den weiteren Großproduzenten gehören Brasilien, mehrere südeuropäische Länder und Israel. Heute werden süße Orangen hauptsächlich wegen ihres Safts angebaut, der durch die modernen Herstellungs- und Transportmethoden leicht zu bekommen ist.

Weitere Kreuzungen, die nun das ganze Jahr über gekauft werden können, haben die Vielfalt der Zitrusfrüchte auf dem Markt erhöht. Durch den intensiven Anbau entstanden aber auch Probleme mit Schädlingen und Krankheiten. Auch ungewöhnliche Fröste in sonst warmen Klimazonen haben Auswirkungen auf die Jahresernte. Die Verwendung von Kohlepfannen (mittlerweile oft aufgrund von Umweltschädigung verboten) und das Besprühen der Bäume mit Wasser bei Frostgefahr sind die beiden Hauptstrategien der Erzeuger zum Schutz vor Frostschäden. Das Besprühen hat den Hintergrund, dass die Blatttemperatur nicht unter den Gefrierpunkt von Wasser sinken kann, solange Wasser (anstelle von Eis) auf den Blättern ist.

»Hesperidium« ist der wissenschaftliche Begriff für die ganze Frucht, die nach den goldenen Äpfeln der Hesperiden benannt und der Sage nach von Herkules begehrt wurde – es handelt sich aber weder um Orangen noch um Äpfel (S. 192). Wenn wir auch am ehesten Saft und Fruchtfleisch (Mark) verbrauchen, so ist die Schale doch genauso wertvoll. Die Schalen mehrerer Zitrusfrüchte enthalten viele Öle, die häufig in Seifen, Parfüms und zum Kochen verwendet werden. Die Bergamotte wird ausschließlich für die Öle in ihrer Schale angebaut, die dem Earl-Grey-Tee seinen unverwechselbaren Geschmack verleihen. Aus den Schalen von Bitterorangen wird die beste Marmelade gekocht.

Aloe

Aloe perryi, A. Vera, A. ferox

Die Sukkulenten und ihr heilendes Gel

Sie fragen, was die geheimen Kräfte waren, die mich während meiner Fastenzeiten stärkten. Es war mein unerschütterlicher Glaube an Gott, meine einfache Lebensweise und die Aloe, die ich in Sudafrika entdeckte.

Mahatma Gandhi (Brief an seinen Biographen Romain Rolland)

Aλoὴ Græcis, Aloe Latinis appellatur. Officinæ veterem appellationem retinuerunt, Germani deſtituti peculiari nomenclatura, pariter latinis Aloen vocant. Sunt qui hanc à craſsis folijs, & ſimilitudine quam cum Semperuiuo habet, Semperuiuum marinum nominent. Gallicè *Perroquet*.

FORMA.

Scyllæ folium habet Aloe, craſſum, pingue, modicè latum rotundum, repandumque. Folia vtrinque gerunt ex obliquis aculeos ratos, & breues. Caulem profert Antherico ſimilem, florem album, ſemen Aſphodelo ſimile. Graui eſt tota herba odore, & guſtu amariſsima. Radice vna, pali in terram adacti ſpecie. Noſtra pictura non niſi radicé & folia ob oculos ponit, reliqua hoc tempore habere non pomi

Aloe.

›De Aloe‹ aus *De Historia Stirpium* (1551), eines der großen Pflanzenbücher des 16. Jahrhunderts von Leonhart Fuchs, das mit Holzschnitten guter Qualität illustriert ist. Fuchs könnte seine Aloen im Botanischen Garten, den er als Teil der Universität Tübingen gegründet hatte, in Töpfen angepflanzt haben. Im 1. Jahrhundert n. Chr. hat Plinius im Süden Europas vom Gebrauch spezieller kegelförmiger Töpfe für Aloen berichtet.

Die medizinischen Aloe waren so begehrt, dass Aristoteles seinem Schüler Alexander dem Großen riet, die Insel Sokotra im Indischen Ozean zu erobern, wo die besten Aloe (*Aloe perryi*) wuchsen. So lautet zumindest die Geschichte. Vielleicht lässt sich der Wert einer Pflanze für den Menschen an solchen Legenden ermessen.

Aloen sind Sukkulenten, Pflanzen, die sich der Trockenheit anpassen. Ihre Blätter fungieren dabei als Wasserspeicher. Die gespeicherte Flüssigkeit und das Gewebe ziehen Pflanzenfresser – in Südafrika besonders Elefanten – an. Die Blätter sind deshalb wohl mit Schutzstacheln besetzt, viele Arten produzieren zudem bitter schmeckende Substanzen, darunter die Aloine. Die Menge an Aloin (und anderen bioaktiven Produkten) variiert von Spezies zu Spezies, von Pflanze zu Pflanze, nach Alter, Jahreszeit und der Reaktion auf Beschädigung. Dies kann zu Qualitätsschwankungen bei Aloe-Produkten führen und ist ein Grund, warum es so schwierig war, ihren möglichen medizinischen Nutzen und ihren Giftgehalt zu bewerten.

Der Name der Pflanze Aloe leitet sich von dem arabischen *Alloeh* ab. Das gleiche Wort galt für das Produkt, das aus ihr hergestellt wurde: schwarz glänzende Riegel oder Pastillen. Wird ein Blatt angeschnitten, scheidet es aus Zellen unter der Haut Milchsaft aus; dieser wurde bis zur Erstarrung erhitzt und zu einer festen Masse verdichtet. Die leicht transportierbaren Pastillen konnten bei Bedarf dann wieder geschmolzen und mit anderen Substanzen gemischt werden.

Bereits Mitte des 2. Jahrtausends v. Chr. nutzten die Ägypter Aloe; Hippokrates erwähnte sie nicht. In den römischen Medizin finden sie sich erst im 1. Jahrhundert n. Chr. Plinius berichtet, die Blatter der asiatischen Gattung würden auf frische Wunden gelegt – was bis heute praktiziert wird, auch wenn die medizinische Wirkung nicht nachgewiesen ist. Nach Plinius kam die beste Aloe aus Indien. Er pries sie vor allem als Abführmittel, nennt aber auch andere Anwendungsmöglichkeiten – sogar Haarausfall. Wundheilung und Spülungen waren ihre wichtigste Anwendungen, obwohl sie auch zur inneren und äußeren Anwendung sowie als reinigendes und feuchtigkeitsspendendes Mittel empfohlen wurde. In der arabischen Medizin des östlichen Mittelmeerraums war sie besonders beliebt und wurde von muslimischen Eroberern weiter verbreitet. Im Laufe der Zeit wurden die Pflanzen mit der aus ihnen gewonnenen Arznei nach Europa und bis nach China exportiert. Überall wurde sie populär und nahm Einfluss auf die medizinische Praxis.

In Afrika, vor allem im Süden, existiert die *Aloe* in großer Artenvielfalt. An der südlichsten Spitze des Kontinents war *A. ferox* über lange Jahre ein indigener Favorit. Heute ist dort bei steigender Nachfrage ein Zentrum der Aloe-Produktion. Die traditionellen Ernte- und Verarbeitungsmethoden belassen die Pflanze nach dem Anschneiden für weitere Beschneidungen intakt. Die afrikanische Produktionsmenge der *A. ferox* wird jedoch durch die der *Aloe vera* in den Schatten gestellt; letztere stammt aus Anbaugebieten in Mexiko, den südlichen USA und in Südamerika. Die *A. vera* kam von der arabischen Halbinsel, obwohl der genaue Herkunftsort ungewiss ist. Sie wurde von Kolumbus in die Neue Welt mitgenommen und verbreitete sich ausgehend von den Westindischen Inseln. Aloe-Latex und seine Produkte sind keine harmlosen Allheilmittel. Aktuellen Studien zufolge leisten sie jedoch einen Beitrag zur Senkung des Blutzuckers bei Diabetikern und zum Abbau von Blutfetten bei Patienten mit hohen Werten.

Aloe ferox, die ›große Kap-Aloe‹, aus *Curtis's Botanical Magazine* (1818). Diese südafrikanische Aloe wächst bis zu 2 m hoch, mit bis zu 1 m langen Blättern. Traditionell werden nur wenige Blätter von verschiedenen Pflanzen entnommen und um eine ausgekleidete Vertiefung angeordnet, um das braune Exsudat zu sammeln, das aus der Schnittstelle tropft. Durch Erhitzen eingedickt und später getrocknet wurden die haltbaren bitteren Aloen seit Jahrhunderten lokal verwendet.

Mexikanische Yams

Dioscorea mexicana, D. composita

Die Entstehung der »Pille«

Keine Frau kann sich selbst als frei bezeichnen, bis sie bewusst wählen kann, ob sie Mutter werden will oder nicht.

Margaret Sanger, *Birth Control Review*, 1919

Dioscorea mexicana, die Süßkartoffel *Cabeza de negro*. Ihre überirdisch wachsende Knolle ist auch für andere Süßkartoffelarten, wie den ›Elefantenfuß‹ (*D. elephantipes*) aus Südafrika, charakteristisch. Diese Pflanze mit hohem Saponingehalt ist durch die übereifrige Sammlung als Gartenexemplare und die Verwendung in der Medizin durch Einheimische gefährdet.

Es gibt viele Pillen, aber nur eine ist »die Pille«. So wurde die Pille zur Geburtenkontrolle nach ihrer Einführung i 1960 bald genannt. Ihre breite Verfügbarkeit für unverheiratete Frauen kam zwar für die Freizügigkeiten der »Swinging Sixties« zu spät, aber schon bald eröffnete sie sexuell aktiven Frauen noch nie dagewesene Wege der Empfängniskontrolle. Das Besondere der Pille ist, dass sie keine Krankheit lindert, sondern einen natürlichen Prozess verhindert. Die körpereigenen Reproduktionshormone steuern den Menstruationszyklus der Frau durch eine empfindliche Serie von Rückkopplungsschleifen. Er wird durch die tägliche Dosis des Hormons Progesteron über die Pille gestört, was zur Unterdrückung des Eisprungs führt. Die ursprüngliche Quelle der verwendeten Hormone waren Pflanzen – zwei ungenießbare Arten der mexikanischen Yams, die unter den Namen *Cabeza de negro* (*Dioscorea mexicana*) und *Barbasco* (*D. composita*) bekannt sind.

In den 1930er und 1940er Jahren war die Forschung an Steroid-, Sexual- und anderen Hormonen vielversprechend. Während Biologen die Steuerung vieler Körperfunktionen durch chemische Botenstoffe erforschten, suchten Chemiker nach Wegen der kostengünstigen Beschaffung – zu Forschungs- und Therapiezwecken. Auch Pflanzen besitzen Steroide, und so erkannte der Chemiker und Querdenker Russell Marker als Erster das Potenzial der mexikanischen Yams. Seine besondere Fähigkeit war es, Gegenstücke zu komplexen organischen Verbindungen aus der Natur zu synthetisieren – vorausgesetzt er konnte geeigneten Rohstoffe finden. Beeindruckt von einer japanischen Forschungsarbeit mit dem Steroid Diosgenin aus Yamswurzeln, suchte er mit Nachdruck nach einer Quelle für pflanzliche Steroide.

Mit Hilfe von Botanikern und kundigen Einheimischen analysierte Markers Team etwa 400 Pflanzen, die bei Reisen in den frühen 1940er Jahren in den südlichen USA und Mexiko gesammelt worden waren. Marker interessierte sich für die Yams *Cabeza de negro*. Diese große, derbe Kletterpflanze mit herzförmigen Blättern und riesigen Knollen wuchs in den Wäldern von Veracruz, Ostmexiko. Marker überzeugte dort einen lokalen Ladenbesitzer, ein paar Knollen für ihn aufzutreiben, und aus dieser diosgeninreichen Quelle produzierte er genug Progesteron, um eine Erschließung im industriellen Maßstab zu rechtfertigen. Da alle menschlichen Steroide eine ähnliche Grundstruktur besitzen, hat die Synthese eines Vertreters den Weg für die Herstellung der anderen Sexual- und Nebennierenhormone geebnet.

1944 gründete Marker die Firma Syntex in Mexiko-Stadt, verließ diese aber 1945 wieder. Er hatte erkannt, dass die *Barbasco*-Yams einen höheren Diosgenin-Gehalt besaß und binnen drei Jahren eine ertragreiche Größe erreichte, während die *Cabeza de negro* sechs bis neun Jahre benötigte. Mit dieser Pflanze steigerten die Syntex-Chemiker Carl Djerassi und Louis Miramontes die Ausbeute der Knollen und die Herstellung großer Mengen reinen Progesterons. Sie gingen noch einen Schritt weiter und produzierten eine orale Form injizierbaren Progesterons – das Norethisteron. Bei einem Test auf seine Wirksamkeit bei Menstruationsstörungen und Fehlgeburten wurde das Potenzial als Verhütungsmittel deutlich. Es folgten klinische Studien in Puerto Rico, und Enovid wurde als erste Pille zugelassen.

Syntex, die Pille und die Versorgung mit Diosgenin etablierten Mexiko als weltweit führenden Hersteller hochwertiger pflanzlicher Hormone. Es gab viele positive, aber auch negative Seiten des Erfolgs. Unter dauerhaft harten Bedingungen gruben Bauern die Yams im Dschungel aus, bevor sie an Zwischenhändler verkauft werden konnten. Solche Erntebedingungen waren unhaltbar. Die Preissteigerungen der 1970er Jahre, zum Teil als Folge der Verstaatlichung der mexikanischen Yams-Gewinnung, machten Optionen wie die Gesamtsynthese finanzierbar.

Madagaskar-Immergrün

Catharanthus roseus

Zarte Blume, starke Behandlung

Diese Pflanze verdient einen Platz im Treibhaus, genauso wie die anderen Exoten.

Philip Miller, Wörterbuch für Gärtner (1768)

Das Madagaskar-Immergrün, auch rosafarbene Catharanthe genannt, wurde zuerst als Dekoration in Frankreich, in den königlichen Gärten von Versailles und Trianon gepflanzt. Im 18. Jahrhundert wurden Samen von dort zu Philip Miller vom Chelsea Physic Garden gesandt; dieser hat die Blüten hoch gepriesen. Abgesehen von ihrem Bedürfnis nach Winterwärme, ist diese Pflanze leicht zu kultivieren. Die Catharanthe verbreitete sich, wohin auch immer man sie in den Subtropen und Tropen brachte.

Madagaskar ist eine besondere Insel, Heimat einer ganz eigenen vielfältigen Flora und Fauna. Rund 80 Prozent der in Madagaskar heimischen Pflanzen waren endemisch. Dazu zählt auch das Madagaskar-Immergrün oder die Rosafarbene Catharanthe. Diese zarte Freilandpflanze ist schön, ohne kostspielig zu sein – mehr eine Brautjungfer als eine Braut. Doch ihre Gewebe enthalten die einzigartigen Alkaloide Vinblastin und Vincristin, die großen Einfluss auf die Behandlung von Krebserkrankungen bei Kindern genommen haben.

Auf ihrer Heimatinsel und anderenorts hatte das Immergrün auch einen Ruf als Heilpflanze gewonnen. In Jamaika wurde »Immergrün-Tee« als Heilmittel für Diabetes verwendet. Insulin hatte diese Krankheit verändert, war aber teuer und musste gespritzt werden. 1952 wurde eine Probe von jamaikanischen Immergrün-Blättern im Labor von Robert Edler in Kanada untersucht. Die Auswirkungen der oralen Präparate auf Blutzucker- und Glykogen-Werte waren enttäuschend. Zufällig und auf Eigeninitiative bestimmte Halina Czajkowski Robinson zusammen mit den Blutzuckerwerten auch die Anzahl der weißen Blutkörperchen. Die Ergebnisse ihrer Tests zeigten, dass ein unbekannter Faktor in der Pflanze die Produktion dieser lebensnotwendigen Zellen des körpereigenen Abwehrsystems im Knochenmark unterdrückte. Im Jahr 1954 schloss sich der Biochemiker Charles T. Beer dem Forscherteam an, und vier Jahre später gelang ihm (nach etwa 5000 Versuchen) die Isolierung von »Faktor X«. Er war das Alkaloid Vinblastin, das im Labor an Tumorzellkulturen getestet wurde. Obwohl Beers Verfahren zur Herstellung von Vinblastin patentiert wurde, waren zeitgleiche Arbeiten beim Pharmakonzern Eli Lilly in Indianapolis im Gange. Hier untersuchte man viele Pflanzen auf potenzielle Arzneistoffe und hatte von der Geschichte von Immergrün und Diabetes erfahren – dieses Mal von den Philippinen.

Spät im Jahr 1959 ging man bei Vinblastin von Zellkulturexperimenten zu Patiententests über. 1961 wurde es unter dem Namen Velbe auf den Markt gebracht, und 1962 kam das ähnliche, aber aktivere Alkaloid Vincristin mit dem Handelsnamen Oncovin hinzu. In der Kombinationstherapie wurde es trotz Nebenwirkungen zum Hauptmittel bei der Behandlung von Leukämien bei Kindern. Seine Anwendung wurde erweitert auf einige Lymphome und Lungenkrebsvarianten, das Kaposi-Sarkom bei HIV/AIDS und Autoimmunerkrankungen. Die

Immergrün-Medikamente wirken als »Spindeltoxine« und blockieren die Ausbildung von Mikrotubuli im Spindelapparat, jener Struktur innerhalb der Zelle, mit deren Hilfe die Chromosomen während der Zellteilung bewegt werden.

Als Symbol der Hoffnung bei diesen Krankheiten wurde das Immergrün zum Wahrzeichen der Biopiraterie. Viele beklagen die Nutzung der Kenntnisse und Ressourcen der Entwicklungsländer durch die reichen Länder. Madagaskar, die evolutionäre Heimat des Immergrüns, scheint die qualitativ besten Alkaloide zu produzieren, aber die Proben der Immergrün-Pflanzen in dieser Geschichte kamen von anderswo. Heute bieten verschiedene Länder den Rohstoff an, der in großen Mengen benötigt wird. Aber die madagassische Landbevölkerung, die die Wildpflanzen sammelt oder sie in kleinem Maßstab anbaut, erhält weiterhin Hungerlöhne. Zudem wird befürchtet, dass mit der weltweiten Zerstörung der Lebensräume auch die Chancen auf andere lebensrettenden Pflanzen zunichte gehen.

Technologie und Kraft
Die materielle Welt

Quercus squamata trägt jetzt den Namen *Lithocarpus elegans* und wird nicht mehr der Eiche zugeordnet. Im 19. Jahrhundert wurde sie als großer Nutzholzbaum der artenreichen subtropischen Garo-Berge in Nordostindien beschrieben; das Holz war angeblich heller als das der englischen Eiche, aber ebenso stark und feinkörnig. Der Name hat sich geändert, die Funktionalität jedoch bleibt.

Wer auch immer das Gebiet beherrschte, auf dem die Libanon-Zeder wuchs, kontrollierte auch den Zugang zum wertvollsten aller Bäume und konnte sich der Exportprämie für das beständige und wohlriechende Holz sicher sein. Es galt als wertvolles Tauschgut und wurde beim Bau phönizischer Schiffe verwendet. Auch sein Harz war hochgeschätzt. Neben dem Zedernholz finden in diesem Kapitel noch andere pflanzliche Rohstoffe Erwähnung.

Für den östlichen Mittelmeerraum war die Zeder von gleicher Bedeutung wie die Eiche für die Seeleute in Europa. Ihre Stärke auf See passte zu ihrer Erhabenheit an Land. Die Eiche bot die gewünschte Haltbarkeit und Stabilität für den Bau vieler großer Kirchen und anderer Bauten. Aus der Eibe wurden dicke Jagdspeere gefertigt, von denen einige noch bis heute erhalten sind; sie werden auf ein Alter von 450 000 Jahren datiert. Der feine Unterschied in der Flexibilität zwischen Splint- und Kernholz führte zur Entstehung der Langbögen, die den Engländern im 15. Jahrhundert zum Triumph bei Agincourt verholfen haben. In der Biochemie wird die Eibe ebenfalls als Waffe eingesetzt – für die Herstellung von Medikamenten zum Abtöten bestimmter Krebszellen.

Die zuvor erwähnten Hölzer lassen sich auch zur Möbelherstellung verwenden. Als die ersten Europäer die Tropen erreichten, trafen sie auf riesige Bäume, deren Wachstum durch die feuchten, heißen Bedingungen gefördert wurde und die kein Holzfäller je angetastet hatte. Aus diesen Bäumen ließ sich Nutzholz in

bisher unbekannten Dimensionen gewinnen. Tropische Harthölzer, insbesondere Mahagoni, wurden im 18. Jahrhundert das bevorzugte Möbelholz. Leicht zu verarbeitendes und stabiles Mahagoni war sehr begehrt. Die Nachfrage überstieg das Angebot, und als der Mahagoni-Trend abflaute, waren die tropischen Wälder bereits bedroht.

Der Bambus ist ein erstaunliches Gras – eine mehrjährige, hohlstämmige Pflanze, die in den gemäßigten und tropischen Klimazonen heimisch ist und sich in den Händen des Menschen als äußerst vielseitig erwiesen hat. Seine Stabilität macht ihn in Japan zum idealen Material für den Hausbau. Fest zusammengebundene Bambusstämme dienten als Flöße, verflochtener Bambus wurde beim Bau chinesischer Hängebrücken eingesetzt. Die Bambusfasern werden in verschiedenen Gegenständen und auch in der Kleidung verarbeitet und darüber hinaus erfüllt dieses Gras viele weitere Bedürfnisse des Menschen.

Heute lassen sich Bambusfasern mit Baumwolle, Hanf oder Leinen mischen und eröffnen dadurch neue Möglichkeiten. Sie finden sich in Schnüren und Seilen, Kleidung, Segeltuch, sogar in Papier und Möbeln. Dadurch sorgen sie für Vielfalt in der Spinn- und Webindustrie sowie der Mode.

Oben links: Die majestätische Libanon-Zeder (*Cedrus libani*) mit Nadeln und Zapfen im Detail – männliche oben, weibliche unten – und geflügelte Samen, die von den reifen Zapfen freigesetzt werden.

Oben rechts: Das Kardieren von Baumwolle – eine wichtige Stufe ihrer Vorbereitung für das Spinnen, dokumentiert von Pierre Sonnerat in *Voyage aux Indes orientales et à la Chine* (1782).

Libanon-Zeder

Cedrus libani

Der Grundstock des Phönizierreiches

»Mein Freund, gefällt haben wir nun die hochragende Zeder, deren Wipfel den Himmel durchstieß. Zimmere daraus eine Tür, deren Höhe sechs Doppelruten beträgt [...]«

Gilgamesch-Epos, 5. Tafel

In den höheren Lagen der steilen, felsigen Berghänge des Libanon und Syriens erheben sich majestätische Nadelbäume (Libanon-Zedern), die eine Höhe von etwa 40 m erreichen können. Sie sind die Nachfahren von Bäumen, die einst in Nachbarschaft mit Zypressen, Kiefern und Wacholder die Hänge des Libanon- und des Taurusgebirges in immergrüner Schönheit säumten. Obwohl die meisten dieser Bäume in der heutigen Türkei wachsen, war es der Libanon, der diesen Baum mit Kultcharakter zum Nationalsymbol gemacht hat.

Die Phönizier waren berühmte Großhändler und Schiffsbaumeister. Die Schiffe aus dem Holz ihrer großen Zedernwäldern, mit einem einzigen Segel und Rudern ausgestattet, besegelten das gesamte Mittelmeer auf direkten, offenen Seewegen. Neben dem Schiffbau haben sie auch Handel mit dem hoch geschätzten Langholz der Zeder getrieben.

Im geologischen Kontext ist die Gattung *Cedrus* relativ jung. Sie entwickelte sich im frühen Tertiär (vor 65–55 Millionen Jahren), und versteinerte Überreste haben vieles mit noch heute lebenden Arten gemeinsam. In der Menschheitsgeschichte war sie ein wichtiger Baum für die alten Kulturen, die an der Levanteküste siedelten. Zedernholz war für die in der späten Bronze- und Eisenzeit lebenden Phöniziern das wertvollste Gut, und ihre Nachbarn – die Ägypter, Assyrer, Israeliten, Babylonier und Perser – versuchten es durch Handel, Tributforderung oder mit Gewalt in ihren Besitz zu bringen. Durch den Bau einer Küstenbahn während des Ersten Weltkriegs und deren anschließende Versorgung mit Brennstoff blieb von einem Großteil der Zedernbestände des Libanon nur noch Asche übrig. Es war ein trauriges Ende für die Bäume, die einst so geschätzt waren, dass die Särge ägyptischer Pharaonen nur aus ihrem Holz angefertigt wurden.

Die ätherischen Öle der Zeder verleihen ihr einen sehr begehrten Duft. Er ist äußerst langanhaltend, wie archäologische Funde von noch heute duftendem Holz bezeugen. Chemische Stoffe im Zedernharz bieten einen guten Schutz gegen holzfressende Insekten und Mikrobenbefall. Im Gegensatz zu ihrem weit verbreiteten Erscheinungsbild, wie es uns etwa aus den europäischen Landschaftsparks des 18. Jahrhunderts vertraut ist, stehen die Zedern auf heimischem Boden dichter bei einander und wachsen größer und gerader. Ihr Nutzholz hatte beeindruckende Länge und wurde in der Alten Welt für den Bau von Schiffen und großen Anlagen hoch geschätzt.

Salomon suchte bekanntlich Zedern für seinen Tempel und den königlichen Palast in Jerusalem. Er verhandelte mit Hiram, dem König von Tyros, über Holz und erfahrene Holzarbeiter und bot ihm im Gegenzug Silber sowie große Mengen an Olivenöl und Weizen an. Als im 11. Jahrhundert v. Chr. der Tempel des

Cedern-Gruppe am Libanon.

Amun-Ra Zedernholz zum Bau einer neuen heiligen Barkasse für seinen Gott erstehen wollte, segelte Wen-Amon, ein Repräsentant des Tempels, von Theben in die phönizische Stadt Byblos. Ägyptisches Gold, Silber, Leinen und 500 Papyrusrollen waren der Preis für das gewünschte Holz.

Die langsamen aber geräumigen Handelsschiffe der Phönizier – der großen Meister des Schiffbaus – besegelten das gesamte Mittelmeers. Die Bretter und Masten aus Zedernholz verliehen den Schiffen Robustheit, aber auch Flexibilität. Die Zeder hat an der Unterseite des Stammes Zellen mit stärkeren Zellwänden, die dem Baum dabei helfen, ihn unter dem schweren Zug der Zweige aufrecht zu halten. Dieses dichte Holz absorbiert weniger Wasser, nicht zuletzt durch die wasserabweisenden Eigenschaften seines Harzes. Auf solchen Schiffen transportierten die Phönizier ihre Luxusgüter wie Elfenbeinschnitzereien und edle Schmuckstücke, handelten mit Kupferbarren und nahmen die wertvollen Zedernholzstämme im Schlepptau mit auf den Weg zu ihrem Bestimmungsort.

Ein alter Zedernwald im Libanon. Der Wald mit den Zedern Gottes (Horsh Arz el-Rab) im nördlichen Libanon ist Teil des UNESCO-Welterbes, würdigt und bewahrt das alte Geschlecht der *Cedrus libani*. Die Bäume sind womöglich Relikte der Gattung *Cedrus*, die entlang der Bergketten wuchs, bevor sich das Tethysmeer schloss und zum Mittelmeer wurde.

Blätter und Eicheln der europäischen weißen Eiche *Quercus pedunculata* aus *The North American Sylva* (1865). Es kann 50 Jahre dauern, bis ein Baum Eicheln ausbildet; im Anschluss bedarf es etwa mit der Hilfe eines Eichhörnchens oder Eichelhähers zwei Jahre, bis sich aus der Eichel ein kleiner Spross entwickelt; die Ausbildung des Wurzelsystems hat für den Jungbaum Vorrang.

Eiche

Quercus spp.

Stärke und Erhabenheit

Große Eichen wachsen aus kleinen Eicheln.

Englisches Sprichwort aus dem späten 14. Jahrhundert

Quercus (Eiche) ist eine große Gattung von bis zu 500 Arten, die vor allem auf der Nordhalbkugel, aber auch in den kolumbianischen Anden heimisch ist. Sie können bis in einer Höhe von 4000 m gedeihen und haben eine vielfältiges Äußeres, darunter einige immer- und wintergrüne Arten, aber es sind die großen, stattlichen Laubbäume, die am meisten geschätzt werden. Diese langsam wachsenden Harthölzer, in der Regel mit dicker, knorriger Rinde, sind reich an Tanninen (natürlich vorkommende Substanzen für das Gerben von Leder und die Reifung von Wein). Ihr Holz eignet sich besonders gut als Baumaterial eignet, da es Insekten fernhält und Fäulnis widersteht. Die dickwandigen, faserigen Zellen im Kern der Eiche verleihen dem Holz seine Stabilität.

Eichen kamen wahrscheinlich aus Asien und verbreiteten sich von dort aus vor 55 Millionen Jahren; ihre heutige Ausbreitung spiegelt die jüngsten ökologischen und klimatischen Veränderungen der Erdgeschichte wider. Sie werden vom Wind bestäubt und die Samen keimen mit unterschiedlichem Erfolg. Oft helfen Eichhörnchen bei der Verteilung der Eicheln, vergraben sie im Boden und erinnern sich später nicht mehr an die genaue Stelle oder finden sie durch Zufall wieder. Die meisten Eichenarten sind auf gemäßigtes Wetter und nährstoffreichen, feuchten Boden angewiesen. Sind die Bedingungen günstig, können einzelne Bäume mehrere hundert Jahre alt werden und eine enorme Größe erreichen.

Die verschiedenen Arten sind vielseitig nutzbar. Das Holz von *Q. robur*, heimisch in Großbritannien und großen Teilen Nordeuropas, wurde bevorzugt. Als Baumaterial für Schiffe half es den Briten bis zum Aufkommen der Metallrümpfe, ihre Vorherrschaft auf See zu sichern. Holz für den Schiffbau musste mehrere Eigenschaften besitzen: große Stämme, aus denen Balken gehauen werden konnten, und formbare Bretter, die licht- und wasserdicht waren – all das konnte die Eiche bieten. Obwohl sie in großer Zahl in den britischen Wäldern vorkam, war die Nachfrage für Schiffe, Häuser, Möbel und Feuerholz so groß, dass ab dem 17. Jahrhundert Eichenholz aus Skandinavien und anderen Ländern des Ostseeraums importiert wurde. Die häufigste amerikanische Art, *Q. alba*, die weiße Eiche, trug zum Reichtum der Massachusetts Bay Company bei, die Holz auf den Schiffen von Siedlern über den Atlantik brachte. Eine weitere amerikanische Art, *F. virginiana*, die »lebendige Eiche«, galt als beständigste, auch wenn sie heute selten verwendet wird.

Für Weinliebhaber ist *Q. suber* von Bedeutung – aus ihr werden die Korken hergestellt. Die Rinde dieses Baumes ist besonders dick; auch die Römer nutzten sie auf verschiedene Weise: zur Isolierung, als Schuhsohlen, Schwimmanker und Flaschenstopfen. Die Rinde selbst ist vermutlich ein evolutionärer Schutz gegen Feuer; nachdem sich die Rinde regeneriert hat, kann sie alle zehn Jahre abgetragen werden, und der Baum kann ein Alter von 100 Jahren oder mehr erreichen.

Eicheln sind essbar (nach dem Auslaugen der bitteren Tannine) und waren etwa in Kalifornien bis ins späte 19. Jahrhundert ein Grundnahrungsmittel vieler Indianer; heute werden sie nur noch selten verzehrt. In Italien und auf der iberischen Halbinsel bilden sie noch immer die Nahrungsgrundlage für Schweine, aus deren Fleisch berühmte Schinkensorten hergestellt werden.

Blätter, Eicheln, Rinde und Holz von zwei ostasiatischen Eichenarten: *Quercus aliena* (rechts), die Orientalische Weißeiche, liefert Nutzholz, *Quercus variabilis*, die Chinesische Korkeiche, die weniger ertragreich ist, aber ähnliche Eigenschaften wie die Europäischen Korkeiche besitzt, bedeckt ihre Zellen mit wasserdichtem Wachs.

Ein Zweig von *Taxus brevifolia*, die in den Bergen der Westküste Nordamerikas von Südost-Alaska bis nach Nordkalifornien wächst. Die Indianer haben das Holz für Kanupaddel, Bögen und Speere verwendet. Bis zur Entwicklung von Taxol hat die Forstwirtschaft die Eibe als Plage betrachtet und diese alten Bäume verbrannt.

Eibe

Taxus baccata, T. brevifolia

Mittelalterliche Langbögen, moderne Medizin

»Wir wenigen, wir wenigen Glücklichen, wir Schar von Brüdern.«

William Shakespeare, *Heinrich V*: 4, 3

Am Morgen des St. Crispin-Tages (25. Oktober 1415), stand die englische Armee unter Heinrich V. der Frankreichs unter Karl VI. gegenüber. Heinrich siegte und die Legende von Agincourt war geboren. Die Engländer waren zwar in nicht so großer Unterzahl, wie die alten Chroniken uns weismachen wollen, hatten aber viele Bogenschützen, ausgerüstet mit Langbögen aus englischer oder europäischer Eibe (*Taxus baccata*). Der strategische Einsatz dieser verheerenden Waffe war entscheidend.

Aus Eibe wurden schon seit langer Zeit Kampfwerkzeuge gefertigt. Jagdspeere gehören zu den ältesten Beweisen. Eine Eibenspeerspitze aus Clacton-on-Sea in Südost-England wurde auf rund 450 000 Jahre datiert. Ein Speer aus Niedersachsen, der zwischen den Rippen eines Mammuts stecken blieb, ist rund 90 000 Jahre alt. Ötzi, der Mann aus dem Eis, trug vor über 5000 Jahren einen unfertigen Bogen aus Eibenholz auf seiner letzten Reise in den Ötztaler Alpen mit sich.

Mit der Regierungszeit Heinrichs VIII. von England endete die Blütezeit des Langbogens, aber er war noch immer präsent. Die Bergung von Heinrichs Kriegsschiff Mary Rose, das 1545 gesunken war, brachte eine beträchtliche Anzahl von Eibenbögen und Rohlingen zutage. An der Qualität des Holzes ließ sich erkennen, dass es aus Europa oder Westasien importiert worden war. Das Holz stammte von venezianischen Kaufleuten, die damals einen Großteil des Handels kontrollierten. Eibenholz war so wertvoll, dass auf jedes nach England importierte Fass Wein eine Steuer in Form einer bestimmten Anzahl von Eibenstäben erhoben wurde.

Auch aus anderen Hölzern wurden Bögen hergestellt, aber die Eibe ist etwas Besonderes. Werden die Bogenstäbe der Länge nach sternförmig aus geradem Eibenholz geschnitten, hat das Produkt zwei natürliche Schichten. Das blasse Splintholz knapp unter der Rinde bildet die vom Bogenschützen abgewandte flache Außenschicht; es bleibt unter Zugspannung stabil. Der gerundete Bauch des Bogens besteht aus einer Kernholzschicht, die der Stauchung widersteht. Spannt der Schütze den Bogen, entwickelt sich aus dem Widerstand des Holzes enorme Energie – diese wird beim Abschuss des Pfeils freigesetzt. Die starken und erstaunlich elastischen wasserleitenden Zellen des Eibenholzes (Tracheiden) weisen eine spiralförmige Verdickung auf, die wie eine Reihe von Schraubenfedern wirkt.

Eiben sind langlebig und bemerkenswert regenerationsfähig, aber die Nachfrage nach Bogenstäben und die Waldrodungen forderten Opfer. Etwa 400 Jahre später und jenseits des Atlantiks sollte die pazifische Eibe ein ähnliches Schicksal ereilen – die Ursache war jedoch eine andere.

Im Jahr 1962 die Rinde ausgewachsener Eiben der Spezies *Taxus brevifolia* im Rahmen eines großen Forschungsprojekts auf der Suche nach pflanzlichen Krebs-Medikamenten analysiert. Nach der Isolierung des Wirkstoffs, der Bestimmung seiner Struktur und Wirkungsweise wurde er in klinischen Studien getestet. 1992 wurde Taxol (1994 als Taxol® unter Markenschutz gestellt) zur Behandlung von fortgeschrittenem, refraktärem Eierstockkrebs zugelassen. Heute werden seine Derivate verwendet, um Formen von Brust-, Lungen-, Kopf- und Hals-Tumoren sowie das mit AIDS im Zusammenhang stehende Kaposi-Sarkom zu behandeln.

Taxol wird aus der Rinde der pazifischen Eibe gewonnen. Eine kleine Menge des Medikaments erfordert jedoch große Mengen der Rinde; der Baum findet dabei den Tod. Als 1990 erkannt wurde, dass der klinische Erfolg zu einer enormen Nachfrage führen würde, sprachen sich Umweltschützer mit der American Cancer Society und zwei führenden Wissenschaftlern für eine nachhaltige Nutzung der Eibe sowie ihre Aufnahme in die Liste bedrohter Arten aus. Nach einer gescheiterten Petition wurden die Bäume durch die »Verordnung zur Pazifischen Eibe« dennoch unter Schutz gestellt. Die Teilsynthese von Taxol streckte den Rohstoffvorrat. Neue Methoden zur Arzneimittelherstellung aus Schnittgut, Zweigen und Nadeln anderer Eibenarten, wie etwa der europäischen Eibe, und auch Pflanzenzellkulturen kamen zum Einsatz. Leider hat die Verwertung der Himalaya-Eibe (*Taxus contorta*) im Nordwesten Indiens und im Westen Nepals die Anzahl der Bäume um 90 % reduziert. Heute steht sie auf der Roten Liste der IUCN.

Der geflügelte Liebesgott Amor belehrt den Geliebten in dieser Abbildung zur mittelalterlichen ritterlichen Liebe, des ›Roman de la Rose‹. Amor besitzt einen Langbogen, den er zum Schuss gespannt hält. Es erfordert große Kraft, den Bogen zu spannen. Auf der *Mary Rose* entdeckte Gebeine von Bogenschützen haben charakteristische Asymmetrien der Knochen der linken (Bogenarm) und rechten (Zugarm) Schulter und des Ellbogens.

Lein

Linum usitatissimum

Leinen und Lino

»Die Liebe ist wie Leinen – je öfter gewechselt, desto süßer.«

Phineas Fletcher, *Sicelides* (aufgeführt 1614), 3. Akt, 5. Szene

Der Flachs, eine Fabel von Hans Christian Andersen (1843) über die Verwandlung, nimmt die nützlichste Pflanze auf eine Reise vom Feld zum Stoff, vom Sammelsurium zum Papier und zum endgültigen Opfer an der Feuerstelle. Heiterer Gleichmut mag die beabsichtigte Botschaft Andersens sein, doch er greift die Nützlichkeit von *Linum usitatissimum* geschickt auf.

Der Lein (auch Flachs genannt) hat die Menschheit mindestens seit dem 4. Jahrtausend v. Chr. gekleidet, obwohl er zunächst wegen seiner ölreichen, essbaren Samen angepflanzt worden war. Der wilden Lein (*L. bienne*) wurde wahrscheinlich vor etwa 8000 Jahren domestiziert, aber bereits weitaus früher genutzt. Ein wichtiges Ereignis für die Domestizierung scheint ein genetischer Natur gewesen zu sein – der Gehalt an ungesättigten Fettsäuren erhöhte sich. Der Luft ausgesetztes Leinöl oxidiert langsam und verfestigt sich; aufgetragen auf dicht gewebtes Leinen, verstärkte es alte Rüstungen. Mit Leinöl vermischte Pigmente konnten auf Leinwände aufgetragen werden und in Schichten trocknen. Was der hohen Kunst dienlich war, bot auch dem Holzwerk einen Schutz gegen die Elemente.

In den 1860er Jahren entwickelte Frederick Walton durch die Kombinierung von oxidiertem Leinöl mit Kork oder Holzstaub auf einem Gewebeträger den Bodenbelag Linoleum. Nach der Entdeckung von Keimen in den 1880er Jahren wurden die Hausfrauen dazu aufgefordert, ihre Teppiche zu entsorgen und stattdessen Linoleum legen zu lassen. Es war leicht zu reinigen, und das Leinöl wurde zudem als antibakterielles Mittel angepriesen. Nachdem Linoleum in den 1950er Jahren von Vinyl überflügelt wurde, ist es heute als ökologisches Produkt wieder in Mode.

Im Vergleich zu den Ölpflanzen sind faserproduzierende Leinpflanzen größer (etwa 1,20 m) und tragen nur an der Spitze Blätter. In Ägypten war Leinen nicht nur nützlich, sondern auch heilig. Die Tempelpriester trugen reines, weißes Leinen, da es sich leicht bleichen ließ und robust genug war, um häufigem Waschen standzuhalten. Ägyptische Grabmalereien aus dem frühen 2. Jahrtausend v. Chr. zeigen die Herstellung von Leinen aus Flachs. Die Bearbeitung der Pflanzen beinhaltet zunächst das Wasserrösten (Rotten) und dann das Schwingen (Schlagen), wodurch die Bastfasern (unter der äußeren Schicht) für die Spinnerei und Weberei gelöst werden. Aus Flachsfasern wurden Bekleidung, Schnüre, Seile und Segeltuch gefertigt (Flachs ist bei Feuchtigkeit etwa doppelt so stark).

Flachs gedieh gut im kühleren Nord- und Westeuropa; Leinen wurde direkt auf der Haut und, weil es saugfähig war, unter Wolle getragen. Baumwolle (S. 124) und Seide waren angenehm, aber zu teuer. Leinen für den häuslichen Gebrauch wurde zu Hause gewebt, aber im städtischen Wohlstand des späten Mittelalters hielt aufwendig gewebtes Luxusleinen Einzug.

Mehr Leinen auf dem Markt bedeutete mehr Stoffabfall. Über das muslimische Spanien gelangte im 12. Jahrhundert die chinesische Technik der Papierherstellung aus Lumpen nach Europa. Während Russland einen Großteil des Rohmaterials lieferte, entwickelten die Zentren der Leinenweberei – Brügge, Antwerpen, Belfast – ab dem 16. Jahrhundert auffällige Muster. Sowohl der Seehandel als auch die Seekriege steigerten die Nachfrage nach Segeltuch und Matrosenkleidung. Die Gürtel für die Munition der Maschinengewehre im Ersten Weltkrieg waren aus Leinen gefertigt, und wasserdichtes Leinen überspannte die Flugzeuggehäuse.

Der Nachteil von Leinen ist sein Mangel an Elastizität, was ihn leicht knittern lässt. Erst die billige Baumwolle und später synthetische Stoffe ließen die Nachfrage nach Leinenstoffe auf dem Bekleidungsmarkt sinken. Neue Stoffkombinationen, teure Preisschilder und sein Seltenheitswert haben dieses alte Tuch wiederbelebt. Auch Lebensmittel aus Lein sind wieder in Mode – seine Alpha-Linolensäure, die der Körper in Omega-3-Fettsäuren umwandelt, sollen vor Herz-Kreislauf-Erkrankungen schützen.

Hanf

Cannabis sativa

Textilien und altes Seil

[...] wir sind drei fröhliche Jungen,
und nie zuvor hat jemand gesungen
in der Schlinge aus Hanf unter'm Galgenbaum.

John Fletcher (mit Ben Jonson & anderen), *Der blutige Bruder* (um 1616)

Die Hanfpflanze, *Cannabis sativa*, ist die Quelle vieler nützlicher Produkte und eines Rauschgiftes. Die aus den starken Stammfasern hergestellten Seilen waren für Segelschiffe von großer Bedeutung, bevor synthetische Stoffe auf den Markt kamen. Sie wurden geteert, um der Abnutzung entgegen zu wirken. Nach der Abnutzung wurden sie aufgetrennt, und mit dem Werg ließen sich die Rümpfe und Deckplanken zusätzlich abdichten. Die unangenehme Aufgabe, das Werg zu zupfen, galt in der Marine als Strafe.

Als einjährige Pflanze kann Hanf eine Höhe von 5 m erreichen. Von seinen großen Stängeln stammen die Bastfasern für Textilien und Papier; auch Schnüre, Tauwerk und Seile werden darauf hergestellt. Zudem kann aus den Samen ein Speiseöl gewonnen werden. Die Bezeichnung »Hanf« galt für die Fasern verschiedener Pflanzen, aber das tatsächliche Material kommt nur von *Cannabis sativa*. Kleinwüchsigere Sorten mit mehr Blättern sind die Quelle psychoaktiver Cannabinoide. Diese konzentrieren sich in den weiblichen Blüten, die zusammen mit den Blättern zu Haschisch und Marihuana verarbeitet werden.

Die Stängelfasern und die Cannabinoide werden bereits seit sehr langer Zeit in Mittel- und Nordasien verwendet. Chinesische Schamanen nutzten ihre betäubende medizinischen und bewusstseinsverändernden Eigenschaften. Das Wissen um diese Verwendungen könnte sich entweder von China nach Indien verbreitet haben oder unabhängig entstanden sein. Die jungsteinzeitliche Keramik aus dem »Land der Maulbeerbäume und des Hanfs« weist Spuren von Hanftuch auf. Die Maulbeeren – die Nahrung der Seidenraupen – garantierten Kleidung für die Reichen, während sich die Armen mit Hanf begnügen mussten. Unter konfuzianischem Einfluss waren die Kinder verpflichtet, unabhängig von ihrem Besitzstand, ihre verstorbenen Eltern in Hanfkleidung zu betrauern. In der Han-Dynastie (206 v. Chr.–200 n. Chr.) wurde erstmals Papier aus neuen und wiederverwerteten Hanffasern (aus Kleidung, Fischernetzen) und Maulbeerrinde hergestellt.

Nach ihrer Einführung aus Asien wurden Hanfschnur und Hanfseil im Mittelmeerraum der Antike vermutlich schnell heimisch und traten ihren unaufhaltsamen Siegeszug nach Westen an. Handel, Forschung und Eroberung hingen zunehmend vom Hanf ab. Die Schiffe wurden größer und komplexer, Segel und Tauwerk aus Hanf (und Leinen) sorgten für Antrieb, die Seeleute schliefen in Hängematten aus Hanfgewebe. Enorme Anker an Hanftauen hielten die Schiffe auf Position und die Wassertiefe wurde mit einer Hanfschnur ausgelotet.

In der Neuen Welt wurden Siedler in Virginia zum Hanfanbau verpflichtet. Erst viel später, im 19. Jahrhundert, überspannten die amerikanischen »Gewebetücher« die Planwagen der Menschen, die sich zur Erkundung des Landes auf den Weg nach Westen machten. In Russland ließ Peter der Große auf einem Teil des weiten Landes durch Leibeigene Hanf anbauen, um die steigende Nachfrage der

Marine zu decken. Hanf wurde zu einer der gefragtesten Nutzpflanzen für den Export.

Bis zum Ende der Nutzung von Segelschiffen und vor dem Aufkommen synthetischer Fasern war Hanf besonders wichtig. In seiner jüngsten Geschichte dominierte die Verwendung als Rauschgift, gefolgt von dem gesetzlichen Verbot von Anbau und Konsum. Da Hanföl und -samen aufgrund ihrer gesundheitsfördernden Eigenschaften ein Comeback feierten und die ökologischen Vorteile der Fasern zunehmend geschätzt werden, dürfen Sorten mit niedrigem Gehalt an THC (Tetrahydrocannabinol) heute wieder kommerziell angebaut werden.

No: 1497 Gossypium religiosum Willd

= G. hirsutum Linn. Sp. Pl.
forma religiosa Roxb.
G.S.

1497 Gossypium fuscum R.

G. religiosum, Roxb.

= G. ~~barbadense~~ herbaceum, var. religiosum, Mast.

ICONES ROXBURGHIANÆ.

Baumwolle

Gossypium spp.

Kleidung für die Welt

Baumwolle ist der König

David Christy (1855)

Die allgegenwärtige Popularität von Jeans sorgt für einen hohen Baumwollbedarf. Das hat jedoch seinen Preis, da die modernen Anbaumethoden große Mengen von Dünger und Pestiziden (meist aus Erdöl) sowie viel Wasser erfordern. Die Gattung *Gossypium* besteht aus etwa 50 Arten, aber nur vier werden für die Fasergewinnung aus der reifen Samenkapsel genutzt. Zwei Arten in der Neuen Welt, *G. hirsutum* und *G. barbadense*, wurden in der Zeit vor Kolumbus verwendet; zwei der Alten Welt, *G. arboreum* und *G. herbaceum*, wurden auch lange geschätzt. Das englische Wort »Cotton« hat seinen Ursprung im Sanskrit, wobei es sich bei der »ägyptischen Baumwolle«, auch wenn sie dort großflächig angebaut wird, eigentlich um die Art *barbadense* aus der Neuen Welt handelt. In warmen Klimazonen ist Baumwolle eine mehrjährige Pflanze und kann die Größe eines Baumes erreichen. In der Regel wird sie aber als einjährige Pflanze behandelt, wenn sie als großer Strauch bis auf eine Höhe von zwei Metern wächst. Während der Vegetationsperiode braucht sie nährstoffreichen Boden mit viel Regen und für die Ernte eine Trockenzeit.

Gegenüber: Blüten, reifende Samenkapsel und Samen von *Gossypium religiosum*. Wie handschriftlichen Dokumente belegen, ist diese südamerikanische Baumwolle mehrmals umbenannt worden. William Roxburgh hat diese Zeichnung in Indien in Auftrag gegeben, wo die Pflanze den Ruf erlangte, von Bettelmönchen kultiviert zu werden. Sie war nahe der Tempel zu finden.

Die Herkunft der beiden Arten der Alten Welt ist ungeklärt, da ihre wilden Vorfahren noch nicht identifiziert wurden, aber sie kamen wahrscheinlich aus Afrika. Archäologische Baumwollfunde auf dem indischen Subkontinent werden auf etwa 2500 v. Chr. datiert; auch der griechische Historiker Herodot beschrieb sowohl die Pflanze als auch die indische Webkunst. Indische Schriften erwähnen sie sogar noch früher. Mit der arabischen Expansion im 8. Jahrhundert führten die Araber die Baumwolle in Sizilien und Spanien ein. Die europäischen Web- und Spinntechniken erreichten jedoch nie die der Inder, die feine Musseline und Chintz von überragender Schönheit produzierten. Anfänglich waren die meisten europäischen Baumwollstoffe eher Barchente – eine Mischung aus Baumwolle und Flachs.

Die Baumwolle der Neuen Welt hatte sich bereits vor Kolumbus bei verschiedenen Völkern etabliert. *G. barbadense* war heimisch in Peru, wo sie eine wichtige Handelsware zwischen den Siedlern an der Küste, die sie für Fischernetze brauchten, und Siedlern im Hochland, wo sie angebaut wurde, darstellte. Im 1. Jahrtausend v. Chr. produzierte die Paracas-Kultur in Peru aufwendige Textilien aus Kamelhaar verwoben mit Baumwolle. *G. hirsutum* wurde wahrscheinlich mehrmals domestiziert, vor allem in Mittelamerika. Im frühen 16. Jahrhundert tauschten die spanischen Eroberer ihre kratzigen Wollwaren und Leinentücher (S. 120) gegen

die weicheren Baumwollwaren der Azteken. Diese Sorte macht mittlerweile fast 90 Prozent der weltweiten Baumwollproduktion aus.

Es dauerte eine Weile, bis sich die Baumwolle in Europa durchsetzte, aber als es so weit war, verwandelte sie die Textilindustrie. Und da sich Baumwolle viel einfacher waschen lässt als Wolle oder Leinen, hatte sie einen wichtigen Einfluss für die Sauberkeit und die allgemeine Gesundheit. Ursprünglich wurde der Löwenanteil der europäischen Baumwolle als Rohmaterial aus Indien importiert, wo die Ostindien-Kompanie das Monopol besaß. Im 18. Jahrhundert wurde die Textilproduktion im englischen Lancashire revolutioniert – durch Innovationen in der Energienutzung, durch Maschinen zum Trennen der Samen aus der Samenkapsel sowie zum Kämmen und Weben der Fasern.

Der amerikanische Einfallsreichtum verbesserte auch die Baumwollverarbeitung. Ab 1793 erlaubte Eli Whitneys »Baumwoll-Gin« die viel schnellere mechanische Trennung der Fasern von den Samen aus den Kapseln. Diese und andere Innovationen ließen den Baumwollpreis sinken, was wiederum die Nachfrage steigerte. Die USA machten Indien bei der Lieferung des Rohstoffs langsam Konkurrenz. Die klimatischen Bedingungen waren in den Südstaaten günstig, wo 1807 in Tennessee der großflächige Baumwollanbau begann. Afrikanische Sklaven arbeiteten auf den Plantagen, wodurch jene unmenschliche Strategie weitergeführt wurde, die Zuckerrohr (S. 142) zu seinem Platz auf dem Weltmarkt verholfen hatte. Ab 1853 stiegen die amerikanischen Exporte nach Großbritannien enorm, sehr zum Nachteil von Indien.

Der Amerikanische Bürgerkrieg (1861–1865) brachte die Versorgung mit Baumwolle zum Erliegen – eine Lücke, die Indien nur teilweise füllen konnte. Das führte zum Stillstand der Fabriken in Lancashire und spaltete die Meinungen der Briten über den Krieg – ungeachtet der Tatsache, dass die Sklaverei eine Ursache hinter dem Konflikt gewesen war. Die Niederlage des Südens beendete die Sklaverei und zerschlug das Plantagensystem, stoppten aber nicht den dortigen Anbau von Baumwolle als Monokulturen und die Probleme mit Schädlingen und Krankheiten. Ab dem späten 19. Jahrhundert wurde der Baumwollkapselkäfer, dessen Weibchen seine Eier auf den Knospen der Pflanze ablegt, zum Plagegeist.

Der anhaltende Kampf zwischen Insekten und Agrarindustrie bezog auch Pestizide und gentechnisch veränderte Pflanzen ein. Neben den verwendeten chemischen Düngemitteln und einem hohen Wasserverbrauch hat dies viel Kritik von Umweltschützern hervorgerufen. Die Nachfrage bleibt aber groß. Baumwollsamen und deren Öl bieten unzählige Anwendungsmöglichkeiten, von Tierfutter bis hin zu Farben. Wiederverwertete Fasern sind in dem Papier für die amerikanischen Banknoten enthalten. Kurze Fasern gehen in die Herstellung von Zellulose, einem Bestandteil von Schuhen, Handtaschen, Bucheinbänden und sogar Sprengstoffen. Baumwollprodukte finden sich in Eiskrem und Röntgenfilmen, in Lacken und Make-up. Die Jeans ist also nicht das einzige Produkt dieser Nutzpflanze.

Oben: Ein festliches Baumwollkleid einer Frau aus Äthiopien. Obwohl *Gossypium herbaceum* eine lange Geschichte der Nutzung in Äthiopien genossen hat, kommt der Großteil der dort wachsende Arten und Hybriden aus der Neuen Welt. Die lokalen Arten, die besser mit der Trockenheit zurecht kommen, können genetisches Material für neue Hybriden zur Verfügung stellen.

Gegenüber: Pflanze und Samen von *Gossypium neglectum*, ein Synonym für *G. arboreum*. Obwohl nicht sicher ist, wo diese Baumwollpflanze aus der Alten Welt zuerst domestiziert wurde, erfolgte ihre Entwicklung durch die Kulturen im Indus-Tal. Die daraug hervorgegangenen Arten beherrschten die Baumwollproduktion in Asien, bevor die Baumwolle aus der Neuen Welt eingeführt wurde.

No. 1495
(1493) Gossypium herbaceum, W.
G. neglectum Tod.
ICONES ROXBURGHIANÆ.

Oben: Die Spitze einer Bambussprosse und feine Blätter auf japanischer Lackware. Bambus wird in der ostasiatischen Kunst häufig wegen seiner Symbolik und der Überdeckung mit kalligrafischen Techniken dargestellt.

Gegenüber: Ein Teil von Stängel (Stamm) und Blatt des eindrucksvollen 5 m großen *Phyllostachys castillonis*. Bambusse sind unglaublich vielseitig einsetzbare Riesengräser. Beim Bau von Chinas Großer Mauer (5. Jahrhundert v. Chr.) und des Kaiserkanals (5. Jahrhundert n. Chr.) wurden Schubkarren aus Bambus eingesetzt, die mit Stoff bespannt eine Last von 165 kg befördern konnten.

Bambus

Bambusoideae

Vielseitigkeit und Stärke in einem Stamm

Die Arbeiter sind verpflichtet, ihre Nägel zu schneiden, aber die vornehme Welt lässt sie wachsen […] und legt nachts kleine Hüllen aus Bambus darauf.

Peter Osbeck, *Eine Reise nach China und Ostindien*, 1771

Als die Europäer und Nordamerikaner im 19. Jahrhundert der Kultur Chinas und Japans begegneten, waren sie erstaunt, wie vielseitig sich die hohlen Stämme des dort heimischen Bambus verwenden lassen. In diesen Ländern wurde vieles, das anderswo aus Holz und Metall hergestellt wurde, aus Bambus gemacht. Das tropische und subtropische Asien lebte geradezu in einem »Bambus-Zeitalter«.

Heute wird das wirtschaftliche Potenzial der weltweit am schnellsten wachsenden »hölzernen« Pflanzen (sie sind keine echten Hölzer) zunehmend erkannt. Bei *Phyllostachys edulis* wurde innerhalb von 24 Stunden ein maximaler Zuwachs von 120 cm gemessen. Er kann bis zu 28 m groß werden und dabei Material für die Bauindustrie, Fasern für Textilien sowie essbare, junge Triebe liefern.

Bambusse sind breitblättrige Gräser (Poaceae) – die einzigen, die sich in diesem Umfeld verbreitet haben. Weltweit wurden etwa 1400 Arten (in rund 115 Gattungen) identifiziert. Sie fallen in drei Gattungsgruppen: Bambuseae und Arundinarieae sind die bedeutendsten, während Olyreae vor allem in Amerika wachsen. Einige Bambusarten sind wegen ihrer seltenen Blüte schwierig zu studieren. 1912 blühten Exemplare von *P. edulis* im japanischen Nakasato. Die Samen wurden in Yokohama und Kyoto gepflanzt, und obwohl sie 350 km voneinander entfernt waren, blühten die daraus hervorgehenden Stängel alle gemeinsam 1979 (ein solches Gruppenverhalten ist als Mastblüte bekannt), zum Abschluss ihres 67 Jahre dauernden Lebenszyklus. Bei *P. reticulata* liegt die geschätzte Zeit vom Samen bis zur Blüte bei 120 Jahren. Bambusse reproduzieren sich durch unterirdische Rhizome auch vegetativ, was ihre rasche Ausbreitung ermöglicht. Es gibt sowohl »Läufer«, die sich horizontal unter der Erde ausdehnen und neue Triebe nach oben schicken, als auch »Klumper«, die neue Halme von der Primärpflanze ausschlagen.

Diese Artenvielfalt und das rasante Wachstum passen zu der vielseitigen Verwendung neben der schlichten kulinarischen (als Nahrung und auch als Esswerkzeug in Form von Stäbchen). Gespaltene Bambushalme können verwebt, Bambusmatten zu einer Hauswand oder einem Hut verarbeitet werden. In Körben lassen sich Dinge verstauen und transportieren, Geflügel kann so auf den Markt gebracht, Fische können in Fallen gefangen und Seidenraupen in Schalen aufbewahrt werden. Zu Seilen verdreht, können Bambusfasern mit ganzen Bambusrohren kombiniert werden, um Flüsse zu überbrücken, während Bambusflöße auf

dem Wasser schwimmen. Bambus kann Wasser nicht nur überqueren, er kann es auch tragen: als Wasserleitung, Wasserrad, Eimer oder Tasse. Eine simple, über die Schulter gelegte Stange trägt eine hängende Last an jedem Ende, zwei Stangen tragen eine Sänfte. Für Außen- und Innenmöbel, das Haus selbst, einen Tempel und ein Gerüst lässt sich Bambus ebenfalls nutzen. Er wird verwendet, um mit ihm (gespaltene Halme) und auf ihm (Papier) zu schreiben. Der große Panda braucht nichts von alldem; er verschlingt nur riesige Mengen von Bambus und muss eine ausreichend große Auswahl zur Verfügung haben, um weiterziehen zu können, wenn die Pflanzen einiger Arten nach ihrer Blüte absterben.

Mahagoni

Swietenia spp.

Möbelholz der Wahl

Von allen Hölzern ist Mahagoni am besten für Möbel geeignet, wenn Festigkeit gefordert ist. Es lässt sich leicht verarbeiten, hat eine schöne Maserung und lässt sich so gut polieren, dass es für jeden Raum eine Bereicherung ist.

Thomas Sheridan, 1805

Ein dreibeiniger Tisch aus Mahagoni im Stil der Mitte des 18. Jahrhunderts. Der gezackte Rand machte ihn äußerst modisch. Ursprünglich wurden solche Tische aus einem einzelnen Holzstück gebaut, aber bei Reproduktionen wurde der Rand später hinzugefügt. Tatsächlich ist dies ein Spielzeugtisch, aber selbst in einem Puppenhaus durfte nur beste Ware verwendet werden.

Es ist verständlich, warum Mahagoni seit langem als Holz für erlesene Möbel, Wandverkleidungen und sonstige Holzarbeiten bevorzugt wird. Seine Färbung (nach dem Trocknen) ist so kräftig und unverwechselbar, dass es einer Farbe seinen Namen gab; es ist robust und langlebig, seine Maserung ist exquisit.

Das »wahre« Mahagoni gehört zur Gattung *Swietenia*, benannt von Nikolaus Jacqui, einem niederländischen Schüler von Linné zu Ehren seines Gönners Gerard van Swieten, Professor der Medizin in Wien. Linné hatte angenommen, dass es eine Art von Zeder war. Mahagonibäume aus den Südstaaten waren in den Tropen und der Karibik weit verbreitet und wurden in der Region seit langem genutzt. Es gibt drei nahe verwandte Arten: *S. mahagoni*, *S. humilis* und *S. macrophylla*. Die erste ist überwiegend im südlichen Florida über die Karibik bis zu den Bahamas heimisch. Die zweite ist vom nördlichen Südamerika bis nach Mexiko zu finden, hat kleinere Blätter und bevorzugt trockeneres Klima. Die dritte, der großblättrige Favorit der modernen Plantagen, dominierte in Brasilien und Honduras. Diese drei Arten können frei hybridisieren. Sie bedienten den größten Teil des europäischen und nordamerikanischen Bedarfs an schönen Möbeln, Schnitzereien und Baumaterial. Im späten 19. Jahrhundert erreichte der Import seinen Höhepunkt; danach wurden die Lieferungen immer seltener.

Mahagoni bedarf Sonne und Wärme, wächst langsam und abgelegen; es bestehen also keine natürlichen Mahagoniwälder: Vielmehr müssen einzelne Bäume gefällt und mühsam zu einer Land- bzw. Wasserstraße oder einer Bahntrasse geschleppt werden. In angemessenem Abstand zueinander können sie auf Plantagen gedeihen, wie sie in Indien, Bangladesch, Indonesien und auf den Fidschi-Inseln etabliert wurden, aber der Mahagoni-Triebbohrer ist ein ernstzunehmender Schädling. Um diesen herrlichen Baum (*S. macrophylla* kann eine Höhe von 70 m und einen Durchmesser von 3,5 m erreichen) zu bewahren, werden zwei Dinge getan.

Erstens wird Mahagoni heute im »Übereinkommen über den internationalen Handel mit gefährdeten Arten« (CITES) gelistet und seine Nutzung wird zunehmend reguliert. Dies geschah erst nach massiver Verschwendung im Amazonasgebiet, wo die Bäume einfach gefällt und verbrannt wurden, wenn Land für Viehfarmen und andere Zwecke gerodet wurde. Trotz der Beschränkungen werden viele Mahagonibäume noch immer illegal gerodet. Im derzeit größten Exportland Peru

werden schätzungsweise bis zu 80 Prozent der Mahagonibäume unter Umgehung internationaler Vorschriften abgeholzt.

Zweitens steht der Name »Mahagoni« heute für eine Reihe anderer Harthölzer, die nicht aus der gleichen Familie stammen. Afrikanischer Mahagoni gehört zur Gattung *Khaya* oder *Entandrophragma*; Mahagoni aus Sri Lanka ist ein Zedernbaum; philippinischer, neuseeländischer und chinesischer Mahagoni sind weitere Baumarten. Sie werden alle als »Mahagoni« vermarktet. Für die heutigen Mahagoni-Möbel wird also nur bedingt die gleiche Art verwendet, aus denen Chippendale, die Brüder Adam, Hepplewhite oder andere Hersteller aus Großbritannien, Europa und den USA während der Blütezeit des Holzes ihre Werke schufen. Die Beständigkeit des wahren Mahagoni wird aber noch immer geschätzt. Neben Möbeln wird es auch in einigen der berühmten Ludwig-Schlagzeuge und in den besten E-Gitarren (z. B. bei Gibson) verbaut, weil es einen warmen, lebendigen Klang erzeugt. Die Schönheit und Haltbarkeit von Mahagoni gebieten noch immer Respekt und lassen sich auch zu einem entsprechenden Preis verkaufen.

Ein blühender Zweig der *Swietenia mahagoni*, mit einer fünffach gelappten Samenkapsel und Samen. Die Kapsel überdauert den Winter auf dem Baum, bevor sie aufplatzt und die Samen zum Flug in den Frühling entlässt. In der Karibik wurde die Baumrinde traditionell als Medikament eingesetzt.

Marktfrüchte

Sie zahlen sich aus

Coffea arabica mit Blüten, reifenden und ausgereiften Beeren.

Pflanzliche Produkte werden bereits seit langem getauscht oder verkauft. Die frühen Handelsbeziehungen im Mittelmeerraum, Asien und der Neuen Welt waren weit gespannt; oft wurden Holz, Lebensmittel oder Kleidungsstoffe gehandelt. Im Zuge der modernen Erschließung der Nutzpflanzen kam es zu groß angelegten Umsetzung von Pflanzen außerhalb ihrer ursprünglichen Umgebung.

Tabak war in der Neuen Welt bereits im Umlauf, bevor die Europäer das »Säuferkraut« kennenlernten und wurde damals ähnlich wie heute verwendet. Zuckerrohr war bereits von den pazifischen Inseln nach Asien, Südwestasien und Afrika gebracht worden, bevor es die Europäer mit in die Karibik und nach Amerika nahmen. Teepflanzen wurden in China sorgfältig bewacht, bevor auch sie als Saatgut oder Jungpflanzen nach Indien, Sri Lanka und schließlich nach Afrika geschmuggelt wurden. Der Kaffee verbreitete sich allmählich von seiner Heimat Äthiopien in die Neue Welt, nach Java und in andere Teile Afrikas. Gleichzeitig stieg die Nachfrage nach Tee, Kaffee und Zucker. Tabak, Baumwolle und Zucker förderten die Sklaverei in der Neuen Welt, da die Plantagenbesitzer ihr Angebot dieser arbeitsintensiven Produkte erweiterten.

Wie Kaffee und Tee enthält auch Schokolade Stimulanzien, aber im Gegensatz zu den Menschen in der Neuen Welt mochten die Europäer sie süß. Sie änderten ihre Verarbeitung und erweiterten den Anbau über ihre mittel- und südamerikanische Heimat hinaus bis in die Tropen Afrikas, von wo heute ein Großteil stammt.

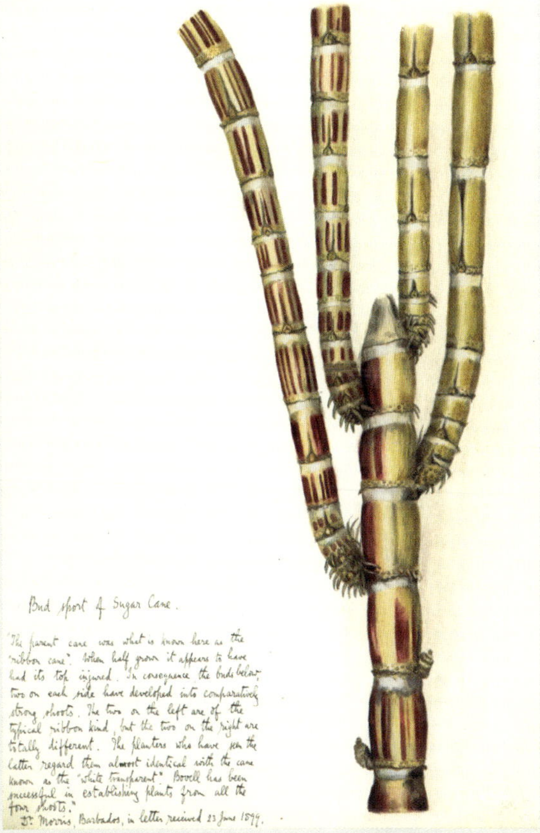

Von Afrika aus verbreitete sich wiederum die Ölpalme nach Malaysia, Indonesien und Thailand sowie ins tropische Mittel- und Südamerika. Die Errichtung von Großplantagen in Gebieten, in die der Baum eingeführt worden war, bewirkte Umweltschäden, mit dem Verlust der lokalen Lebensräume und Regenwälder, zusätzlich zu den Problemen, die Monokulturen immer mit sich bringen.

Bananen werden heute weit über ihre südasiatische Heimat hinaus angebaut und sind das ganze Jahr über erhältlich. Sie erzeugen keine Samen, was bedeutet, dass die Pflanzen Klone ohne natürliche genetische Variation sind – ein besorgniserregender Nachtrag zu den üblichen Gefahren bei Monokulturen. Die Pflanzen wurden in die Neue Welt gebracht, um den Sklaven vertraute Nahrung zu bieten, und ab dem späten 19. Jahrhundert half der Kühlversand bei der Marktexpansion.

Die Eigenschaften des Kautschuksafts waren den Menschen im Amazonasgebiet bekannt, aber seine kommerzielle Nutzung benötigte die Hilfe der chemischen Technologie (Vulkanisation), um das Produkt beständiger zu machen. Die ersten Fahrräder und Automobile ließen die Nachfrage stark ansteigen und führten zu riesigen Plantagen in Teilen von Afrika, China und den Philippinen.

Die Chemie hatte auch einen drastischen Einfluss auf die weltweite Nachfrage und Versorgung mit Indigo, das lange wegen seiner satten blauen Farbe gefragt war – ob aus dem asiatischen Indigobaum oder dem europäischen Färberwaid. Seit Jahrtausenden geschätzt, wird Indigo heute meist im Labor synthetisiert.

Oben links: Ein blühender, fruchttragender Stamm einer Banane mit einem Bananenbaum zur Linken; Detail einer handkolorierten Tafel in John Cowells *The Curious and Profitable Gardener* (1730). Eine Notiz von Sir Hans Sloane im Exemplar der Bibliothek von Kew erklärt, dass diese ›in ihren natürlichen Farben‹ gemalt wurden.

Oben rechts: ›Eine Knospe des Zuckerrohrs‹ – Originalvorlage aus einer Zusammenstellung, die verschiedene Proben und Experimente auf Barbados Ende des 19. Jahrhunderts zeigt. Diese süßen Gräser bestechen durch eine wunderbare Vielfalt von Farben und Mustern.

Tee

Camellia sinensis

Die Spitzen des globalen Handels

Ich bin überhaupt nicht an Unsterblichkeit interessiert, nur am Geschmack von Tee.

Lu Tung, 9. Jahrhundert

Tibetische Teekanne aus Shigatzi, durch Joseph Hooker von seinen Ausflügen auf der Suche nach Pflanzen nach Kew gebracht. Traditionell haben Tibeter Ziegeltee bevorzugt, der zuerst gedämpft, dann gepresst und später gealtert wurde. Der Tee wurde mit Salz, Yakbutter und heißem Wasser in einem Bambusgefäß vermischt. In der Teekanne wurde er über Kohlenfeuer warmgehalten.

Die Teepflanze *Camellia sinensis* und das Teetrinken stammen aus China. Dieser immergrüne Strauch (oder Baum, wenn er wachsen kann) benötigt Wärme, Höhe, gute Niederschläge und sauren Boden. Wie Kaffee (S. 138) und bestimmte andere Pflanzen enthalten Teeblätter die besonders wichtigen Alkaloide Koffein und Theophyllin. Beide sind Stimulanzien und beide machen süchtig; das könnte erklären, warum das Trinken von Tee (und Kaffee) schon lange verbreitet ist.

Die Ursprünge des Teetrinkens in China sind in Mythen verschleiert, aber Teeblätter wurden möglicherweise ab Mitte des 1. Jahrtausends v. Chr. gesammelt und für Aufgüsse verwendet. Wahrscheinlich wurden die Blätter bereits viel früher gekaut, so wie es noch heute in den südwestlichen Regionen Chinas, der Heimat von *C. sinensis*, üblich ist. Anbau, Verarbeitung und Verwendung von Tee sind eng mit Chinas alter, bewegter Geschichte verflochten. Er wurde als offizielles Zahlungsmittel verwendet, häufig mit einem hohen Zoll besteuert und unterlag einem staatlichen Monopol, um die Einnahmen des Staates zu steigern. Sein vielseitiger Geschmack wurden verehrt und er erlangte nahezu Kultstatus.

Die beiden wichtigsten Teearten – grüner und schwarzer Tee – sind das Ergebnis des unterschiedlichen Pflückens und Verarbeitens. Nur die Spitzen, die beiden obersten Blätter und eine Knospe, werden gepflückt, und dies geschieht noch immer von Hand. Grüner Tee ist etwas jünger, wenn er gepflückt wird, und nicht so sehr »fermentiert« (oxidiert). In China ist er der heimliche Lieblingstee. Der schwarze Tee wird dagegen vollständig verarbeitet. Er ist kräftiger und wurde vielerorts im Ausland bevorzugt. Auch die Zwischenvariante Oolong ist beliebt. Die »Nachbehandlung« von Tee ist ein aufwendiger Prozess und erfordert großes Wissen und Können. Richtig verarbeitet und verpackt, ist Tee gut lagerbar – ein wichtiger Faktor für seine weltweite Beliebtheit.

Das Teetrinken war in der chinesischen Gesellschaft ein so fundamentales Ereignis, dass sich Zeremonien um ihn herum entwickelten. Nachdem japanische buddhistische Mönche, die in China studierten, den Tee im Jahr 805 zurück in ihre Heimat mitgenommen hatten, wurden solche Teezeremonien in Japan noch stärker ritualisiert. Die japanische Teezeremonie erreichte ihre höchste Form mit dem Sen Rikyu. Diese Zeremonie war an strenge Regeln gebunden und fand in einem speziellen Raum mit einem Gastgeber und fünf Gästen statt. Die Ein- und Ausgänge, die Utensilien, der Dialog und die Reihenfolge der Ereignisse wurden sorgfältig abgestimmt. In gewissem Sinne war der Tee in der Bedeutung der Zeremonie fast nebensächlich, aber er musste korrekt vorbereitet und perfekt serviert werden. Nach der Hinrichtung von Sen (aus ungeklärtem Grund) kamen Varianten der Zeremonie auf, aber grundsätzlich ist der Tee ein Merkmal der japanischen Lebensweise geblieben.

Auch für die chinesische Gesellschaft war Tee von zentraler Bedeutung, und die mongolischen Invasoren fanden ebenfalls Gefallen an dem Getränk; sie mischten es mit Milch und Butter. Allmählich verbreitete sich der Tee auf dem Landweg auch nach Russland und in andere asiatische Länder. Die ersten Russen, die nachweislich von ihm kosteten, waren zwei Gesandte, die im frühen 17. Jahrhundert mit einem mongolischen Prinzen verhandelten. Nachdem das Getränk in den Weiten des Landes bekannt geworden war, hielt der russische Samowar Einzug und verkörperte die russische Häuslichkeit: Durch sein ausgeklügeltes inneres Leitungssystem stellte er zu jedem Zeitpunkt heißes Wasser und Tee bereit. Der meiste Tee erreichte Russland über Kjachta, eine einst wohlhabende Stadt an der mongolischen Grenze. Ihr Teemarkt war der Grund für ihren historischen Status.

Der Tee gelangte per Schiff nach Europa. Nach der Öffnung des Seewegs über das Kap der Guten Hoffnung im späten 15. Jahrhundert erreichten Berichte über dieses Getränk Portugal und den Rest Europas. Im frühen 17. Jahrhundert begannen die Niederländer mit dem Import, und am 25. September 1660 beschrieb der Tagebuchschreiber Samuel Pepys seine erste Erfahrung mit dem »Chinagetränk«. Als Neuheit wurde der Tee in Thomas Garways berühmtem Kaffeehaus in der Londoner Exchange Alley verkauft. Gemeinsam mit Kaffee kam er dort schnell in Mode. Die Besteuerung des Imports bewirkte, dass viel Tee geschmuggelt wurde.

Fast zwei Jahrhunderte lang wussten die Europäer nicht, wo in China die Pflanze angebaut wird, da der Handel streng kontrolliert wurde und nur wenige

Der Transport, das Verpacken und die Kennzeichnung von Teekisten und das Wiegen des Tees waren ein Geschäft in chinesischer Hand. Bis zum 19. Jahrhundert führte Chinas offizieller Handel durch den Hafen Cantons, wo ausländischen Händlern erlaubt wurde, Handelshäuser oder Fabriken zu errichten; das Landesinnere durften sie nicht betreten. Sie waren verpflichtet, mit den von der Regierung eingesetzten Händlern oder ›Gong Hang‹ Geschäfte zu machen.

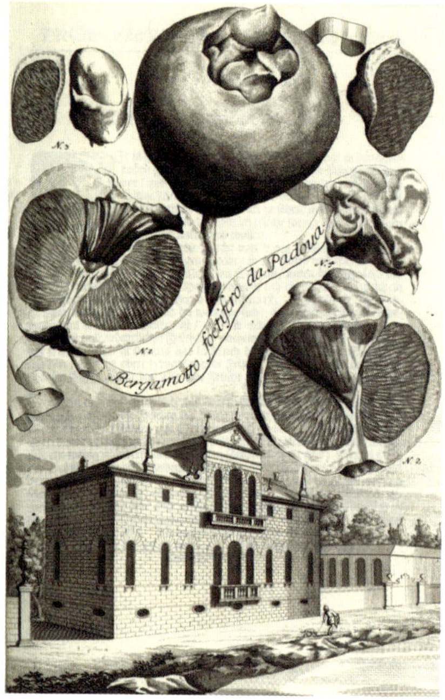

Oben links: ›Bergamotto Foetifero da Padoua‹ von Johann Christoph Volkamer, *Nürnbergische Hesperides* (1714). Das ätherische Öl aus der Schale der Bergamotte (*Citrus bergamia*) verleiht der Teemischung mit dem Namen Earl Grey ihren einzigartigen Geschmack. Sie gilt als Hybride der süßeren C. *limetta* und der Bitterorange C. *aurantium*.

Oben rechts: Idyllische Szene einer Teeplantage aus Samuel Balls *An Account of the Cultivation and Manufacture of Tea in China* (1848). Ball war Tee-Kommissar bei der Ostindien-Kompanie in Canton und hat das Buch nach seiner Rückkehr nach Großbritannien verfasst, um die Versuche zur Kultivierung des Tees in Britisch-Indien und anderen Teilen des Britischen Weltreiches zu fördern.

Ausländer das Land über den Hafen von Canton hinaus betreten durften. In der Tat erforderte der Teetransport aus den Anbauregionen im Landesinneren große organisatorische und körperliche Bemühungen. Damals wurde vermutet, dass grüner und schwarzer Tee von verschiedenen Teepflanzen stammten.

Mit Nutzen und Gefahren des Teetrinkens hat man sich lange beschäftigt. Der Lexikograph und leidenschaftliche Teetrinker Samuel Johnson musste im 18. Jahrhundert seine Angewohnheit sogar verteidigen. Allmählich aber fand das Getränk seinen Weg in das Herz der britischen Gesellschaft. Die steigende Nachfrage und sowie die Vorliebe der Chinesen für Silber als Zahlungsmittel erforderten ein Exportgut, das zum Ausgleich nach China gebracht werden konnte. Ein solches Exportgut war Opium (S. 84), und die Opiumkriege des 19. Jahrhunderts wurden teilweise von der britischen Vernarrtheit in Tee angeheizt. Mitte des 19. Jahrhunderts lieferten sich die »Teeseegler« Wettrennen, wer am schnellsten aus China nach England gelangen würde. Sie sorgten für Schlagzeilen, auch wenn keine Eile notwendig war, da sich angemessen verarbeiteter und verpackter Tee lange hält. Man war also nicht wirklich um die Qualität der Ware besorgt.

Die steigende Nachfrage trieb auch die Suche nach weiteren Anbaugebieten voran. Nach anfänglichen Schwierigkeiten in Britisch-Indien erzielte der Anbau dort immer größerer Erfolge – zuerst in Assam, dann in Darjeeling und anderen Regionen mit Hanglagen. So wurden weitere Teeplantagen in anderen Regionen wie etwa Kenia gegründet. Nachdem die Kaffeeplantagen auf Ceylon (Sri Lanka) von einer Pilzerkrankung vernichtet worden waren, erwies sich der Tee dort als Segen.

Tee ist eines der beliebtesten Getränke der Welt, vor allem in Großbritannien,

Australien, China und Indien. Heute haben sich »Marken« etabliert, die oft noch die Namen der früheren Unternehmer, wie Lipton und Twining tragen; auch der Earl Grey mit dem Aroma der Bergamotte steht in dieser Tradition.

Ein Blütenzweig der Teepflanze, *Camellia sinensis*, derselben Gattung wie Gartenkamelien. Die Spitzen, ›zwei Blätter und eine Knospe‹, werden zweimal jährlich am Frühlingsanfang und im Frühsommer geerntet. Die ›Knospe‹ ist nicht eine unentfaltete Blüte, sondern ein unreifes ungeöffnetes Blatt.

Kaffee

Coffea spp.

Wachmacher der Welt

Kaffee macht uns streng, ernst und philosophisch.

Jonathan Swift, 1722

Gegenüber: *Coffea arabica* aus Dr. Friedrich Gottob Haynes *Getreue Darstellung und Beschreibung der in der Arzneykunde gebräuchlichen Gewächse* (1825). Trotz seiner leichten Verfügbarkeit als Getränk wurde Kaffee als medizinische Substanz betrachtet. Relativ reines Koffein wurde 1819 von Friedrich Ferdinand Runge isoliert.

Unten: Ein Türkischer Herr trinkt Kaffee; Pflanze, Bohnen und Kaffeeröster sind darunter abgebildet; ein wunderbarer Stich von Philippe Sylvestre Dufour aus *Traitez nouveaux & curieux du café, du thé et du chocolate* (1688).

Koffein ist die weltweit am häufigsten verwendete psychoaktive Droge. Zwar enthalten Teeblätter (S. 134) höhere Koffeinkonzentrationen als Kaffeebohnen, aber eine Tasse Kaffee liefert etwa zehn Mal mehr Koffein als eine Tasse Tee. Die Gattung *Coffea* enthält zwei besonders wichtige Arten, die nahezu die gesamte weltweite Kaffeeproduktion ausmachen: *Arabica* und *Robusta* (*Canephora*). Die Erstere ist in Aroma und Geschmack reicher und subtiler, während die Letztere – billiger, herber und bitterer – für löslichen Kaffee bevorzugt wird. Die meisten kommerziellen Kaffees sind eine Mischung aus beiden Arten.

Kaffee gehört zu der tropischen Familie der *Rubiaceae*, und am besten wächst der Busch in warmen Klimazonen mit Höhenlagen und viel Regen. Er stammt ursprünglich aus Äthiopien, wird dort auch noch immer angebaut und wächst auch wild. Der Legende nach bemerkte ein junger Ziegenhirte, dass seine Ziegen nach dem Fressen von Kaffeebeeren (Samen oder Bohnen) munter und ungewöhnlich lebhaft waren. Daraufhin wurde er selbst von ihnen süchtig. Das Lutschen von Kaffeebohnen war mit Sicherheit die älteste Methode ihrer Nutzung. Später wurden die Blätter und Beeren zu einem Getränk gekocht, welches das Stimulans Koffein enthält.

Das Getränk wird erstmals in arabischen Texten aus dem Mittelalter erwähnt, und mehrere Jahrhunderte lang war seine Verwendung auf Nordafrika und Südwestasien beschränkt. Der Kaffee wurde beliebt unter den muslimischen Geistlichen, da er es ihnen erlaubte, ihre Meditationen die Nacht hindurch fortzusetzen. Später wurden die Bohnen nach Osten transportiert, wo sie ab dem 17. Jahrhundert in Indien, Sri Lanka und anderen asiatischen Ländern angebaut wurden – zu etwa dem Zeitpunkt, als die Europäer entdeckten, was eine Tasse Kaffee bewirken konnte. Um 1475 gab es in Konstantinopel (Istanbul) ein Kaffeehaus, und die Europäer dort waren von dem neuen Getränk begeistert.

Ab Mitte des 17. Jahrhunderts wurden die Kaffeehäuser in Städten wie London, Paris, Amsterdam, Wien und Berlin zu einem zentralen Bestandteil der europäischen Kultur. In diesen Etablissements war die Zeitungslektüre und die Diskussion über Aktuelles genauso wichtig wie das Getränk, aber Kaffee und Tee – beide Getränke erschienen etwa gleichzeitig (wie auch die Schokolade, S. 146) – waren der Grund, warum es diesen Ort gab. In Wien haben die Kaffeehäuser ihre

F. Guimpel fec.

Coffea arabica

wichtige kulturelle und politische Funktion bis in die Neuzeit beibehalten. Die Wiener entdeckten die Kaffeebohne, nachdem die Belagerung der Stadt im Jahr 1683 aufgehoben worden war und die sich zurückziehende osmanische Armee ihre Vorräte, einschließlich der kostbaren Bohnen, zurückgelassen hatte.

Der Kaffee hat mit dem Tee oft um die Gunst des beliebtesten koffeinhaltigen Getränks eines Landes gewetteifert, und beide haben die gleiche gesellige und anregende Funktion. Die Franzosen flirteten anfangs mit dem Tee, aber im 18. Jahrhundert siegte der Kaffee. Am Vorabend der Französischen Revolution hatte Paris 2000 Kaffeehäuser. In Großbritannien verdrängte der Tee den Kaffee im 19. Jahrhundert: Er war billiger, einfacher zu transportieren und zu lagern. In den USA, wo es bereits um 1670 Kaffeehäuser gab, war Kaffee der eindeutige Sieger. Die moderne Geschichte des Kaffees ist eng mit den wirtschaftlichen und politischen Geschicken dieses Landes verbunden, das im 19. Jahrhundert mit Abstand der weltweit führende Kaffeeverbraucher war – in einer Zeit, in der der Kaffeeanbau sich in vielen Teilen der Welt verbreitet hatte, wo Bedingungen und Arbeitskräfte günstig waren.

Die Anbauregionen waren hauptsächlich Teil des europäischen Kolonialbesitzes, darunter Brasilien, Kolumbien und Costa Rica in Nord- und Südamerika, Kenia in Afrika sowie (kurzzeitig) Ceylon (Sri Lanka) und (dauerhafter) Java in Asien. Brasilien ist seit langem ein führender Kaffeeproduzent. Der Anbau von Kaffee ist arbeitsintensiv, da die Bohnen von Hand geerntet werden müssen; sie reifen nacheinander, sodass keine Maschinen eingesetzt werden können. Die brasilianische Ernte ist regelmäßig von widrigem Wetter oder gelegentlicher Trockenheit betroffen. Am wenigsten toleriert die Pflanze jedoch beißende Kälte. Kaffee war für Brasiliens Zahlungsbilanz so wichtig, dass mehrere Regierungen hintereinander zum einen die Bauernverbände dabei unterstützten, Überangebote zu horten, um den internationalen Preis hoch zu halten, und zum anderen den Bauern manchmal

Coffea arabica: Blüten (rechts) und die nachfolgenden Bohnen (links). Ein Aquarell von Manu Lal (1798–1811 erfolgreich) gemalt im Patna-Stil, der von Künstlern aus Indien für die Briten entwickelt wurde, um ihr Bedürfnis nach der naturalistischen Darstellung von Pflanzen, Tieren und Menschen zu erfüllen. Viele, darunter auch Lal, haben für die Ostindien-Kompanien gearbeitet.

Auf Plantagen wurde Kaffee in großen Mengen angebaut und auch verarbeitet. Hier wird Kaffee in Brasilien dampfgetrocknet – eine Abbildung aus Francis Thurbers *Coffee: from Plantation to Cup* (1881), herausgegeben vom Amerikanischen Verband der Kolonialwarenhändler. Thurber ist weit gereist und hat über viele Aspekte der Herstellung und des Verbrauchs von Kaffee, einschließlich der schlechten Arbeitsbedingungen auf vielen Plantagen berichtet.

über ertragsarme Zeiten hinweghalfen. Auch internationale Geldgeber, allen voran Amerikaner, investierten in Kaffeebauern und Kaffeegeschäfte.

In der Regel werden die Kaffeebohnen roh exportiert und im Verbrauchsland geröstet. In der Theorie ist das Rösten leicht, aber in der Praxis schwierig zu meistern. Je länger die blassen Bohnen geröstet werden, desto dunkler werden sie. Das Verfahren setzt die aromatischen und flüchtigen Verbindungen frei, die dem Kaffee sein Aroma (eines der besten der Welt) und seinen Geschmack verleihen. Ein frisch geöffnetes Glas löslicher Kaffee verbreitet dieses Aroma (kurzzeitig), auch wenn der Geschmack ein ganz anderer ist. 1906 entwickelte der Belgier George Washington in Guatemala ein Instantgetränk, war dabei aber nicht der Erste. Er wanderte später in die USA aus, und der Erste Weltkrieg erwies sich als Glücksfall für das neue Produkt, das sich mit heißem Wasser überall leicht zubereiten ließ. Die amerikanischen Truppen nannten Washington den »Soldatenfreund«. Kommerzielles lösliches Kaffeepulver oder -granulat wird heute meist durch Gefriertrocknung von gebrautem Kaffee hergestellt.

Heute bedeutet »Kaffee« für viele Menschen Instantkaffee, aber neue »Kaffeehäuser«, die von der Computer-Generation aufgesucht werden – ähnlich den traditionellen, die Aktuelles und Wärme boten –, hat eine eigene moderne Klientel, die Herkunft, Geschmack und Optik ihres Koffeingetränks als wichtig empfindet.

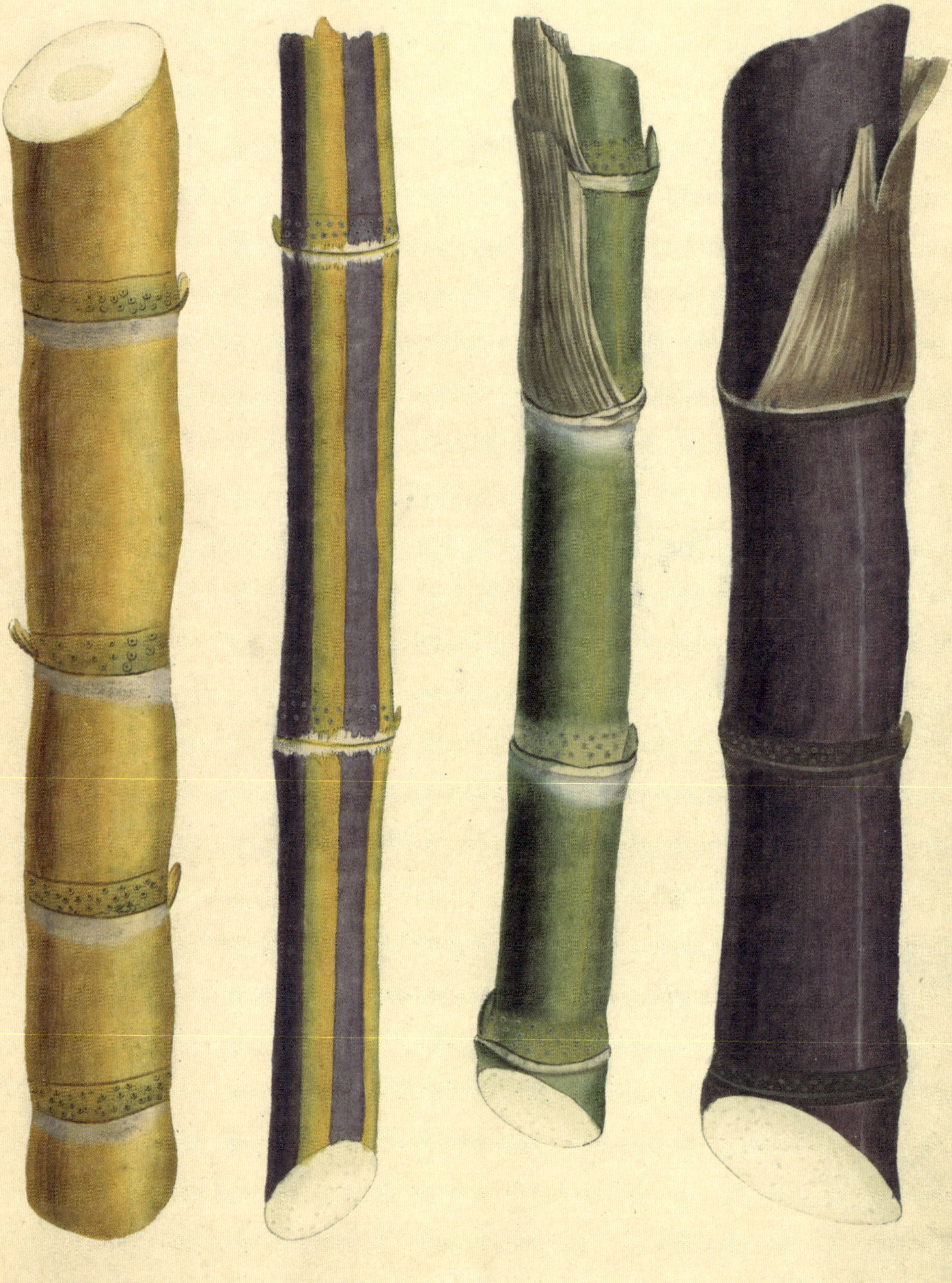

Zuckerrohr

Saccharum officinarum

Der Süßstoff aus dem Sklavenhandel

Ich fass mit Zuckerrohrgeschling dich rings, dass du nicht spröde seist.
Damit du dich in mich verliebst, damit du mir nicht untreu wirst.

Lieder des Atharvaveda

Die Lust zu naschen ist nichts Neues. Lange bevor billiger, stark raffinierter Zucker verfügbar wurde, suchten Menschen nach Süßem in der Natur; Zucker sind in Pflanzen und Tieren allgegenwärtig. Eine besonders reiche Quelle von Saccharose, dem wahren Zucker, ist *Saccharum officinarum* oder Zuckerrohr. Es ist ein Mitglied der Familie der Gräser und wurde wahrscheinlich zuerst in Neuguinea kultiviert; diese Gattung hybridisiert leicht und ihr wilder Urahn ist bislang unbekannt. Im Gegensatz zu Rohren wie Bambus, die innen hohl sind, ist das Innere der Zuckerrohrstängel faserig, und der Saft enthält etwa 17 Prozent Saccharose. Dieser glückliche Umstand wurde bereits vor langer Zeit entdeckt: Zuckerrohr wurde auf den pazifischen Inseln gekaut und in Indien (Alexander der Große schickte Zuckerrohr von dort nach Hause) und China zu vorchristlichen Zeiten angebaut. Der Schreiber Strabo aus dem frühen 1. Jahrhundert n. Chr. wiederholte frühere Berichte von »Schilfrohren, die Honig lieferten« – ganz ohne Bienen.

Die Methode der Extraktion und das Einkochen des Safts zu festem Zucker stammen aus der Antike; die Inder nannten diesen rohen, braunen Feststoff »Jaggery«. Im 7. Jahrhundert n. Chr. hatten die Perser entdeckt, dass der Zucker nach Zugabe von Kalk weiß wird, und die Araber errichteten Zuckerplantagen in ganz Vorderasien, Nordafrika und auf mehreren Mittelmeerinseln – in der Regel mit Bewässerung. Von dort fand der Zucker allmählich seinen Weg nach Europa, auch wenn er sehr teuer war. Honig, mit Fruktose als primärem Zucker, war noch immer der am häufigsten benutzte Süßstoff.

Zuckerrohr ist eine tropische Pflanze, die auf fruchtbarem Boden mit viel Regen und Sonnenschein gut wächst; einige Exemplare können eine Höhe von bis zu sechs Metern erreichen. Da die Europäer an diesem Luxusartikel immer mehr Gefallen fanden, legten Portugal und Spanien Plantagen auf Madeira und den Kanaren an. Kolumbus nahm Zuckerrohr mit auf seine zweite Reise in die Neue Welt, wo sich die Karibischen Inseln als geeignet für ihren Anbau erwiesen. Durch seine aufwendige Produktion war Zucker teuer. Die harten Stängel mussten an der Wurzel abgeschnitten, die Blätter entfernt und das Zuckerrohr dann schnell zerkleinert, der Saft eingekocht, filtriert und nochmals eingekocht werden. Das Pflanzen und Ernten waren Knochenarbeit. Der Stängel wächst am besten, wenn der Setzling in einer Furche oder einem einzelnen Loch gepflanzt wird. Fällt nicht

Gegenüber: Vier verschiedenfarbige Arten des Zuckerrohrs, wie in François Richard de Tussacs *Flore des Antilles,* Band I (1808).

Unten: Ein Glas mit Rohzucker von David Livingstone's zweiter Zambesi-Expedition. John Kirk, der als Arzt und Naturforscher 1858–1863 dabei war, hat das Exemplar mitgebracht. Er war leidenschaftlicher Botaniker, beim Direktorat von Kew hoch angesehen, stieg zum Vizekonsul Sansibars auf und beendete in Zusammenarbeit mit dem Sultan erfolgreich die Sklaverei auf der Insel.

genug Regen, müssen die Felder bewässert werden. Die Verarbeitung war schwer und es wurde viel Brennstoff dafür benötigt. Madeira wurde für den Zuckerrohranbau und die Produktion weitgehend gerodet.

Mit dem Aufkommen von Tee, Kaffee und Schokolade im Europa des 17. Jahrhunderts stieg die Nachfrage nach Zucker deutlich. Muskelkraft wurde benötigt für die Plantagen in Barbados, Jamaika, Brasilien und andere Standorte in der Neuen Welt. Die Arbeitsregelungen erwiesen sich als ungenügend, und die afrikanische Sklaverei war die schreckliche Folge. Zwischen 1662 und 1807 (nach Abschaffung des britischen Sklavenhandels) wurden etwa drei Millionen Afrikaner in überfüllten Schiffen unter unhygienischen Bedingungen transportiert. Auch die Portugiesen, Spanier, Niederländer und Amerikaner hatten Sklaventransportsysteme für ihre Plantagen in Brasilien und anderen Kolonien sowie für Louisiana in den USA. Die Reise von Afrika nach Amerika, »Middle Passage« genannt, war Teil einer Dreiecksroute: Die Schiffe verließen Liverpool, London oder Bristol beladen mit Waren, die an der Westküste Afrikas gegen Sklaven getauscht wurden, und kehrten nach deren Transport über den Atlantik auf die Plantagen mit wertvoller Fracht zurück. Die afrikanischen Sklavenhändler fingen ihre unglücklichen Opfer – meist Männer, aber auch Frauen und Kinder – im Inneren des Kontinents. Auf der langen Überfahrt waren die Überlebenschancen sehr unterschiedlich, aber die Bedingungen waren schlicht unmenschlich: wenig und schlechtes Essen, hoffnungslos überfüllt.

Die Art des Zuckerrohranbaus ließ Maßstäbe für Plantagen entstehen. Sie variierten in der Größe stark und wurden häufig wurden sie nicht nach Fläche sondern nach Anzahl der Sklaven definiert. Die Sklaverei bestimmte die Geschichte der Neuen Welt in Gebieten, wo tatsächlich Sklaven schufteten, und andernorts. Nach der Abschaffung der Sklaverei im 19. Jahrhundert durch die Franzosen, Briten, Amerikaner, Niederländer, Spanier und Portugiesen sorgte die Einfuhr von Zuckerarbeitern aus Asien, den Polynesischen Inseln und den Mittelmeerländern für eine vermischte ethnische Zusammensetzung der zuckerproduzierenden Länder.

Es wurde geschätzt, dass die Produktion einer Tonne Zucker das Leben eines Afrikaners kostete. Das Ausmaß der Produktion war so groß, dass der Zuckerpreis in Europa und Nordamerika ab dem späten 17. Jahrhundert sank und Zucker so für viele Menschen bezahlbar wurde. Die finale Raffination geschah in der Regel außerhalb der Anbaugebiete, weil Brennstoff und Energie dort leichter verfügbar waren. Die Briten exportierten sogar einen Teil zurück ihre Kolonien.

Die Grundanforderungen für den Zuckerrohranbau sind noch immer die gleichen, aber die Produktion hat sich im vergangenen Jahrhundert verändert. Ebene Felder sind heute von Vorteil, da das Zuckerrohr mittlerweile maschinell geerntet wird; auch das Pressen und Entsaften ist meist mechanisiert. Nur wenig wird entsorgt: Der Rest nach dem ersten Kochvorgang, die Melasse, wird in der Küche verwendet oder zu Rum destilliert. Die Destillation von Zucker ergibt Alkohol und Biokraftstoffe; andere Nebenprodukte sind Chemikalien, Düngemittel und Tierfutter. Heute sind Brasilien und Indien die größten Produzenten von Zuckerrohr.

In *Food-Grains of India* (1886) beschrieb der Agrarchemiker Arthur H. Church den Zeitpunkt für die Ernte des Zuckerrohrs als den Moment, wenn die ›große federartige Blütenfeder‹ ausgebildet wird. In der Bildtafel, die *Saccharum officinarum* zeigt, fügte er Details dieser Blüte ein. Sobald das Zuckerrohr in Blüte steht, hören die zuckerhaltigen Stängel auf zu wachsen.

Eine Rivalin des Zuckerrohrs und eine weitere Quelle von Haushaltszucker ist die Zuckerrübe (*Beta vulgaris*). Mitte des 18. Jahrhunderts entdeckte der deutsche Chemiker Andreas Sigismund Marggraf, dass aus dieser Hackfrucht beachtliche Mengen an Saccharose extrahiert werden können. Dazu kommt sie mit verschiedenen Böden und Klimazonen zurecht. Während der britischen Blockaden im Napoleonischen Krieg förderte Napoleon Anbau und Verarbeitung dieser Rübe in Frankreich, um seine Soldaten bei Laune zu halten. Das Endprodukt Saccharose ist das gleiche wie aus Zuckerrohr – heute stammen etwa 20 Prozent des gesamten Zuckers aus Zuckerrüben. Trotz der Fettleibigkeit, Diabetes und anderen »Zivilisationskrankheiten« ist die Nachfrage nach Zucker ungebrochen.

Schokolade

Theobroma cacao

Die Speise der Götter

Gerade aufgestanden, brachte Herr Creede eine Tasse Schokolade, fertig zubereitet für unseren Morgentrunk.

Samuel Pepys, *Tagebuch*, 6. Januar 1663

Blüten, Blätter und Frucht von *Theobroma cacao* mit Details der Blüten und dem Inneren der Frucht und der Samen, aus *Fleurs Fruits et Feuillages choisis de lisle de Java* (1863) von Berthe Hoola van Nooten. Mit botanischer Kunst bestritt sie ihren Lebensunterhalt, nachdem sie verwitwet war; die Königin der Niederlande half bei der Veröffentlichung. Die Kunst von Nooten scheint die üppige Exotik der Tropen darzustellen, und wurde von Pieter De Pannemaeker zu kostbaren Chromolithographien verarbeitet.

In vielen der Urkulturen Mittel- und Südamerikas nahm der Schokoladenbaum einen besonderen Platz ein. Er kam in den Schöpfungsmythen der Maya vor, und die Azteken benutzten die Bohnen (Samen) als Zahlungsmittel. Die Bohnen waren so begehrt, dass die Azteken den Baum über große Entfernung importierten. Auch die noch ältere Zivilisation der Olmeken schätzte die Bohnen dieses Baumes, und das Wort »Kakao« leitet sich höchstwahrscheinlich von ihrer bereits ausgestorbenen Sprache ab. Die Maya nannten die Pflanze, ihre Samen und das Produkt *Cacao*, verwandte Bezeichnungen existieren in anderen mittelamerikanischen Sprachen. Der Schokoladenliebhaber Linné gab der Pflanze ihren botanischen Namen: *Theobroma*, was »Nahrung der Götter« bedeutet, und die einheimische Bezeichnung *Cacao*.

T. cacao ist ein anspruchsvoller Baum, der in der Natur nicht außerhalb eines Bereichs von etwa 20 Grad nördlich oder südlich des Äquators wächst. Er braucht Schatten, hohe Temperaturen und Luftfeuchtigkeit. Auf modernen Plantagen wird durch Kautschuk- oder Bananenpflanzen ein schattenspendender Überbau erstellt. Die Schoten wachsen direkt aus dem Stamm und den Stängeln (ein Phänomen namens »Kauliflorie«), und die Blüten werden ausschließlich von Mücken befruchtet. Nur aus einem Bruchteil der Blüten entstehen Schoten, und ein guter Baum produziert im Jahr etwa 30 Schoten.

Im Innern der Schote ist das Fruchtfleisch um die Samen herum süß, die rohen Kerne jedoch sind recht bitter. Sie müssen fermentiert, getrocknet, geröstet und sortiert werden (zur Entfernung der dünnen Schale), bevor die Kakaomasse gepresst wird. An der Herkunft dieses Baumes scheiden sich die Geister. Er stammt wahrscheinlich aus Amazonien, wurde aber in Mittelamerika domestiziert. Auch eine andere Spezies der *Theobroma* (*bicolor*) wird von Südmexiko bis Brasilien angebaut, wo ihr *Pataxte* genanntes Produkt entweder pur getrunken oder mit den teureren Kakaobohnen vermischt wird.

Die Ureinwohner Amerikas aßen das saftige Fruchtfleisch oder verarbeiteten die gemahlenen Bohnen mit Gewürzen wie Chili und Vanille zu einem Getränk. Wie es sich für eine dermaßen verehrte Substanz geziemt, wurde sie auch bei zeremoniellen Anlässen verwendet. Die Maya hatten einen Kakaogott und ein dazugehöriges Fest. Die aufwendigen Utensilien, die zum Trinken der Schokolade

Peint d'apres nature par Mme Berthe Hoola van Nooten, Batavia

Chromolith par G. Severeyns Lith de l'Acad Roy de Belgique

THEOBROMA CACAO

Emile Tarlier éditeur à Bruxelles

Unterschiedliche Kerne von Rohkakao aus seinem Heimatland und von Orten, an dem er angepflanzt wurde: Ceylon, Guayaquil, Caracas, das portugiesische Afrika, Trinidad, Samoa. Diese Kästen waren Teil einer Ausstellung im Museum of Materia Medica am University College von Liverpool (später Universität). Sie erinnern uns daran, dass Schokolade schon lange in der Medizin Anwendung fand und die gesundheitsfördernden Eigenschaften der Flavanole dunkler Schokolade auch heute noch erwähnt werden.

verwendet wurden, sind erhalten geblieben; die Gefäße und wahrscheinlich auch die Bohnen waren Grabbeigaben für wichtige Persönlichkeiten. Ein geheimes Lager, von dem man annahm, es enthielte echte Bohnen, die wie durch ein Wunder die Hitze und Luftfeuchtigkeit Mittelamerikas überstanden hatten, erwies sich als Trugschluss: es handelte sich um wunderschöne Nachbildungen der Bohnen aus Ton. Die teuren Bohnen waren der Oberschicht und den Reichen vorbehalten. Es wurde angenommen, die Schokolade wäre berauschend und somit zu gefährlich für Frauen und Kinder. Die Bohnen enthalten zwar eine ganze Reihe von Alkaloiden, darunter Koffein und Theobromin, diese gelten heute jedoch eher als Stimulanzien denn als Rauschmittel.

Kolumbus fand die Kakaobohnen erstmals in einem erbeuteten Kanu während seiner dritten Reise in die Neue Welt, aber die Europäer kosteten den exotischen Trank erst, als die Spanier in Mexiko anlegten. Sie gewöhnten sich nicht sofort daran, lernten aber bald, ihn mit Vanille und anderen Gewürzen zu aromatisieren. Schließlich wurde Zucker hinzugefügt und machte ihn zu dem süßen Getränk von heute. 1544 erreichten die Bohnen Spanien und wurden bis 1585 von einer einfachen Neuheit zu einer Handelsware. Wie auch in ihrer Heimat waren sie aber so teuer, dass nur die Oberschicht und Mitglieder des Königshauses ihrem Genuss frönen konnten. Allmählich verbreitete sich die Schokolade auch in anderen Regionen Europas, darunter Italien. Die Franzosen entdeckten sie im frühen 17. Jahrhundert, und 1657 gab es in London einen Schokoladenverkäufer, wodurch das Getränk bald in den Tee- und Kaffeehäusern verfügbar wurde. In der Regel bevorzugten die Europäer das Getränk süß und heiß; die Spanier würzten es weiterhin mit Chili.

Sobald die Schokolade leichter erhältlich wurde, begannen die Köche, sie in verschiedene Speisen zu integrieren. Sie wurde aber auch weiterhin in der Medizin benutzt oder in geselliger Runde genossen. Die steigende Nachfrage in Europa führte zu weiteren Baumpflanzungen auf mehreren karibischen Inseln, darunter Trinidad und Jamaika. Als die Briten 1655 den Spaniern Jamaika entrissen hatten, wurde es ein wichtiger Lieferant für den britischen Markt. Auf den Plantagen wurde die ursprüngliche mittelamerikanische Sorte Criollo angebaut, die zwar für die Herstellung feiner Schokolade verwendet werden kann, aber sehr anfällig für Krankheiten ist. Nachdem der Mehltau die Plantagen auf Trinidad nahezu ausgelöscht hatte, wurde die Bäume dort durch die robustere Sorte Forastero ersetzt. Diese war in Brasilien als wild wachsende Variante entdeckt worden. Forastero macht mittlerweile fast 80 Prozent der Weltproduktion aus, obwohl Hybride entwickelt werden, die die Widerstandsfähigkeit von Forastero mit dem feineren Geschmack von Criollo kombinieren. Der internationale Markt bedingte die Erweiterung des Anbaus von *Theobroma* in viele Gegenden (soweit es die klimatischen Bedürfnisse der Pflanze zuließen). Westafrika ist heute der weltweit führende Hersteller.

Die Schoten lassen sich zu verschiedenen Produkten verarbeiten. Die Sonnenfermentation von Samen und Fruchtfleisch ist von wesentlicher Bedeutung für die Entwicklung der Aromen und ergibt eine Vollfettmasse, die dem entspricht, was bis zum Anfang des 19. Jahrhunderts von dieser Pflanze verzehrt wurde. 1828 patentierte dann der Holländer Coenraad van Houten mit seinem Vater ein Verfahren, das diese Masse um etwa zwei Drittel zu einem Produkt namens Kakao reduzierte. Ein Teil des Extrakts (die Kakaobutter) konnte dann dem Rückstand wieder zugefügt werden – die entstandene feste Masse, die wir heute allgemein Schokolade nennen, schmolz auf der Zunge. Innerhalb weniger Jahrzehnte kam so der Schokoriegel auf dem Markt.

Viele der bekannten Markennamen für Schokoladenprodukte stammen aus dem 19. Jahrhundert: Cadbury in Großbritannien, Lindt in der Schweiz, Hershey in den USA. Das fertige Produkt variiert und wird hauptsächlich durch seinen Prozentsatz an Kakaofeststoffen bestimmt. Die »Milchschokolade« entstand, als im Jahr 1876 ein Schweizer Konditor, der mit Henri Nestlé zusammenarbeitete, Milchpulver hinzugab. Heute gibt es Schokolade für jeden Geschmack.

Nicotiana Tabacum. L.
Der gemeine Tobak.

Tabak

Nicotiana spp.

Der Säuferkraut-Faktor

Eine Gewohnheit abscheulich für das Auge, verhasst für die Nase, schädlich für das Gehirn, gefährlich für die Lunge.

König Jakob I. von England, 1604

Tabak wurde fast überall verteufelt, aber seine Nachfrage bleibt hoch. Dies ist nicht nur ein modernes Phänomen: Seit seiner Einführung in Europa im frühen 16. Jahrhundert hatte er Kritiker und Befürworter.

Auch wenn es in Australien Spezies von *Nicotiana* gab, stammt die heutige Tabakpflanze aus der Neuen Welt, wo sie wahrscheinlich bereits vor mehreren tausend Jahren bewusst angebaut wurde. Von den beiden einheimischen Arten, *N. rustica* und *N. tabacum*, liefert die letztgenannte den Großteil des Rohstoffes für die Produktion. Die ursprüngliche Heimat der Tabakpflanze liegt wahrscheinlich im Osten Südamerikas, aber ihre Sorten weit verbreitet. Als Mitglied der Solanaceae-Familie (zu der auch Tomate und Kartoffel zählen) ist Tabak eine einjährige Pflanze, die je nach Sorte und Wachstumsbedingungen eine Höhe von etwa 20 cm bis 3 m erreicht. Kommerziell angebaut wird sie wegen ihrer Blätter, die geerntet und dann getrocknet werden.

Tabakblätter enthalten zahlreiche Alkaloide, aber das von den Deutschen Wilhelm Heinrich Posselt und Karl Ludwig Reinmann 1828 isolierte Nikotin ist mit Abstand das stärkste. Tabak macht sowohl psychisch als auch körperlich süchtig. In hohen Konzentrationen kann er auch halluzinogen sein – eine Tatsache, die von Priestern und Schamanen im prä-kolumbianischen Amerika geschätzt wurde. Die Maya und auch die Azteken würdigten die Blätter. Die amerikanischen Völker verwendeten das »Säuferkraut«, eine frühe europäische Bezeichnung, fast genauso wie wir heute – sie drehten Zigarren, rauchten ihn in Pfeifen, schnupften ihn und benutzten ihn in Tees und Einläufen. Tabak war auch für Zeremonien wichtig, und nordamerikanische Stämme fertigten aufwendige gestaltete Pfeifen – manche für den Krieg, andere für den Frieden.

Kolumbus bekam auf seiner ersten Reise Tabak überreicht. Seine Männer verwarfen die Blätter zunächst, aber einige versuchten sie nach dem zweiten Besuch im heutigen Kuba zu rauchen. Als eines der vielen Produkte der Neuen Welt gelangte der Tabak nach Spanien. Er wurde zunächst medizinisch genutzt, aber das Rauchen verbreitete sich rasch in den Mittelmeerländern und Großbritannien, wo der Tabak um 1564 eingeführt wurde. Königin Elisabeth I. probierte einmal davon, ihr Nachfolger König Jakob I. aber lehnte ihn ab; allerdings schätzte er die Einnahmen für die Staatskasse und erhöhte die Abgaben, was zum Schmuggel verleitete.

Gegenüber: Der Namen der Pflanze, *Nicotiana tabacum*, und (später) des Alkaloids gehen auf Jean Nicot zurück, der im 16. Jahrhundert französischer Botschafter in Lissabon war. Dort studierte er den Tabak, besonders seinen medizinischen Gebrauch und sandte die Samen an den Französischen Hof, wo die Pflanze unter Königin Katharina von Medici populär wurde. Anstatt die Blätter zu rauchen, empfahl Nicot sie zu zerstampfen und zu schnupfen zu.

Unten: Ein indischer Nabob auf einer Sänfte mit einer Wasserpfeife (Huka). In Indien wurde Tabak vermutlich mit Zucker und Rosenwasser gemischt. In Ägypten und anderswo wurde er mit Früchten, Minze und Melasse vermengt, um Shisha herzustellen, nachdem auch die spezielle Pfeife benannt wurde. Der Rauch wird vor dem Inhalieren über sprudelndes Wasser geführt.

In Europa rauchte man den meisten Tabak zunächst in Pfeifen, obwohl ein Teil auch zu Zigarren gerollt wurde. Im 18. Jahrhundert wurde das Schnupfen (Einziehen gemahlenen Tabaks durch die Nase) populärer, was auch die Herstellung kunstvoller Schnupftabakdosen nach sich zog. Tabak war zwar offiziell eine Männerdomäne, aber auch die Damen begannen, Schnupftabak zu nehmen, und das Tabakrauchen in der weiblichen Unterschicht nahm zu. Die Gewohnheit beeinflusste sogar das häusliche Miteinander und die Rituale beim Abendessen, wenn sich die Damen nach den Mahlzeiten zurückzogen, um die Männer mit ihren Pfeifen, Zigarren und Portwein unter sich zu lassen. Große Häuser besaßen Raucherzimmer, manchmal mit einem Billardtisch.

Tabak war die erste große Marktfrucht für die ursprünglichen englischen Siedlungen in Virginia und spielte eine große Rolle bei deren Zahlungsfähigkeit. Bereits 1613 wurde der Tabak nach England exportiert, und ab Mitte des 18. Jahrhunderts war er die Haupteinnahmequelle für die Kolonien an der Südostküste. Zunächst wurde der Tabak im kleinen Maßstab angebaut, aber als die Pächter versuchten, die Nachfrage zu decken, wurden die Betriebe mit Hilfe afrikanischer Sklaven erweitert. Tabakplantagen wurden auch auf verschiedenen karibischen Inseln errichtet.

Der Tabakanbau breitete sich auf den mittleren Westen Amerikas aus, und in den 1860er Jahren entdeckte ein Bauer in Ohio eine neue Sorte, die die Branche komplett verändern sollte. Zigaretten, in Papier eingewickelter Tabak, wurden in irgendeiner Form bereits von den Ureinwohnern Amerikas geraucht, und die britischen Soldaten im Krimkrieg (1853–1856) schauten sich das Rauchen bei den Türken ab. Der neue Tabak namens »Burley« hat wenig Chlorophyll und seine gelben Blätter sind viel milder. Burley wurde für maschinengedrehte Zigaretten bevorzugt, da er viel leichter zu inhalieren war und der Raucher mehr Nikotin aufnehmen konnte; das führte zur Sucht.

Zwei Entwicklungen waren für den kometenhaften Anstieg der Zigarette um die Wende zum 20. Jahrhundert ausschlaggebend. Die erste war die gestiegene Einflusskraft der Werbung mit dem Erscheinen der Massenmedien (Zeitung und Zeitschrift) Mitte des 19. Jahrhunderts. Da die großen multinationalen Tabakunternehmen versuchten, unter den Rauchern eine Markentreue zu schaffen, war die Werbung allgegenwärtig und clever auf unterschiedliche Verbrauchergruppen zugeschnitten, etwa auf junge Menschen, Ärzte und Frauen. Die letzte Gruppe erweiterte den Markt massiv, da das Rauchen mit der »Neuen Frau« assoziiert wurde, die viel unabhängiger war und Geld zum Ausgeben besaß. Der zweite Faktor war der Beginn des Ersten Weltkriegs, der billige oder oft kostenlose Zigaretten für Millionen junger Menschen auf allen Seiten des Konflikts zugänglich machte; auch hinter den Linien. Viele rauchten nach dem Krieg regelmäßig weiter, und das Muster wiederholte sich im Zweiten Weltkrieg.

In der ersten Hälfte des 20. Jahrhunderts war das Rauchen weit verbreitet, es wurde verherrlicht und war für fast jedermann erschwinglich, auch wenn Tabakwaren besteuert wurden. Die Regierungen begrüßten die zusätzlichen Einnahmen.

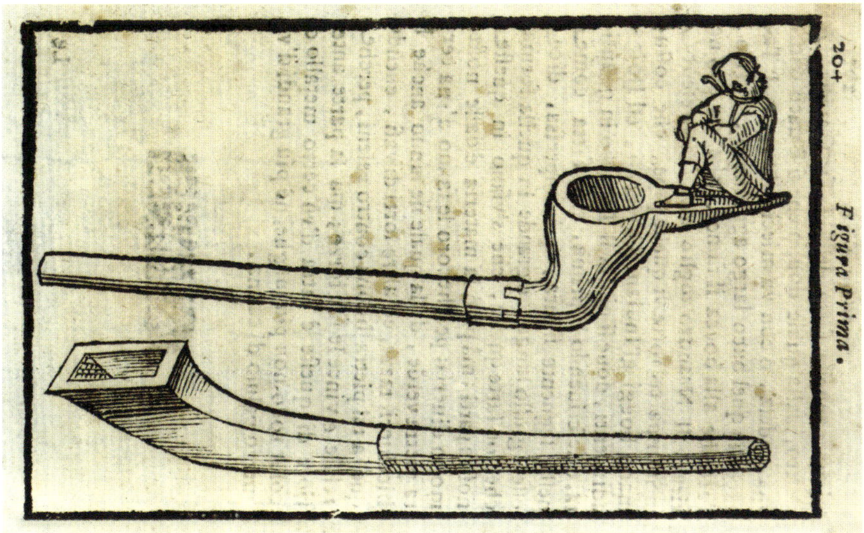

Pfeifenmuster aus *Il Tabacco Opera* (1669). Tabak und seine Produkte haben schnell eine ganze Reihe von Zubehör wie Behälter und andere Geräte hervorgebracht. Einige davon wurden zu eigenständigen formschönen Gegenständen.

Zur gleichen Zeit registrierten die Ärzte eine Zunahme von Lungenkrebs, der vor Beginn des Jahrhunderts noch eine seltene Krankheit gewesen war. In den frühen 1950er Jahren publizierten zwei Forscherteams in den USA und in Großbritannien fast zeitgleich ihre sorgfältigen Studien, die das Rauchen mit dieser neuzeitlichen Epidemie in Zusammenhang brachten. Die Amerikaner Ernst Wynder und Evarts A. Graham setzten die Statistiken über das Rauchen mit den Autopsien an Patienten, die an der Krankheit gestorben waren, in Bezug. Die Briten Austin Bradford Hill und Richard Doll bewerteten sehr sorgfältig die Lebensgeschichten von Lungenkrebspatienten in Krankenhäusern und vermuteten zuerst einen Zusammenhang mit dem Material, das beim Pflastern von Straßen verwendet wurde. Dann klammerten sie viele mögliche Ursachen aus und folgerten, dass das Rauchen die Ursache war.

Der Beweis war zwar schlüssig, aber es dauerte länger als ein Jahrzehnt, bis er weithin akzeptiert wurde. Die Tabakhersteller gingen sehr trickreich vor. Ihre Strategie – erst Ablehnung, dann »mehr Sicherheit« und schließlich das Recht auf freie Wahl – erwies sich als sehr effektiv. Selbst in Ländern, in denen Tabakwerbung verboten ist, sinkt die Anzahl der Raucher nur langsam. In den Entwicklungsländern ist der Anteil der Raucher noch immer sehr hoch, und das »Säuferkraut« wird uns wahrscheinlich noch eine Weile Gesellschaft leisten.

Indigo, Waid

Indigofera tinctoria, Isatis tinctoria

Auf der Suche nach dem wahren Blau

»Uns sind nur zwei Mittel gegeben, die ein beständiges Blau erzeugen: das sind Indigo und Waid.«

Elijah Bemiss, 1815

Indigofera tinctoria wurde im 18. Jahrhundert in South Carolina, Florida, der Karibik und in Südamerika auf Plantagen angebaut. John G. Stedman beschrieb seine Herstellung in seinem *Narrative of a five years' expedition against the revolted Negroes of Surinam* (1796). Er war entsetzt über die Brutalität der Sklavenhalter.

Blau ist eine seltene Farbe im Pflanzenreich und wurde schon immer geschätzt. In einigen Ländern ist sie die Farbe der Trauer. Sie bestimmt die Gewänder der Tuareg in Nordafrika und der Soldaten im alten England. Die Farbe wurde mühsam aus Pflanzen extrahiert, von denen zwei besonders wichtig waren: *Indigofera tinctoria* (»Indigo«) und *Isatis tinctoria* (Waid). Das Wort Indigo bezeichnet den Farbstoff, der aus den Blättern dieser Pflanzen gewonnen wird, und leitet sich ab vom Wort »Indien«, woher ein Großteil des wertvollen Farbstoffs stammte.

Die Herstellung von Indigo ist ein komplizierter Prozess, der an verschiedenen Orten, sowohl in der prä-kolumbianischen Neuen Welt als auch in der Alten Welt, entdeckt wurde. Die Blätter der Pflanze werden mit Kalk oder abgestandenem Urin vermischt und in Fässern fermentiert. Nach dem Verdampfen der Flüssigkeit und weiterer Verarbeitung kann das entstandene blaue Pulver leicht zu Klumpen geformt und transportiert werden. Es wurde in Farben, Lacken und Kosmetika verwendet und konnte mit anderen Farben gemischt werden. Es überrascht nicht, dass eine so wertvolle Substanz auch in der Medizin gegen Erkrankungen wie Cholera, Blutungsbeschwerden und zur Steigerung der Fruchtbarkeit eingesetzt wurde.

Indigofera tinctoria ist eine tropische strauchähnliche Pflanze, die in Indien, aber auch in ganz Südostasien vorkommt. Sie wurde ab Ende des 1. Jahrtausends v. Chr. angebaut. Indische Textilien standen hoch im Kurs, und Händler vertrieben Indigo vor allem über die Seidenstraße. Griechen und Römer schätzten es gleichermaßen, wobei sie auch auf Waid zurückgriffen – eine krautige zweijährige Pflanze, die in gemäßigten Klimazonen wächst. Sie enthielt zwar den gleichen wertvollen Farbstoff und war leichter verfügbar, aber die Extraktion war schwieriger, da sie weniger Indigotin (die chemische Bezeichnung für das blaue Pigment) enthält. Noch heute ist unklar, woraus im alte Ägypten der blaue Farbstoff gewonnen wurden. Vielleicht war es der Waid, aber auch die *Indigofera* wurde in der Gegend bereits sehr früh gehandelt, und auch die Muslime waren von dieser Farbe fasziniert.

Die europäischen Schifffahrtsrouten nach Asien machten echtes Indigo leichter verfügbar. Nachdem die Briten ihre Vorherrschaft in Indien etabliert hatten, exportierten sie das Indigo nach Europa. Die Nutzung des Waids in Europa erfuhr eine Wiederbelebung, als Napoleon ein Embargo gegen britische Importe verhängte und die französische Waid-Produktion zum Färben von Uniformen förderte.

Seit dem 12. Jahrhundert erfüllte der Waid die steigende Nachfrage nach blauer Farbe. Er wurde weitgehend mit der Jungfrau Maria assoziiert und zur Farbe des Französischen Hofes. Erfurt hat seine Universität durch den Erlös aus dem Waidanbau und der Verarbeitungsindustrie errichtet.

Während des 19. Jahrhunderts wurde der französische, deutsche und im kleineren Maßstab auch der britische Waid-Anbau fortgeführt. Gegen Ende des Jahrhunderts waren zwei Ereignisse im Zusammenhang mit Indigo besonders wichtig.

Das Patent von Jacob Davis und Levi Strauss & Co. für Metallnieten auf Jeans (1873) sorgte für die von Viehzüchtern und Bauern geforderte Strapazierfähigkeit. Das weltweite Interesse an Jeans sicherte die Nachfrage nach Indigo, die 1897 durch die Indigo-Synthese nach Adolf von Bayer gedeckt wurde. Der natürliche Farbstoff wird heute nur noch in geringen Mengen in Indien und Afrika hergestellt – für diejenigen, die noch immer Wert auf das wahre natürliche Blau legen.

Kautschuk

Hevea brasiliensis

Amazoniens wertvoller Latex

[...] das Mark eines Holzes, das sehr leicht war.

Pietro Martire d'Anghiera 1525

Zweig von *Hevea brasiliensis*, mit Blüten (beschrieben als stechend und ohne Blütenblätter) und die dreisamige Nuss. Die reife Frucht zerplatzt und die Samen können vom Elternbaum bis zu 15 m weit geschleudert werden. Durch das Beschneiden erreichen die Bäume auf Plantagen eine Höhe von bis zu 25 m und können ca. 35 Jahre alt werden. Das Holz dieser Bäume wird heute nicht mehr als Abfall verbrannt, sondern eher als Öko-Holz vermarktet.

Obwohl eine Reihe von Pflanzen Gummi produzieren, wird heute nur der brasilianische Kautschukbaum kommerziell genutzt. Er ist eines der vielen Geschenke der Neuen Welt und wurde bereits lange vor dem Eintreffen der Europäer genutzt und verehrt. Die Bewohner Amazoniens wussten um die wasserabweisenden Eigenschaften des Latexsafts, der vom Baum abgezapft werden kann, und Kautschuk wurde in Mittel- und Südamerika bereits weiträumig genutzt, bevor Kolumbus dort an Land ging. Behälter, Schuhe und Musikinstrumente wurden aus der Substanz hergestellt, die beim Trocknen geformt werden konnte und später aushärtete; sie wurde auch in der Medizin, bei Ritualen und Zeremonien eingesetzt.

Im frühen 16. Jahrhundert führten die Azteken auf einem Sportplatz in Spanien ein Spiel mit einem Ball aus Kautschuk (von einer anderen gummiproduzierenden Pflanze) vor. Die Europäer schienen von diesem Ballspiel überaus fasziniert zu sein; dabei musste der Ball durch einen Reifen befördert werden, ohne dabei die Hände zu verwenden oder den Ball den Boden berühren zu lassen. Erst im 18. Jahrhundert zeigten Naturforscher ernsthaftes Interesse an dem Baum und seinem Produkt. 1747 beschrieb der französische Ingenieur und Hobby-Botaniker François Fresneau den Baum und auch das Anzapfen für die Saftgewinnung; Berichte aus Südamerika über die ungewöhnlichen Eigenschaften von Kautschuk machten in Europa die Runde.

Die ersten Versuche der Europäer, die Substanz nutzbar zu machen, waren nicht erfolgreich. Im frühen 19. Jahrhundert wurde Kautschuk von verschiedenen Unternehmern importiert, um daraus Gummistiefel, Regenmäntel und andere wasserdichte Kleidung zu produzieren. (Es wurde auch bemerkt, dass die Substanz Bleistiftmarkierungen entfernen konnte: Der Radiergummi war geboren.) Alle diese Unternehmen scheiterten, weil der Kautschuk bei sehr heißem Wetter schmolz sowie bei Kälte aushärtete und rissig wurde.

Der Durchbruch kam 1839, als der exzentrische Amerikaner Charles Goodyear nach zahllosen empirischen Experimenten entdeckte, dass der schmelzende Kautschuk durch Zugabe von Schwefel stabiler wurde; extreme Temperaturen hatten keine unerwünschten Auswirkungen mehr. Goodyear verbrachte einen Großteil seines Lebens damit, auf der Suche nach Sponsoren mit seiner Familie von Ort zu Ort zu ziehen, und saß auch einige Zeit in Schuldgefängnissen. Obwohl sein

Euphorbiaceae
(Acalypheae)

Hevea brasiliensis Müll. Arg.

Eine Auswahl von Gegenständen aus hartem vulkanisiertem Kautschuk. Die meisten davon werden heutzutage aus Kunststoff (auch die Pfeifen) gefertigt. Es wäre interessant zu erfahren, was für einen Geruch die Kautschukpfeife während ihres Gebrauchs entwickelte.

Name posthum durch einen großen internationalen Reifenhersteller übernommen wurde, hat er nie den Lohn für seine großartige Entdeckung geerntet. Etwa zur gleichen Zeit studierte der englische Chemiker Thomas Hancock den Prozess im Detail. Er besaß bessere chemische Kenntnisse und erhielt das englische Patent für vulkanisierten Kautschuk (er nannte es »Ebonit«, aber der von Goodyear geprägte Begriff »Vulkanisation« dauerte fort).

Goodyear wurde nicht müde, die verschiedenen Anwendungsmöglichkeiten von Gummi zu predigen. Er besuchte die Weltausstellungen in London (1851) und Paris (1855) und präsentierte dort Möbel, Tintenfässer, Vasen, Kämme, Bürsten und viele andere alltägliche Gebrauchsgegenstände – alle aus Gummi. Obwohl seine Bemühungen scheiterten und der Profit ihm selbst nicht zugute kam, machte seine öffentliche Präsentation der Welt bewusst, welche Möglichkeiten dieses anpassungsfähige Pflanzenmaterial in sich birgt.

Von der steigenden Popularität profitierten die brasilianischen Kautschukproduzenten und -händler, nicht aber die Bauern. Das Sammeln des Kautschuksafts ist mit langen Arbeitszeiten und mühsamer Knochenarbeit verbunden. Die Nachfrage nach Gummi beschleunigte die Rodung der Regenwälder Amazoniens, die Plantagen weichen mussten. Man suchte nach weiteren Anbaugebieten der *H. brasiliensis*. Und es musste dieser besondere Kautschukbaum sein: Der Brasilianer João Martins da Silva Coutinho demonstrierte seine unbestrittene Überlegenheit.

Der Direktor der Königlichen Botanischen Gärten in Kew, Joseph Hooker, war maßgeblich an der Verbreitung der Kautschukpflanze für deren Anbau beteiligt. Seine brasilianischen Agenten sorgten für die Samen, die im Jahr 1876 in Kew ankamen. Obwohl nur ein Bruchteil davon keimte, wurden später Setzlinge nach Singapur verschickt, die jedoch eingingen. Am Anfang hatten auch die Pflanzen auf Ceylon (Sri Lanka) zu kämpfen, aber schließlich entstanden ertragreiche Plantagen. Die Ernennung von Henry N. Ridley zum Direktor der Botanischen Gärten von Singapur im Jahre 1888 wurde zum Wendepunkt. Ridley war ein unermüdlicher Enthusiast für das Produkt: Er experimentierte an den optimalen Wachstumsbedingungen und wollte herausfinden, auf welche Weise, wie oft und wo die Pflanzen angezapft und wie Saat und Setzlinge am besten transportiert werden können. Auch effizientere Erntemethoden wurden entwickelt, insbesondere durch Verwendung von Säure zur Verfestigung von Latex. Bis zum Ende des Jahrhunderts wurde Südostasien, darunter Malaysia, zu einem bedeutenden Kautschuklieferanten.

Überall wo Plantagen geschaffen wurden, musste auch mit großem Arbeitseinsatz Wald gerodet werden. In diesem Bereich waren die Chinesen bemerkenswert präsent. Während der zweiten Hälfte des 19. Jahrhunderts stieg die Verwendung von Gummiprodukten kontinuierlich; die Fahrrad- und Autoreifen schufen einen völlig neuen Markt. Die Michelin-Brüder Édouard und André in Frankreich waren Pioniere in der Verwendung von Gummi für Fahrzeuge. 1891 patentierten sie einen Reifen für Fahrräder, der leicht gewechselt und repariert werden konnte. Mit dem Aufkommen von Automobilen wurden die Grenzen der Vollgummireifen deutlich: Sie neigten dazu, bei Geschwindigkeiten von mehr als 25 km/h zu brechen. Pneumatische Autoreifen waren auch hier die Antwort, und 1895 präsentierten die Michelins einen solchen. Obwohl die Reifen alle 150 km gewechselt werden mussten, war die Welt davon überzeugt, dass dies ein Schritt in die richtige Richtung war.

Trotz ihrer Bedeutung waren Reifen nur eine von vielen Anwendungen für Gummi. Automobile und die meisten anderen modernen Maschinen enthalten Gummi in Schläuchen, Armaturen, Dichtungen, Kabelisolierungen und zahlreichen anderen Bauteilen. Es wird auch immer noch für Stiefel, Schuhwerk, Handschuhe, Kondome und vieles mehr verwendet. All dies ermutigte Chemiker dazu, die besonderen molekularen Eigenschaften von Gummi zu untersuchen. Der deutsche Chemiker Hermann Staudinger zeigte, dass die Substanz aus Polymeren (langen Ketten) von Wasserstoff und Kohlenstoff bestand und dass die Vulkanisation durch Zugabe von Schwefel die Stabilisierung bestimmter chemischer Bindungen zur Folge hatte. 1953 erhielt er für seine Arbeit den Nobelpreis für Chemie. Obwohl das synthetische Gummi mittlerweile weit verbreitet ist, kann es für manche Zwecke das natürliche Material nicht ersetzen. Naturkautschuk ist selbstverständlich auch regenerativ. Brasilien produziert heute nur noch wenig Gummi, aber die Malaiische Halbinsel ist neben China immer noch ein wichtiger Akteur im Spiel.

Bananen sind große mehrjährige Stauden; der trügerische Stamm wird von den Blattscheiden gebildet. Die riesigen Blätter haben eine lange Geschichte des Gebrauchs – von Dachverkleidung und Verpackungsmaterial bis zu Regenschirmen – und einige Sorten werden jetzt in Südindien zur Herstellung biologisch abbaubarer ›Einwegteller‹ angebaut. Seit Jahrtausenden wurden sie durch die Verpflanzung kleiner Schösslinge an der Basis vermehrt; heute aber werden Technologien der Gewebekultur erfolgreich eingesetzt.

Banane

Musa acuminata x balbisiana

Die beliebteste Frucht der Welt

Es findet sich noch ein anderer größerer [Baum], welcher jenen an Frucht und Lieblichkeit übertrifft [...] Das Blatt hat eine Ähnlichkeit mit Vogelflügeln, und in der Länge drei, in der Breite zwei Ellen.

Plinius der Ältere, *Naturgeschichte*

Bananen sind inzwischen so allgegenwärtig und billig, dass wir sie kaum schätzen. Vor den 1870er Jahren waren sie in Ländern der gemäßigten Klimazone praktisch nicht verfügbar, da sie meist nur an ihrem Ursprungsort verbraucht wurden. Sie stammen aus Südostasien, aber ihre samentragende Wildform produzierte nur wenig Essbares; die samenlose essbare Sorte war wohl eine natürliche Kreuzung und wird seit langem in Asien geschätzt. Die Pflanze braucht Wärme und viel Wasser (sie wächst normalerweise nur in einem Gebiet zwischen dem nördlichen und südlichen 30. Breitengrad) und gedeiht auf gut drainiertem, fruchtbarem Boden. Ihre riesigen Blätter entspringen aus einem großen einzelnen Stamm. Die männlichen Blüten sind steril, die weiblichen bzw. Zwitterblüten bilden die Früchte aus.

Da die Früchte dieses großen Gewächses keine Samen tragen, müssen zu seiner Vermehrung Seitentriebe (Wurzelschösslinge) verpflanzt werden. Auf diese Weise wurde die Pflanze überall in Asien und auf dem Malaiischen Archipel, sogar bis nach Hawaii verbreitet. Muslimische Händler könnten die Banane in Afrika eingeführt haben (sie könnte sogar über Indonesien dorthin gelangt sein), wo sie zu einer tragenden Säule in der Ernährung wurde. Obwohl mehrere natürliche Sorten existieren, bedeutet ihre Art der Fortpflanzung, dass keine neuen Sorten gezüchtet werden können. Die am häufigsten gehandelte Sorte ist die Cavendish, die im 19. Jahrhundert im Gewächshaus des englischen Herzogs von Devonshire entwickelt wurde. Da Bananen Klone sind, macht sie das besonders anfällig für Schädlinge und Krankheiten. Der ehemals weit verbreiteten kommerziellen Sorte namens Gros Michel hat in den 1930er Jahren eine Pilzinfektion schwer zugesetzt.

Vor dem Zeitalter der europäischen Erkundungsreisen waren Bananen bereits in Asien, Ozeanien und Afrika verbreitet. Danach führten die Portugiesen sie auf den Kanaren ein, und von dort wurden sie in die Karibik gebracht, wo sie hauptsächlich als Nahrungsmittel für die afrikanischen Sklaven dienten. Die Pflanze besitzt den Vorteil, dass sie das ganze Jahr hindurch kontinuierlich Früchte liefert; sie sind reich an Kohlenhydraten, haben einen hohen Kaliumgehalt, liefern viel Vitamin C und sind äußerst ertragreich.

Bananen reisen nicht gern und bedürfen eines schnellen Seetransports und Kühlung. Die Plantagen in der Karibik sowie in Mittel- und Südamerika wurden schnell von amerikanischen Unternehmen wie United Fruit und Del Monte

genutzt und erheblich vergrößert. Das britische Unternehmen Fyffes, die Handelsgesellschaft eines Importeurs und eines Reederei-Magnaten, tat das Gleiche mit den westafrikanischen Ländern und dem britischen Markt. Um potenziellen Kunden die neue Frucht schmackhaft zu machen, verschenkte der Spediteur Sir Alfred Lewis Jones Bananen an die Menschen auf den Liverpooler Docks, wenn seine Schiffe eintrafen. Die erwähnten Unternehmer etablierten die Banane als ganzjährige Frucht in einer Zeit, als viele Europäer mit einem saisonal eingeschränkten Speiseplan leben mussten.

Bananen dienen in den Tropen weiterhin als wichtige lokale Nahrungsquelle, und in Indien wird die ganze Pflanze auf unterschiedliche Weise konsumiert. Im Westen meist roh gegessen, werden Bananen in vielen Teilen der Welt oft gekocht. Darüber hinaus werden in Afrika, Asien und der Karibik auch spezielle Kochbananen verwendet. Sie haben zwar ein etwas anderes Chromosomengefüge, gehören aber zur gleichen Art wie die bekannte gelbe Banane und sind ebenso nahrhaft.

Die Dessert- oder Kochbanane (*Musa x paradisiaca*), hier aus Berthe Hoola van Nootens *Fleurs Fruits et Feuillageschoisis de l'isle de Java* (1863), wurde in Indonesien und auf den pazifischen Inseln entdeckt. Diese Bananen können in verschiedenen Stadien ihrer Entwicklung verzehrt werden: unreif sind sie mehlig, mit zunehmender Reife werden sie süßer. Getrocknet für den späteren Gebrauch können sie auch zu Mehl zermahlen werden.

Ölpalme

Elaeis guineensis

Ökonomie versus Ökologie

Für eine Haut wie an Ihrem Hochzeitstag.

Werbung für Palmolive-Seife, 1922

Die afrikanische Ölpalme, mit seinen männlichen und weiblichen Blüten, (Stein-)Früchten und Samen, aus *Köhler's Medizinal-Pflanzen*, III (1887). Die Entwicklung von Ölpalmenplantagen in Indonesien dient als Beispiel für ein angespanntes Verhältnis zwischen den armen Bauern, die um ihr Einkommen ringen, und dem Exportgetreide für ein Entwicklungsland; dem gegenüber steht die Umweltschädigung. Solche Probleme haben die kolonialen Plantagenbesitzer, die in der Ölpalme eine Marktfrucht sahen, nicht beunruhigt.

Die Ölpalme ist in den tropischen Regenwäldern West- und Zentralafrikas heimisch. Der große, langlebige Baum – bis zu 30 m hoch und 150 Jahre alt – trägt große Bündel mit Früchten von der Größe einer Pflaume. Vor der kommerziellen Nutzung im späten 19. Jahrhundert wurden die Früchte meist von wilden oder gepflegten Bäumen gesammelt, und die Menschen hatten überlieferte Verarbeitungsmethoden für das darin enthaltene Öl. Traditionell aus dem Fleisch der Frucht gewonnen besitzt es eine rote Farbe und wurde vor Ort häufig in der Küche verwendet, aber es ging nicht gern auf Reisen. Folglich beschrieben die frühen Europäer zwar seine Eigenschaften, sahen aber für eine Verwendung im Ausland wenig Potenzial. Nichtsdestotrotz wurde es wahrscheinlich innerhalb Afrikas gehandelt, vielleicht auch weiter nördlich bis nach Ägypten.

Nach dem Ernten und Trennen der Kerne wird das Fruchtfleisch zunächst aufgeweicht, dann gepresst und das gewonnene Palmöl schließlich gereinigt. Diese traditionellen Schritte wurden durch moderne Methoden zwar stark verbessert, sind aber noch immer essenziell. Ein weiteres Öl wird aus den Kernen hergestellt: Diese werden häufig als Ganzes zur Verarbeitung im Land des Verbrauchs exportiert.

Man fand heraus, dass sich Palmöl auch für Seifen, Parfüms und Margarine verwenden ließ; die Nachfrage in Europa wuchs. Besonderes Interesse an der Vermarktung hatte der Unternehmer William Lever, der mit seinem Bruder James die Firma Lever Brothers (jetzt Teil von Unilever) gründete. Sie exportierten Palmöl aus den britischen Kolonien in Afrika. Das Land für die Plantagen wurde aber knapp und so verlegten sie ihren Sitz nach Belgisch-Kongo (heute Demokratische Republik Kongo). Lever kombinierte eine kluge Werbestrategie mit der Herstellung und dem Verkauf billiger Seife aus Pflanzenöl. Auch wenn er sich als Menschenfreund ausgab – er errichtete Port Sunlight als Modelldorf für die Arbeiter in England –, profitierte er von den entsetzlichen Arbeitsbedingungen in Afrika.

Die zunehmende Beliebtheit von Margarine, die 1869 in Frankreich als billigere Alternative zu Butter entwickelt wurde, ließ die Nachfrage nach Pflanzenölen steigen. Da die Aufbereitung von Palmöl einfacher als bei anderen Ölen war, wurde es zum Produkt der Wahl. Neue Transportmethoden erleichterten seinen Versand, und dies wiederum inspirierte westliche Unternehmer, auch andernorts mit der kommerziellen Produktion zu beginnen. Java, mit den Niederländern als

Wegbereiter, war das erste neue Anbaugebiet. Es war ein Erfolg, vor allem wegen der gewagten Einführung einer neuen Sorte. Bald kamen Indonesien und Malaysia dazu. Malaysia ist heute der weltweit größte Produzent von Palmöl, zum Nachteil der dortigen Pflanzen- und Tierwelt: Ein Großteil des Regenwalds wurde zerstört und mit ihm die Heimat der Orang-Utans. In Südamerika gibt es eine besondere Ölpalmenspezies (*E. oleifera*), die aber nur lokal Verwendung findet. Die afrikanische Spezies wird heute vielerorts kommerziell angebaut.

Palmöl besitzt nur geringe Mengen an freien Fettsäuren und spricht so gesundheitsbewusste Verbraucher an. Öle mit niedrigem Fettsäureanteil stehen hoch im Kurs. Sie widerstehen hohen Temperaturen beim Braten und sind die Grundlage »gesunder« Margarine, die Vitamin A, D und E sowie essenzielle Säuren enthält.

Landschaften
Schönheit der Vegetation

Blütenzweig des *Eukalyptus resinifera*, heimisch in den Küstengebieten Ostaustraliens. Diese Art verträgt mehr Schatten als die meisten Eukalyptusbäume und ist ein populärer Eukalyptus für Plantagen.

Pflanzen beleben die Landschaft. Sie färben und formen den Boden, auf dem sie wachsen. Wälder können »undurchdringlich« sein und den Stoff für dunkle Legenden liefern. Gräser und Blätter »rauschen« im Wind und lassen dabei das Auge zum fernen Horizont schweifen. Pflanzen lockern Wüstenlandschaften auf und bilden die Grenze zwischen dem Land und der See. Die Ästhetik der Pflanzen bei ihrer Gestaltung der Umwelt ist Thema in Kunst und Literatur. Im Osten ist die Landschaftsmalerei die angesehenste Stilrichtung.

Wie haben die Pflanzen unseren Planeten geformt? Wie haben wir sie für unsere eigenen Zwecke angepasst und ihre Produkte genutzt? Die stattlichen Lärchen, die die Kontinente der Nordhalbkugel überspannen, sind Bestandteil der großen borealen Wälder. Die Möglichkeiten ihrer Nutzung sind ungezählt – Schneeschuhe für den Winter, Holz für den Bau, exquisiter japanischer Bonsai; dabei reflektieren sie die Kulturen, die sie mitgestalten. Die nordamerikanischen Mammutbäume und ihr Holz lösen Emotionen aus, was heute beim Tourismus ausgenutzt wird. Ihre erhaltenen Habitate in Kalifornien sind vielleicht ein Relikt viel größerer Waldgebiete, die bereits uralt waren, als der Mensch mit seinen Äxten dort einzog.

Gummibäume sind ein einzigartiges australisches Pflanzenerbe. Angepasst, um zu überleben und sogar von Buschbränden zu profitieren, sind ihre ätherischen Öle beliebt. Heute sind sie Teil einer kommerziellen Baumproduktion rund um den Globus. Außerhalb der Plantagen wurde der Tasmanische Blaugummibaum

in Teilen Kaliforniens zu einem Eindringling. Er verdrängt dort die einheimischen Pflanzen und schafft so Monokulturen – eine an uns gerichtete Mahnung, wie wir die Landschaft oft verändern und manipulieren; ein solcher Eingriff kann unerwartete Folgen haben. Die Bäume unterstützen jedoch Bienen und Kolibris und verhindern die Bodenerosion. Auch einige Rhododendren haben mittlerweile einen schlechten Ruf. Aber wenn sie ihre heimatlichen Berghänge bedecken, mit den weißen Gipfeln des Himalaya im Hintergrund, sind ihre Farben spektakulär.

Die riesigen baumgroßen Kakteen des amerikanischen Westens sind in der Lage, unter extremen Bedingungen zu wachsen. Diese Ikonen der Filmindustrie haben in der Wüstenkultur der Ureinwohner Amerikas eine lange Geschichte. Sie dienen als Erinnerung an den Kampf der Kulturen, als die Europäer den Kontinent gen Westen durchquerten. Mangroven sind ganz besondere Pflanzen, die in Salzwasser überleben können. Sie gedeihen an der Grenze zwischen Land und Meer und verhindern mit erstaunlicher Anpassungsgabe die Küstenerosion. Für die Māori, die Ureinwohner der beiden Inseln Neuseelands, ist der Silber-Baumfarn von besonderer Bedeutung. Sie benutzten die Stämme als Bauholz, und aus den Wedeln machten sie Betten. Außerdem dienten die Wedel mit ihrer silbernen Unterseite, beschnitten und im Mondlicht ausgerichtet, als Wegweiser – ein grandioses Beispiel für ein pflanzlich basiertes Kommunikationsmittel.

Oben links: *Rhododendron nuttallii* – beschrieben in *Curtis's Botanical Magazine* (1859) als der ›Prinz der Rhododendren‹. Dieser kleine Baum (10 m hoch) besitzt herrlich duftenden weißen Blüten, die größten dieser Gattung.

Oben rechts: Die furchtlose Künstlerin Marianne North hat das grüne Reich des Mangrovensumpfs in Sarawak, Borneo dargestellt (1876; Detail) festgehalten. Sie durchstreifte das Land mit Gummistiefeln, musste ihre Röcke oft bis zu den Knien angeheben und verwendete ein Boot. Von dort aus hat sie vermutlich diese Ansicht gemalt.

Lärche

Larix spp.

Die stattlichen Koniferen der nördlichen Wälder

Wir fuhren entlang des größten Lärchenwaldes, den ich je gesehen hatte – große und schlanke Bäume mit fantastischen Zweigen.

Henry David Thoreau, 1864

Zweig und Zapfen der Europäischen Lärche (*Larix europaea*). Die männlichen (unten links) und die weiblichen (unten rechts) Blüten erscheinen als hellgrüne Büschel auf den Zweigen, zusammen mit den Nadeln der neuen Jahreszeit (Detail oben links). Wie bei allen Nacktsamern liegen die Samen entblößt und sind nicht in einer Frucht oder einem Gefäß eingeschlossen; die Zapfen bieten ihnen aber Schutz.

Die borealen Wälder sind typisch für Landschaft auf der nördlichen Erdhalbkugel. Sie bilden das größte Waldgebiet der Erde, das einen bedeutenden ökologischen Einfluss auf Klima und Kohlendioxidwerte haben. Wie die meisten Wälder bestehen sie aus gemischter Vegetation, aber Lärchen und andere Nadelbäume dominieren. Sie lieben die Kühle der Berge, mögen aber weder Nässe noch Frost, sodass ihre Verbreitung über viele Jahrtausende mit den Temperaturen und der Ausdehnung des arktischen Eises schwankte. Lärchen reichen weit nach Nordamerika, Mittel- und Nordeuropa und in Asien vom Himalaya nach Sibirien und Japan. Als laubabwerfende Bäume sind sie ungewöhnlich unter den Koniferen (»Zapfenträgern«): Ihre Blätter (»Nadeln«) wechseln die Farbe und fallen im Winter ab. Die Koniferen sind eine uralte botanische Klasse, die auf etwa 300 Millionen Jahre zurückdatiert wird, und die meisten, wie etwa die Kiefern, sind immergrün.

Obwohl *Larix* eine relativ kleine Gattung von etwa einem Dutzend Arten ist, sind die Bäume recht groß (30–50 m) und wachsen schnell. Die Samen entwickeln sich in den anmutigen purpurfarbigen Zapfen; diese bleiben zurück, nachdem die Samen abgeworfen worden sind. Die reifen Zapfen unterscheiden sich bei jeder Art und sind deshalb für die botanische Klassifizierung äußerst wichtig.

Das schnelle Wachstum der Lärchen hat sie zu einer wertvollen Brennstoffquelle gemacht, und trotz seiner Weichheit ist das Holz ungewöhnlich langlebig – sein hoher Harzgehalt macht es wasserdicht und beugt Fäulnis vor. Dadurch wurde es zum bevorzugten Baumaterial für Zäune, Grubenstützen und andere Konstruktionen. Auch brennt es nur langsam und wurde als gutes Material zum Schmelzen von Eisen erachtet. Die Römer verwendeten Lärche für den Schiffbau, und diese Tradition setzte sich in schottischen Trawlern und Luxus-Yachten fort; noch immer werden sie aus diesem Holz gebaut. Die Einwohner Russlands und Sibiriens nutzten den Baum für den Hausbau und als Brennholz. Die amerikanischen Ureinwohner verwendeten es lange vor den europäischen Siedlern. Hackmatack oder Tamarack sind die indigenen Namen der Lärche und bedeuten »Holz für Schneeschuhe«. Das Lärchenterpentin wird durch Anzapfen der Bäume gewonnen und sowohl in der Human- als auch in der Tiermedizin empfohlen.

Die primäre Lärchen-Spezies wird anhand ihrer Blattstruktur in zwei Gruppen eingeteilt. Normalerweise werden sie nach ihren vornehmlichen Standorten

benannt, z. B. Japanische, Sibirische, Europäische oder Westliche (in Nordamerika) Lärche. Sie wurden erfolgreich an andere Orte umgesetzt. Die ersten Lärchen in Großbritannien wurden wahrscheinlich erst im 17. Jahrhundert gepflanzt. Der Londoner Tagebuchschreiber und Pflanzenfreund John Evelyn reiste nach Chelmsford in Essex, wo er eine Europäische Lärche (heimisch in den Alpen) bewunderte.

Eines der auffälligsten »Lärchenfeste« – der Anblick der prachtvollen herbstlichen Farben der Lärchen, oft zwischen anderen, dunkleren immergrünen Pflanzen – war das der Herzöge von Atoll auf ihrem Anwesen in Dunkeld, in den schottischen Highlands. Mitte des 18. Jahrhunderts pflanzte der zweite Herzog John Murray etwa 150 *Decidua*-Lärchen (die »europäische« Sorte). Sein Sohn und sein Enkel führten die Pflanzungen fort, was Millionen von Bäumen auf dem Anwesen hervorbrachte, oft auf landwirtschaftlich wertlosem Land. 1895 wurde die Japanische Lärche (*Kaempferi*) mit der *Decidua* gekreuzt. Diese war besonders kräftig und gesund und ist heute unter dem Namen »Dunkeld-Lärche« bekannt. Sie ist die am häufigsten kommerziell genutzte Lärche Großbritanniens und gilt rund um die Welt als wertvoll. Lärchen werden darüber hinaus auch gern für die japanische Gartenkunst Bonsai verwendet.

Mammutbäume

Sequoia sempervirens

Die Titanen unter den Bäumen

Wenn man die Mammutbäume einmal gesehen hat, lassen sie einen nicht mehr los, sie rufen eine Vision hervor, die einen ständig begleitet.

John Steinbeck, *Die Reise mit Charley: Auf der Suche nach Amerika* (1962)

»Der kälteste Winter, den ich je erlebt habe, war der Sommer in San Francisco«, sagte einmal jemand, wenn auch nicht Mark Twain. Es führt kein Weg am kühlen Dunst des Küstennebels vorbei. Er entsteht, wenn die Luft über dem kühlen Wasser des Kalifornienstroms mit der warmen Landmasse in Kontakt kommt. Dieses Klima eignet sich perfekt für die Mammutbäume (*Sequoia sempervirens*) an der Küste. Diese uralten Nadelbäume sind heute die höchsten Bäume der Welt. Der Rekord wird aktuell vom Hyperion gehalten, mit einer Höhe von 115,5 m. Die dickten Bäume der Welt sind die eng verwandten Riesenmammutbäume (*Sequoiadendron giganteum*) der westlichen Sierra Nevada in Kalifornien.

Mammutbäume wachsen entlang der Pazifikküste in einem 8–56 km breiten Streifen von Südwest-Oregon bis südlich von Monterey. Sie wachsen in der Regel in Höhen bis 300 m, vereinzelt aber auch höher – ihr Blattwerk toleriert weder hohe Temperaturen noch Frost. Die Vorfahren der Mammutbäume und andere Nadelbäume wuchsen in den großen Nadelwäldern des Jura, bevor sich die Blütenpflanzen erfolgreich auszubreiten begannen. Ältere, versteinerte, der *S. sempervirens* sehr ähnliche Vorfahren wurden im Westen der USA, Nordmexiko und an den Küsten Europas und Asiens gefunden (eine andere unweit davon wachsende Verwandte der *Sequoia*, der Urweltmammutbaum, *Metasequoia glyptostroboides*, wurde in der Provinz Sichuan-Hubei in China entdeckt, was ihm den Beinamen »Chinesisches Rotholz« einbrachte). Der große, abgegrenzte kalifornische Küstenstreifen ist wahrscheinlich das Überbleibsel einer einst weiter verbreiteten Population. Mammutbäume werden in vielen Regionen der Welt zur Zierde gepflanzt.

Nur ein sehr geringer Teil der Mammutbäume (geschätzte 5 %) stammt aus altem Waldbestand. Seit der Besiedlung der Region durch die Spanier wurden diese Bäume für ihr Holz, das leicht und beständig ist, sehr geschätzt. Mit dem Goldrausch von 1849 kam es zu schwerwiegenden Eingriffen in die Wälder. Zum Schutz der erhabenen Mammutbäume wurden in den Jahren 1900 der »Sempervirens Club« und 1918 die »Save the Redwoods League« gegründet. Obwohl daraufhin schnell einige Gebiete unter Schutz gestellt wurden, ging das Roden weiter. Die Spannungen zwischen dem Holzgewerbe und den Naturschützern dauern an. Dabei bedeutet der Rückzug der Küstennebel eine neue Bedrohung. Das trockenere, wärmere Klima stellt die wasserbedürftigen Baumriesen vor ernsthafte

Probleme. Die Mammutbäume waren die ersten Bäume, bei denen das Einsaugen von Feuchtigkeit durch die Spaltöffnungen (Poren in den Blättern) vom Menschen erkannt und verstanden wurde. Sie fangen aus dem Nebel Wasser und gelöste Mineralstoffe ein, die dann auf andere Mitglieder ihres Ökosystems heruntertropfen.

Die meisten Menschen sehen Mammutbäume nur von unten, aber es gibt Botaniker, die diese Bäume in ihr Herz geschlossen haben und in ihre Wipfel, etwa 90–105 m über dem Boden, geklettert sind; von dort aus eröffnete sich ihnen eine neue Welt. In den zum Teil 2000 Jahre alten Bäumen hausen mehr als 180 Arten, die nie den Boden berühren, verwurzelt in jahrhundertealten Farnen und Rhododendren. Auch Flechten und Moose gedeihen dort, zusammen mit Salamandern, Schnecken, Käfern und Bienen. Die Baumkronen werden durch verschmolzene Sekundärstämme zusammengehalten, die aus Seitentrieben hervorgingen – vergleichbar mit den Strebepfeilern mittelalterlicher Kirchen, die gebaut wurden, als diese Bäume bereits im mittleren Lebensalter standen. Mammutbäume sind stark regenerationsfähig; aus den Wurzeln einer längst abgestorbenen zentralen Pflanze gehen ringsherum Bäume hervor. Mögen sie noch lange weiter gedeihen.

Vor dem Zeitalter der Dampfmaschine, stieß das Teilen und Umsetzen von Baumstämmen des Mammutbaums und deren Verarbeitung zu verwendbarem Bauholz im Sägewerk an die Grenzen menschlicher Leistungsfähigkeit. Das Ab- und Zersägen eines einzelnen Baumes konnte zu zweit bei einem Zwölf-Stundentag sechs Tage dauern. In Marianne Norths Gemälde *Under the Redwood Trees at Goerneville, California* (1875), lässt die kleine Hütte beim Betrachter ein Gefühl für die Größe der Bäume entstehen.

Saguaro-Kaktus

Carnegiea gigantea

Symbol des Wilden Westens

Ich werde mich in einen Saguaro verwandeln, so werde ich unsterblich, und ich werde jeden Sommer Früchte tragen.

Mythos der Pima-Indianer

Detail aus Marianne Norths *Vegetation of the Arizona Desert* (1875). Die individualistische Arbeit von North wurde kritisiert, weder den Ansprüchen der botanischen Illustration, noch den der hohen Kunst des späteren 19. Jahrhunderts zu genügen. Die Künstlerin hat aber gewiss den Saguaro-Kaktus als Teil der einzigartigen Landschaft eingefangen.

Der in der aufstrebenden Minenstadt Tombstone, Arizona, während der frühen 1880er Jahre spielende Film *My Darling Clementine* (John Ford, 1946) ist ein klassischer Hollywood-Western. Er gipfelt in der berühmten Schießerei am O. K. Corral. Dies war ein Weckruf für die Stadt, und die symbolhafte Kulisse dafür lieferten die Saguaro-Kakteen – stumme Zeugen einer prägenden Ära Amerikas.

Von Natur aus wachsen Kakteen nur in der Neuen Welt. Sie haben sich klassisch an trockene Landschaften angepasst, was als »Sukkulenten-Syndrom« bezeichnet wird. Die Saguaros haben immense Stämme, die Photosynthese betreiben und riesige Mengen Wasser aus den kurzen Sommerregen speichern können. Sie verwenden eine spezielle Art der Photosynthese (Crassulaceen-Säurestoffwechsel), bei dem in der Nacht Kohlendioxid aufgenommen und tagsüber der Wasserverlust durch die Spaltöffnungen minimiert wird. Neben einer Pfahlwurzel, die sie im Boden verankert, besitzen sie auch ein Netzwerk kleinerer Wurzeln in der Nähe der Oberfläche, mit denen sie Regenwasser absorbieren können. Die Pflanze ist von einer dicken, wachsartigen Oberhaut bedeckt; ihre zu Stacheln zurückgebildeten Blätter helfen bei der Reduzierung des Wasserverlusts. Die Stacheln schrecken größere Pflanzenfresser ab und spenden dem Stamm Schatten.

Die über 15 m großen, säulenartigen Saguaro-Kakteen können 175–200 Jahre alt werden. Sie erreichen ihre Blütenreife nur langsam (mit 30–35 Jahren und einer Größe von zwei Metern); erst ab 50 Jahren und älter entstehen die kandelaberartigen Äste. Die Pflanzen bilden an den Stammenden Blüten aus – mehr Stämme bedeuten mehr Blüten und größeren Fortpflanzungserfolg. Zwischen April und Juni öffnen sich die weißen, wachsartigen, trichterförmigen Blüten in der Nacht. Dabei geben sie einen Duft ab, der an reife Melonen erinnert, um ihre nächtlichen Bestäuber, die Kleinen Langnasenfledermäuse, anzuziehen. Weißflügeltauben und Insekten übernehmen die Arbeit am kommenden Morgen, bevor die Blume verwelkt. Die Blüte dauert nur 24 Stunden. Die roten Früchte mit ihren fettreichen Samen entstehen zwischen Mai und Juli. Sie sind für viele Tiere eine nützliche Nahrungsquelle; dazu gehört auch der Gilaspecht, der Höhlen in die Kakteen hackt, um darin zu nisten. Nach Abzug der Spechte ziehen die Elfenkäuze ein. Saguaros bilden verschließen Verletzungen des Stammes mit einer harten Schutzhaut. Stirbt die Pflanze ab, bleiben diese Nistplätze erhalten und sind bekannt als »Saguaro-Stiefel«.

Arboreszente (baumartige) Saguaro-Kakteen sind Teil der einzigartigen Flora der Sonora-Wüste – sie wachsen an keinem anderen Ort und bilden regelrechte Haine. Es wird vermutet, dass sich die zentralmexikanischen Vorfahren des Saguaro vor 15–8 Millionen Jahren parallel zur Wüsten entwickelten. Sie sind ein wichtiger Bestandteil des Bioms und stehen im Zusammenhang mit anderen Pflanzen wie den Palo Verde (»Krankenschwester-Bäumen«), die die jungen Saguaro-Triebe schützen, bis sie ihnen über den Kopf wachsen und sie überdauern.

Schon lange vor den Touristen von heute und den Revolverhelden von gestern wurde der Saguaro von den Ureinwohnern in der Region Sonora verehrt und genutzt. Mit der holzigen Rippe einer toten Pflanze ernten die Tohono O'odham und Pima die Früchte, essen sie frisch und mahlen Mehl aus den Samen. Der Sirup aus den Früchten wird zu Wein vergoren, um bei Regenzeremonien getrunken zu werden – ein uraltes Fest der Erneuerung des Lebens in der Wüste.

Saguaro-Kaktus aus *Curtis's Botanical Magazine* (1892). Joseph Hooker hat stolz über den Saguaro in Kews Palmenhaus berichtet, dass ›die Blüte dieser wunderbaren Pflanze in England als ein Triumph der Gartenkultur betrachtet werden muss‹. Kakteen haben ihren Platz unter den Exoten in botanischen Gärten und Sammlungen von wohlhabenden Amateurpflanzern angenommen.

Silber-Baumfarn

Cyathea dealbata

Das glänzende Symbol der Māori

Ponga ra! Kapa O Pango, aue hi!
[Silberfarn! All Blacks!]

Neuseeland, All Blacks Rugby-Team, Haka vor dem Spiel, 2005

Wedel (mit Detail der Sporen) des neuseeländischen Silberbaumfarns aus *Voyage de la corvette L'astrolabeexécuté pendant les années 1826–1829* (1833). Es war die erste von zwei französischen Entdeckungsreisen in die südliche Hemisphäre mit Kapitän Dumont d'Urville. Sie war äußerst wichtig, um europäische Sammlungen mit neuem Material zu versorgen.

Neuseeland spaltete sich vor etwa 80–100 Millionen Jahren von Australien ab – viel Zeit für die Entwicklung einer eigenen Flora und Fauna. Sie war so ungewöhnlich, dass Sir Joseph Banks, der 1769 zusammen mit Kapitän James Cook die Insel besuchte, nur 15 der 400 von ihm untersuchten Pflanzen erkannte – 89 % der heimischen Flora in Neuseeland ist endemisch. Die Tiere waren einst ebenso exotisch, aber einige von ihnen waren bereits ausgestorben, bevor die Europäer kamen.

Die Farne, die zusammen mit verwandten Pflanzen mehr als 12 % der neuseeländischen Flora ausmachten, sind sehr alt: Hinweise auf ihre Vorfahren stammen aus dem mittleren Devon (vor rund 385 Millionen Jahren), Baumfarne existierten bereits in der Mitte des Trias (vor etwa 235 Millionen Jahren). Heute haben die Farne sehr unterschiedliche Formen und Lebensräume, aber in ihrer Entwicklung haben sie sich so wenig verändert, dass sie beim Studium frühgeschichtlicher Lebensformen eine wesentliche Rolle spielen. Obwohl sie der Größe und ihrem Aussehen nach als »Bäume« erscheinen, sind Baumfarne selten verzweigt und haben keine echte Rinde. Stattdessen schützen sie sich durch die aufgerauten Unterteile alter Wedel und sind oft zusätzlich von Flechten, Moos und anderen Organismen bedeckt. Ihr Wurzelsystem ist sehr kompakt, was bedeutet, dass größere Exemplare (bis zu 25 m) grundsätzlich durch benachbarte Pflanzen gestützt werden müssen. So wie andere Farne vermehren sie sich durch die Sporen, die sie auch der Rückseite ihrer Wedel ausbilden. Die beiden wichtigsten Gattungen der Baumfarne sind *Cyathea* und *Dicksonia*, beide geographisch sehr weit verbreitet.

Der Silber-Baumfarn, *C. dealbata*, ist einer von vielen in Neuseeland, wurde aber besonders geschätzt von den Māori, die die Inseln Ostpolynesiens ab 1250–1300 v. Chr. durchgehend besiedelten. Er kann bis zu zehn Meter hoch wachsen, mit Wedeln von 2–4 m Länge, die strahlenförmig von der Spitze ausgehen. Bei den Māori heißen sie Kaponga oder Ponga; der deutsche Name des Silber-Baumfarns leitet sich von der weißlichen bzw. silbernen Unterseite seiner Wedel ab, die der Pflanze im Mondschein einen erhabenen Anblick verleihen. Traditionell nutzte man diese Eigenschaft, indem die Wedel mit der Unterseite nach oben auf den Boden legte, um im Dunkeln Wege zu markieren. Die Māori verwendeten die Pflanze auch für den Bau von rattensicheren Lagerhäusern für Lebensmittel und die Herstellung von Hausgerät. Die robusten, haltbaren Stämme werden seit langem für Zäune, Gartenbau und die Herstellung von Kisten und Vasen verwendet. Das Mark und die jungen Wedel können gekocht werden (die Māori taten dies), in der Medizin dienen sie als Wundauflage zur Linderung von Furunkeln oder Schnittverletzungen sowie zur Behandlung von Durchfall.

Der Silber-Baumfarn war Teil des Farnwahns (Pteridomanie), der über das viktorianische Großbritannien und teilweise Nordamerika hinwegfegte. Fachhändler traten auf den Plan und ihre Waren erzielten hohe Preise; wohlhabende Menschen in der nördlichen Hemisphäre hofften darauf, die Exoten außerhalb ihrer natürlichen Umgebung anzupflanzen zu können. Der Silber-Baumfarn ist über alle Inseln Neuseelands verteilt, aber alle Baumfarne müssen geschützt werden: vor übermäßigem Export, vor dem Verlust ihres Habitats und wegen einer Vielzahl anderer Gründe. In Neuseeland wurde *C. dealbata* zum Nationalsymbol, und seine markanten silbernen Blätter zieren die schwarzen Trikots der Rugby-Nationalmannschaft »All Blacks«.

Eukalyptus

Eucalyptus spp.

Australiens charakteristischer Baum

Kookaburra sitzt im alten Gummibaum.

Marion Sinclair, 1932

Eukalypten sind die Hauptquelle des Hartholzes Australiens. Es überrascht nicht, dass in der Kolonialzeit, als viele Menschen die Tropen nur als Territorium für Plantagen sahen, diese Bäume in botanischen Gärten untersucht wurden (diese Fotografie wurde in Bogor, Java gemacht). Wie alle nicht einheimischen Arten kann der Eukalyptus zu einer ernsten Plage werden.

Eukalyptus ist eine große Gattung von Bäumen mit über 500 Arten, die viele Größen und Formen haben. Ursprünglich sind sie in Australien und auf einigen Pazifikinseln heimisch, wachsen aber heute auf der ganzen Welt – so anpassungsfähig sind sie. Eingebürgerte Namen wie Gummibaum, Pfefferminzbaum und Bloodwood ist bezeichnend für ihre vielen Eigenschaften und Verwendungsmöglichkeiten.

Die Eukalypten entwickelten sich vor mehreren Millionen Jahren, als Australien zwar bereits von der asiatischen Landmasse getrennt, aber noch viel feuchter war. Dem Klimawandel in Australien entwickelten mehrere Mitglieder dieser unverwüstlichen Gattung Adaptionen, die es ihnen erlaubten, sich weiter zu verbreiten und zu dominieren. Erstens lassen die sehr tiefen, umfangreichen Wurzelsysteme die Bäume auch dort überleben, wo das Oberflächenwasser knapp ist. Zweitens können sie nach Waldbränden, oft durch Blitzschläge verursacht, weiter gedeihen. Feuer hilft den Baumsamen sogar zu keimen, und der aschereiche Waldboden bietet den jungen Eukalyptustrieben ideale Voraussetzungen zum erneuten Bewuchs. Darüber hinaus stimuliert das Feuer die Knospen unter der Rinde ausgewachsener Bäume, sodass der Eukalyptus buchstäblich wie Phönix aus der Asche wieder aufsteigen kann. In Australien gibt es kaum eine ökologische Nische, die nicht von Eukalypten besiedelt werden konnte. In der Regel überragen sie in den Wäldern ihre Konkurrenten, und die Spezies *E. regnans* ist der größte blühende Baum der Welt.

Die Aborigines nutzten Eukalyptus für die Herstellung von Speeren, Bumerangs und Kanus. Nachdem die Europäer sich im späten 18. Jahrhundert in Australien niedergelassen hatten, wurden die Verwendungsmöglichkeiten des Baumes erkannt, und er wurde in alle Welt exportiert. Heute finden sich praktisch überall auf der Welt herausragende Solitärbäume und kommerzielle Plantagen, so in Brasilien, den USA, Nordafrika und Indien. Viele Arten wachsen extrem schnell (einige Setzlinge werden im ersten Jahr 1,5 m und nach zehn Jahren zehn Meter groß), und sie ergeben ausgezeichnetes Brennholz. Die Menge der aus einem Hektar Eukalyptus gewonnenen Biomasse kann es in der Tat mit der von anderen Bäumen aufnehmen. Eukalypten werden in Feuchtgebieten angepflanzt und tragen durch ihre hervorragende Fähigkeit der Wasseraufnahme zur Drainage dortiger Anbauflächen bei. Außerdem halten ihre flüchtigen Harze Mücken fern und helfen so beim Schutz vor Malaria.

Blüten des *Eucalyptus persicifolia* aus dem *Botanical Cabinet* der Pflanzschule von Loddiges in Hackney, London. Die hochwertigen Bildtafeln wurden von George Cooke gestochen und wurden zum Teil für die botanische Fachpresse als auch für raffinierte Annoncen verwendet. Dieser dekorative Eukalyptus wurde im Konservatorium der Pflanzschule angebaut, um ihn vor Frost zu schützen; seine Seltenheit konnte für den anspruchsvollen Gärtner von Interesse gewesen sein.

Eukalyptus liefert wertvolle Produkte. Seine Öle sind eine Besonderheit der Adaption; einige davon, wie das Eucalyptol (Cineol), werden in der Medizin und gelegentlich in Parfüms verwendet. Die Blue Mountains in der Nähe von Sydney erhielten ihren Namen wegen des strengen Geruchs der dort zahlreich wachsenden Eukalyptusbäume. Die Blätter, Rinde und Früchte, etwa von *E. gunnii*, liefern Pigmente, die zum Färben verwendet werden; außerdem ist der Baum eine wichtige Tanninquelle. Aus den Harthölzern werden Musikinstrumenten hergestellt, die Bäume ergeben einen guten Windschutz und werden zu Spanplatten verarbeitet. Ihr Mark wird bei der Papierherstellung verwendet.

Obwohl der Eukalyptus ein äußerst wichtiger Baum für die Wirtschaft ist, hat er wegen seiner aggressiven Ausbreitung rund um den Globus einen schlechten Ruf unter Naturschützern. Seine Öle machen ihn nahezu immun gegen Fressfeinde. Ein Tier, das seine Blätter verdauen kann, ist der Koala, ein Beuteltier, das sich nur in Australien entwickelte. Diese in den Bäumen hockenden »Fressmaschinen«, die Unmengen von Eukalyptusblättern vertilgen, sind ein Symbol für die einzigartige Ökologie Australiens.

Rhododendron

Rhododendron spp.

Die blühenden Berge

[...] drei Rhododendren, einer scharlachrot, einer weiß mit herrlichem Laub, und einer war das Schönste, was Sie sich vorstellen können.

Joseph Hooker, *Leben und Briefe*, 1849

Gegenüber links: Schnee im Th'lonok-Tal in fast 4000 m Höhe: blühende Rhododendren, Kinchin-junga in der Ferne. Frontispiz zu *Himalayan Journals* von Joseph Dalton Hooker, Band 2 (1854). Hooker war von der Landschaft und den Pflanzen bezaubert, beschrieb den Geruch aber als ›viel zu heftig, um angenehm zu sein‹.

Gegenüber rechts: ›*Rhododendron dalhousiae* in seiner heimischen Umgebung‹ diente als Frontispiz für Hookers *The Rhododendrons of Sikkim-Himalaya* (1849–1851). Hookers Ausflug in den östlichen Himalaya bescherte 25 neue Rhododendronarten. Für das Buch wurden Hookers ursprüngliche Abbildungen von W. D. Fitch zu herrlichen Lithographien verarbeitet

Ein taxonomischer Alptraum ist die Gattung *Rhododendron*, eine der größten im gesamten Pflanzenreich: Sie enthält mehr als 800 Arten und wahrscheinlich weitere, die erst noch beschrieben werden müssen. Die Pflanzen kommen überwiegend auf der Nordhalbkugel vor, doch auch Australien hat seine eigene Art. Rhododendren variieren enorm in Größe, Form und Lebensraum. Manche sind winzig und ähneln alpinen Pflanzen, andere sind beachtliche Bäume von bis zu 30 m Höhe, wie etwa der passend benannte *R. giganteum*. Sie können dichte, üppige tropische Landschaften bilden, treten aber zugleich im hohen Himalaya an der äußersten Vegetationsgrenze auf. Sie können sogar Epiphyten sein, die auf anderen Bäumen wachsen. In der Regel ist ihr Wurzelsystem kompakt, wenn auch einige Arten im trockeneren Klima eher horizontal wachsende Wurzeln ausbilden. Fast alle teilen ein Merkmal: Sie benötigen sauren Boden.

Viele Arten tragen wachsartige, tiefgrüne Blätter und beeindruckende, oft duftende Blüten in einem breiten Spektrum von Farben (von hellen Pastelltönen bis zu tiefroten Schattierungen und sogar Blauschimmer); sie werden deshalb zur Zierde von Gärten und Landschaften verwendet. Bereits im frühen 17. Jahrhundert wurde eine kleine osteuropäische Art kultiviert, und im ersten Jahrzehnt des 18. Jahrhunderts bewunderte der französische Naturforscher und Reisende Joseph de Tournefort die Art *R. ponticum* in Anatolien. Die europäische Faszination begann mit der Entdeckung der nordamerikanischen Arten, die Ende des 18. Jahrhunderts mit nach Europa gebracht wurden. Als Linné die Rhododendren klassifizierte, ordnete er die Azaleen einer anderen Gattung zu. Heute sind beide Gattungen zusammengefasst, und die Azaleen besetzen mehrere Untergattungen. Die in modernen Gärten ebenso geschätzten Azaleen sind in der Regel sommergrün (oder teilweise sommergrün), kleiner und weniger aggressiv als ihre Verwandten.

Als Joseph Hooker in den späten 1840er Jahren in Indien (und im Himalaya) botanisierte, war er höchst erstaunt über die Rhododendron-Landschaften. Allein in Sikkim entdeckte er 28 neue Arten und beschrieb sie in seinem großartigen Buch *The Rhododendrons of the Sikkim-Himalaya*. Hooker stellte systematische Untersuchungen über die geographische Verbreitung und die morphologische Vielfalt dieser riesigen Gattung an und führte die Studien nach seiner Rückkehr in England fort, wo er die Nachfolge seines Vaters William Hooker als Direktor der Kew

Gardens antrat. Einige asiatische Arten wurden in Großbritannien, später in Europa und Nordamerika eingeführt; die meisten asiatischen Arten gelangten jedoch im vergangenen Jahrhundert dorthin, viele davon aus West-China.

Da Rhododendren leicht hybridisieren und immer wieder neue Eigenschaften gefragt sind, werden regelmäßig neue Sorten entwickelt. Diese können eine größere Widerstandskraft, eine neue Blütenfarbe oder eine andere Größe aufweisen. In vielen Fällen traf Ost auf West. Zum Beispiel wurde für eine frühe britische Hybridisierung aus dem Jahr 1814 eine türkische Sorte (*R. ponticum*) mit einer amerikanischen (*R. periclymenoides*) gekreuzt.

Rhododendren wachsen dort gut, wo die klimatischen Bedingungen und der Boden vergleichbar mit ihrer Heimat sind. Wie viele andere Gartenzüchtungen leiden sie unter einer Vielzahl von Schädlingen und Krankheiten, was jedoch nicht die Faszination der Gärtner für diese Pflanzen trübt. Wer den benötigten sauren Boden nicht bieten konnte, importierte Torf und unterstützte damit den Abbau alter Torfmoore. Zur gleichen Zeit wurden mehrere Arten, allen voran *R. ponticum*, die früher eigentlich zur Veredelung verwendet worden sind, einfach in die bestehende Flora eingebracht und verbreiteten sich dort wild, wodurch neue, unerwartete Landschaften entstanden. In Schottland lässt man Schweine bewusst in unerwünschten Rhododendrenbeständen herumwühlen, um deren Wurzelsysteme zu schwächen und so das Pflanzenwachstum unter Kontrolle zu halten. Obwohl sie weitgehend Zierpflanzen sind, werden Rhododendren (wie fast jede andere Pflanze) auch in der Medizin verwendet, vor allem in Asien, wo ihre jungen Blätter manchmal gekocht werden.

Mangroven

Rhizophora, Avicennia und andere Arten

Zwischen Land und Meer

Die rothe Mangle wächset gemeiniglich an der See oder an den Flüssen [...] Dieser Wurzeln halben ist es unmöglich an den Orthen, wo der Baum wächset, zu Fuße fortzukommen.

William Dampier, *Eine neue Reise um die Welt*, 1697

Blätter und Diaspore der roten Mangrove (*Rhizophora mangle*). Rote Mangroven sind an der Westküste Afrikas und den Ost- und Westküsten des subtropischen und tropischen Amerikas (in einer Zone 28° nördlich und südlich des Äquators) heimisch. Ihre Fähigkeit zur Bindung von Sedimenten hilft beim Filtern des Wasser, und durch das Ansammeln von Ablagerungen im Torfboden wirken sie als CO_2-Senke.

Mangrovenwälder von rund 15 Mio. ha bedecken die tropischen und subtropischen Küstenlinien. Diese spezialisierten Pflanzen aus rund 70 Arten und Hybriden von Bäumen (bis zu 30 m hoch), Sträuchern, Farnen und einer Palme werden als »wahre« Mangroven bezeichnet, unter ihnen 38 »Hauptarten«. Mangroven bilden Küstenökosysteme und unterstützen eine Vielzahl anderer Pflanzen und Tiere.

Ihre Präsenz in den Küstenzonen schützt den Uferrand vor ständiger Abtragung durch das Meer, vor der Verwüstung durch Stürme und vor anderen Umwelteinflüssen. Am 26. Dezember 2004 verursachte ein gewaltiges Seebeben rasend schnelle, immens hohe Wellen im Indischen Ozean. Ihre gewaltige Kraft richtete an der Küste große Schäden an, aber im Binnenland hinter intakten Mangrovenwäldern waren die Schäden geringer. Dort wo die Mangroven für die Garnelenzucht abgeholzt worden waren, um eine zuverlässige Einnahmequelle für die Menschen zu schaffen, waren die Schäden dagegen extrem.

Aus der Luft betrachtet, sind die in der Gezeitenzone beheimateten Mangrovenwälder deutlich abgegrenzt: ein grüner Farbtupfer zwischen dem Meer und dem Festland. Diese Wälder können, wie Seehäfen, am besten vom Boot aus betrachtet werden. Vom Wasser aus ist es möglich, die Anpassungen zu erkennen, die es diesen Bäumen erlaubten, in dieser oft schlammigen und instabilen Übergangszone zwischen Land und Salzwasser zu leben.

Mangroven säumen schmale Streifen entlang der Küstenlinien, Lagunen oder zahlreichen Kanäle, die zu Flussdeltas führen. Obwohl sie mit Meerwasser auskommen können, gedeihen Mangroven dort besser, wo der Salzgehalt durch Süßwasser aus Flüssen oder hohe Niederschlagsmengen verringert wird. In flachen Becken, geschützt vor den Gezeiten, entwickeln sich breite Mangrovenwälder. »Überspülte« Mangroven wachsen flickenartig auf Inseln oder Landzungen; bei Hochwasser werden sie überschwemmt, sodass sich Laubreste und andere nützliche Rückstände dort nur schwer ablagern können.

Mangroven werden mit dem Salz ihrer brackigen Umgebung auf verschiedene Weise fertig. Alle Arten reduzieren seine durch die Wurzeln absorbierte Menge so weit wie möglich. *Rhizophora* können dem Salz gut widerstehen. Andere, darunter *Avicennia*, scheiden es durch Salzdrüsen aus und hinterlassen dabei typische Kristalle auf den Blättern. Eine dritte Gruppe von Pflanzen sammelt das Salz erst in den

Blättern und wirft diese dann, falls nötig, ab. Die Regeneration der Mangroven ist entscheidend für die Gesundheit des Waldes, aber der wechselnde Boden und die Bewegung des Wassers schaffen unsichere Bedingungen für das Anwachsen von Keimlingen. Als Lösung haben die Pflanzen verschiedene Hilfsmittel entwickelt, um den Samen die Keimung zu ermöglichen, während sie noch mit der Elternpflanze verbunden sind. Die sich herausbildenden Diasporen können recht groß werden – die der *R. mucronata* sind einen Meter lang.

Auch die älteren Pflanzen müssen mit weichen Böden und Staunässe zurechtkommen. *Rhizophora* besitzen Stelzwurzeln, die von hoch oben am Stamm wie Spannseile herabhängen; zusätzliche Wurzeln können von den Zweigen herunterführen. Die *Heritiera* entwickeln massive Brettwurzeln, um die Pflanzen im Taifungebiet zu verankern. Die Pflanzen müssen im Schlamm atmen können. Einige besitzen Lentizellen – das Pendant der Blattporen – auf ihren Stämmen. Atmende Luft- und Zapfenwurzeln ragen aus hohlen Wurzeln nach oben. Die Faszination für diese Landschaft kann zu ihrer Rettung beitragen, da das ästhetische und praktische Potenzial dieser Pflanzen zunehmend geschätzt wird.

Kultpflanzen
Vom Heiligen zum Exquisiten

Pflanzen erfüllen die Bedürfnisse unserer Sinne, unseres Geistes und auch unseres Körpers. Ihre Verehrung zeigt sich in frühgeschichtlichen Artefakten, und die Mythologie der antiken Gesellschaften ist erfüllt von Pflanzengottheiten. Die Schriften vieler Religionen der Gegenwart berichten von der Bedeutung und der Unantastbarkeit der Pflanzen. Die Anbetung der Natur, das Umarmen von Bäumen, die Wertschätzung der Pflanzen und das Feiern von Blumenfesten – die vielfältigen Bedeutungen und Assoziationen der Pflanzen wie auch die Freude, die sie bringen, werden von uns weiterhin gewürdigt.

Der in stehenden Gewässern wachsende Lotus wird angebetet, weil er von den Toten aufzuerstehen scheint. Er ist Symbol der Wiedergeburt und der Reinheit; seine ikonenhaften Knospen und geöffneten Blüten werden in der hinduistischen und buddhistischen Tradition oft als Schmuck verwendet. Die Rose ist die Blume der Liebe schlechthin. Sie wurde überall dort geliebt, wo sie von Natur aus wuchs. Nach dem Kreuzen verschiedener Arten aus Ost und West änderte sich mit der Zeit ihre spezifische Form. Das Verlangen nach duftenden, wiederholt blühenden Rosen in unzähligen Farbtönen führte zu einem Paradies für Rosenliebhaber.

Der Wendepunkt zwischen einer gesunden Leidenschaft für Blumen und übertriebenem Blumenwahn wurde mehr als einmal in unterschiedlichen Teilen der Welt überschritten. Im China der Tang-Dynastie wurden wunderschöne Pfingstrosen – die chinesische Blume des Reichtums und der Ehre – für enorme Summen

verkauft. Um die Nachfrage im Westen zu decken, waren riskante Expeditionen und regelrechte Pflanzenjagden erforderlich. Orchideen litten in den Händen räuberischer Kenner auf der Suche nach neuen Pflanzen. Auf wissenschaftlicher Ebene zogen sie das Interesse derer auf sich, die die einzigartigen Beziehungen zwischen den Pflanzen und ihren Bestäubern verstehen wollten. Das »Tulpenfieber« tobte während des Niederländischen Goldenen Zeitalters, schuf aber keinen nachhaltigen Markt. Die Niederländer wurden von der gleichen Leidenschaft wie die osmanischen Türken gepackt, die für die kleineren, empfindlichen Tulpenarten die Berghänge Zentralasiens absuchten. Viele Künstler ließen sich von der Tulpe, wie auch von der chinesischen Pflaumenblüte – dem Vorboten des Frühlings – inspirieren. Die anmutigen Blüten öffnen sich auf den kahlen Stängeln noch vor den Blättern – diese fragile Schönheit musste von zarten Pinselstrichen eingefangen werden, ein Beweis für die Kunstfertigkeit vieler Maler und Kalligraphen.

Und welche war die verbotene Frucht aus dem Garten Eden? Apfel und Granatapfel teilen beide dieses Beiwort und werden mit Fruchtbarkeit, Unsterblichkeit und Reichtum verbunden. Die Dattelpalme, das Wahrzeichen der Wüste, gilt seit langem als »Baum des Lebens«. Ihre Früchte bieten Nahrung und Süße, ihre Blätter sind ein Symbol des Friedens. Heiligkeit und rituelle Reinheit sind die Attribute von Weihrauch, dem getrockneten Gummiharz der *Boswellia*-Bäume. Seit Jahrtausenden ist sein Duft bei religiösen Zeremonien unerlässlich.

Oben links: Die prächtigen Blüten (zweiblütige Art rechts) und sich entwickelnde Früchte des Granatapfels, mit der reifen Frucht unten, im Querschnitt; so offenbaren sich der saftige Samenmantel und die einzelnen Segmente.

Oben rechts: Zwei ausgewählte Tulpen: ›Dracontia‹ (nach rechts neigend) und ›Variegata‹, aus *Raccolta di fiori frutti ed agrumi* (1822–1830) vom italienischen Arzt und Botaniker Antonio Targioni Tozzetti.

Gegenüber: *Orchis morio* (auch *Anacamptis morio*) – das kleine Knabenkraut – eine der heimischen britischen Orchideen, die Charles Darwin bei seinen Experimenten verwendete, um die Rolle von Insekten beim Bestäuben dieser bezaubernden Blüten zu erkunden.

Lotus

Painted in India between 1860 + 1870
by Mrs Fanny C. Russell 21 June, 1928.

Lotus

Nelumbo nucifera

Die heilige Blume der Reinheit und Wiedergeburt

[...] wenn wir uns selbst frei von Schuld vorstellen können, erblühen wir als Lotus [...] im Sommer beim Morgengrauen.

D. T. Suzuki, Mystizismus: *Christentum und Buddhismus*, 1957

Im Licht und der Wärme des neuen Tages entfaltet die Lotusknospe ihre Blütenblätter. Während des Tages wird der herrliche Duft des Lotus intensiver und lockt die bestäubenden Insekten an, die dann eine Nacht in der geschlossenen Blüte verbringen. Sie werden durch die von der Pflanze erzeugte Wärme in Bewegung gehalten. Nach drei Tagen beginnt die Herrlichkeit dieser zauberhaften Blüten zu verblassen. Die Blütenblätter fallen ab und lassen eine konische Schwellung zurück. Diese wird weiter wachsen, sich zur Seite neigen, schließlich reifen und nach Ausbildung der bohnenähnlichen Samen ins Wasser fallen.

Wenn die Blütenblätter auch kurzlebig sind, so haben die Samen eine erstaunliche Langlebigkeit. Auf über tausend Jahre datierte Samen keimten erfolgreich aus. Die erstaunliche Schönheit der Blüte oben auf ihrem Stiel kontrastiert mit dem unteren Rhizom; dieses Symbol der Reinheit gedeiht in stehendem Wasser. Die kreisförmigen Blätter, die von dornigen Stielen über der Wasserlinie gehalten werden, haben eine wasserabweisende Oberseite, die einen Großteil des Regenwassers abperlen lässt. Das in der vertieften Blattmitte aufgefangene Wasser wird über eine Pore absorbiert, die mit speziellen Kanälen im Inneren des Schafts verbunden ist; diese Kanäle führen bis in den Wurzelstock. Dieses System liefert zusätzliches Wasser und ermöglicht den Gasaustausch. Es zeugt von der Größe der Lotuspflanze, dass sie trotz ihres Lebens im Wasser noch mehr Wasser benötigt. Durch schnelles Wachstum kann der Lotus kräftige Klone produzieren und so die seichten und sumpfigen Gebiete von Flüssen und Seen einnehmen.

All dies geschieht bereits seit Jahrtausenden. Die wilden Lotuspflanzen, die wir heute verstreut in den warmen gemäßigten und tropischen Teilen Asiens sehen – vom Iran bis nach Japan, von Kaschmir und Tibet über Neu-Guinea bis in den Nordosten Australiens –, sind Relikte einer einst weiter verbreiteten Population. Im Laufe der Erdgeschichte, nach einem Aufstieg in der Kreidezeit, unterlag der Lotus der Austrocknung einer kälteren, trockeneren Erde. Unsere Liebe zu dieser Pflanze mag bei ihrer Rekultivierung geholfen haben.

In vielen seiner Heimatregionen wurde der Lotus zum Bestandteil der alten Kulturen und ihrer Religionen. Wann immer sie reisten, sei es für Eroberungen oder Missionierungen, trugen die Menschen ihre Lotusblüten mit sich. Die Grenze zwischen natürlicher und künstlicher Verbreitung wurde somit fließend.

Gegenüber: ›Lotus‹ – ein Aquarell, 1860–1870 in Indien gemalt. Die Lotusblume wurde und wird in ganz Asien geschätzt, und Feste, die das Aufblühen dieser Blumen feiern, sind wichtige Touristenattraktionen geworden. Lotusteiche sind Teil der Kulturlandschaft der Westsee von Hangzhoum, China, im Deltagebiet des Jangtsekiang. Dieses wurde seit der Tang-Dynastie gepriesen und ist nun Teil des UNESCO-Welterbes.

Unten: Das Abbild von ›Pussa‹, sitzend auf ihrem Lotus in Athanasius Kirchers *China Illustrata* (1667). Im Versuch, diese chinesischen buddhistischen Bilder zu verstehen, verglich Kircher sie mit ägyptischen und griechischen Göttern; so wird Pussa zum chinesischen Pendant von Isis oder Kybele.

Gegenüber: ›Tamara aus Indien‹ aus Richard Duppas *Illustrations of the Lotus of the Ancients and Tamara of India* (1816). Die Samen im Zentrum werden inmitten der rosigen Blütenblättern deutlich dargestellt. Der Jurist Duppa schrieb über Botanik, Kunst und Politik und verbrachte viel Zeit mit der Malerei in Italien. Seine verschiedenen Fähigkeiten kombinierte er in diesem bezaubernden Band.

Überall war die Pflanze ein Symbol der Wiedergeburt. Das erneute Emporwachsen aus trockenen Teichen nach Regenfall verlieh dem Lotus etwas Mystisches. In Mesopotamien spielte er lange Zeit eine Hauptrolle im Alltag der Menschen. Er wurde mit dem Kult der Inanna, der Göttin der Fruchtbarkeit in Uruk, assoziiert und in Schmuck und Dichtkunst verewigt. Das lotusförmige Zepter war ein Symbol der Überlegenheit und behielt seine Bedeutung in den Weltreichen der Region, bis Alexander der Große den persischen König Darius III. besiegte. Anfang des 1. Jahrtausends v. Chr. gesellte sich der Lotus unter persischem Einfluss zu den blauen und weißen Seerosen des Nils hinzu und verdrängte sie in den Riten der Isis. Als Göttin der Geburt und der Erneuerung wurde sie zu einer führenden ägyptischen Gottheit im griechisch-römischen Pantheon.

Auch in den Glaubensrichtungen des indischen Subkontinents wurde dem Lotus entscheidende Bedeutung beigemessen. In den *Veden* der Hindu-Mythologie stehen Vishnu und Lakshmi im Mittelpunkt der Schöpfungsgeschichte. Im leeren Raum auf einer riesigen Schlange schwebend, sprießt Vishnu ein Lotus aus dem Nabel. Die Blüte offenbart Brahma, der später das Universum erschafft. Lakshmi, die Göttin der Fruchtbarkeit und des Wohlstands, wurde mit einem Lotus in der Hand oder auf ihm sitzend geboren. Der Lotus wurde zu Lakshmis Blume. Mit der Entwicklung des vedischen Kanons wurde der »Lotus des Herzens« zum Gefäß des eigenen inneren Kosmos, dem Ziel der spirituellen Suche des Lebens.

Im Lotussitz hielt Buddha auch die Erde über dem Strudel des Universums. Der Buddhismus verbreitete sich in seinen verschiedenen Lehren von Indien nach China, Korea und Japan, Tibet und Sri Lanka und griff dabei lokale Assoziationen auf; der Lotus als Bild blieb jedoch für alle zentral. Er wurde geschätzt und wegen seiner unentbehrlichen symbolischen Funktion beim Streben nach Erleuchtung kultiviert. Im Bestreben, wie die Lotusknospe aus dem Schlamm (dem menschlichen Übel) aufzusteigen und über allen weltlichen Dingen zu schweben, können die Anhänger des Buddhismus in das Nirwana eingehen. Der *Lotus Sutra* (etwa 1. Jahrhundert v. Chr.) war einer der wichtigsten Texte des Mahayana-Buddhismus, der eine vereinfachte Lehre vertrat. Im 13. Jahrhundert gründete der Japaner Nichiren eine Schule, die dieses Sutra weiter hervorhob.

Nach der Meiji-Restauration (1868) und der Öffnung Japans für Ausländer erfreute sich der Japonismus in Europa und Amerika wachsender Beliebtheit. Der Lotus war ein integraler Bestandteil dieser neuen Faszination für den Osten und gehörte später zum Repertoire des Jugendstils mit seinen naturinspirierten Möbeln, Stoffen, Glas-, Keramik- und Schmuckarbeiten. Heute ist er vielerorts eine inspirierende Zierpflanze. So reich an Spiritualität, nährt der Lotus auch den Körper. Die Rhizome und Samen (und in geringerem Maße auch die Blätter und Blüten) werden in ganz Ost- und Südasien verzehrt, und der Westen kommt auch langsam auf den Geschmack dieser uralten Schönheit.

Unten: Ein indischer Rosenkranz vom Ende des 19. Jahrhunderts aus den Samen von *Nelumbo nucifera*. Die Anhänger aller großen Religionen in Indien verwenden Rosenkränze; diese werden häufig aus Samen hergestellt, wobei die heilige Natur der Lotusblume möglicherweise eine verheißungsvolle Wahl darstellte.

Cyamus Nelumbo. Dr. SMITH.
XIII
7

TAMARA

of India.

plentur vasa, colliguntur sarcinæ, & ad Penates revisendos animus & opera dirigitur. Tandem, onerantur jumenta mellifluo mercium, quas quisque comparaverat, apparatu, utribus impacto modicæ capacitatis, vel, eorum locó, qualis ingentibus oblongis, ex foliis sylvestris palmæ contextis. Hos, sive qualos, sive utres, utrinque ex tergis camelinis ad æquipondium suspendunt binos vel singulos, peculii quicquid attulerint desuper imponentes sine ordine. Nec pauperes suas omittunt locustas frixas, unà cum dactylis, quos spicilegio acquisiverant, camelinis one-

Oben: Engelbert Kaempfer bereiste gegen Ende des 17. Jahrhunderts die Weiten Russlands, Persiens und Asiens und hat seine Abenteuer in *Amoenitatum Exoticarum* (1712) niedergeschrieben. Er war zeuge der Karawanen, die in Isfahan, der Hauptstadt Persiens, eintrafen – die Großhändler wussten schon lange die nahrhafte Kombination von Kamelmilch und Datteln zu schätzen.

Gegenüber: Wedel, Blüte und Frucht der Dattel. Die Tradition, Dattelpalmen in persischen Palastgärten zu pflanzen, wurde in den fabelhaften Gartenteppichen thematisiert; sie wurden gewebt, um den ewigen Frühling ins Haus zu holen.

Dattelpalme

Phoenix dactylifera

Brot der Wüste

Schüttel den Stamm der Palme zu dir hin, dann lässt sie frische, reife Datteln auf dich fallen. So iss, trink und freu dich!

Koran 19.25–26

Eine mit Dattelpalmen gesäumte Oase als schimmernde Fata Morgana hat schon viele durstige Wüstenreisende betrogen. Der echte Baum hilft in Not und spendet Schatten. Er wächst auf Felsvorsprüngen und im Treibsand Südwestasiens und Nordafrikas. Die Dattel ist der Angelpunkt der Oasenökologie mit ihren Palmen, die vom Grundwasser genährt werden und einen gewissen Salzgehalt tolerieren.

Mit ihrem hohen, schlanken Stamm von bis zu 30 m Höhe und einer Krone aus Wedeln dient die Dattelpalme auch als Schutzdach in bewässerten Arealen. Unter der Palme können Obst, Gemüse, Getreide und andere Nutzpflanzen angebaut werden, so bereits geschehen Anfang des 3. Jahrtausends v. Chr. in Mesopotamien. Der Saft aus dem Stamm kann frisch getrunken oder zu Wein verarbeitet werden; aus Palmmark kann Mehl gemahlen werden, und die Palmherzen dienen als Gemüse. Die Früchte hoch oben in großen Trauben sind ein Hauptnahrungsmittel. Reif und trocken (die Sorten werden anhand ihrer Weichheit und Trockenheit klassifiziert), lassen sie sich einfach konservieren, transportieren und sind sehr nahrhaft. Gepresst ergeben die fermentierten Datteln einen Sirup – »Milch und Honig« aus der Bibel. Die Stämme, Blätter, Kerne und ihre Öle werden zu Bauholz, Dächern, Brennstoff und Mehrzweckfasern, Tierfutter, koffeinfreien »Kaffee« und Seife verarbeitet. Kein Wunder, dass die Dattelpalme einen göttlichen Status erhielt und als Baum des Lebens, der Fülle und des Reichtums gilt.

Die Sumerer vergötterten die Datteln und bildeten die symbolträchtigen Bäume auf ihren Rollsiegeln ab. Die Ägypter bauten Säulen, die mit Palm-Kapitellen gekrönt waren, und Heh, der Gott der Ewigkeit, hielt gekerbte Palmwedel in seinen Händen. Die Dattelpalme wurde zu einem Leitmotiv der Alten Welt – auch dort, wo das Klima ihren Anbau verhinderte. In stark stilisierter Form schmückte sie die Reliefs der Gemächer des Nordwest-Palasts in Nimrud, der im späten 9. Jahrhundert vor Christus für den Assyrer Ashurnasirpal II. errichtet wurde.

Die uralte Assoziation der Palme mit ewigem Leben geht auf ihre Fähigkeit zurück, mit Feuerschäden (daher der Name Phoenix) fertig zu werden, und auf das regelmäßige Austreiben neuer Wedel das ganze Jahr hindurch. Was nicht so offensichtlich erscheint, ist die besondere Art der Zellen ihres Stammes. Diese sind nicht unsterblich, überdauern aber das gesamte Leben des Baumes – etwa 150 Jahre. Die Dattelpalme vermehrt sich am besten durch Triebe, die aus der Basis der

Mutterpflanze sprießen. Diese Klone ermöglichen die Selektion weiblicher Pflanzen, da nur sie Früchte produzieren.

Bei den Römern und den Griechen war der Palmwedel in der Hand des Siegers ein Zeichen des Triumphs in sportlichen und anderen Wettkämpfen. Das Palmblatt war ein wichtiges Symbol für alle monotheistischen Religionen im Heiligen Land. Die Wedel sind ein bedeutendes Element beim jüdischen Sukkot-Fest. Diejenigen, die den Einzug Jesu in Jerusalem feierten, begrüßten ihn mit geschwenkten Palmwedeln, und die frühchristlichen Märtyrer werden oft mit einem Palmzweig dargestellt. Nach muslimischer Tradition wurde die Dattel aus dem Staub gemacht, der nach der Erschaffung Adams übrig blieb. Mit dem Islam gelangte sie nach Spanien. Eine der Anweisungen für islamische Armeen lautete, keine Palmen zu zerstören. Dattelpalmen waren ein wesentlicher Bestandteil der arabischen Identität – traditionelle Gebäude auf der Arabischen Halbinsel werden noch immer aus den Blättern dieser Bäume errichtet. Und was könnte natürlicher sein, als das einmonatige Fasten des Ramadan jeden Tag bei Sonnenuntergang mit diesen Leckerbissen der Wüste zu brechen?

Weihrauch

Boswellia sacra

Der Geruch von Heiligkeit

Abgeteilt ist Bäumen ihr Land … nur Saba gebiert die Zweige des Weihrauchs.

Vergil, *Georgica*, Buch II

Fasciculus III. 641

claudit orbiculus æneus, in ſeſquipalmarem diametrum expanſus, duos in medio permittens *tubulos* invicem adſolidatos, æneos; *Unum*, cujus inferior pars in ampullam demiſſa, aquæ immergitur; ſuperior recipit nicotianæ cum impoſitis carbonibus retinaculum, infundibulo ſeu buccinæ orificio ſimile: *Alterum* breviorem, cujus de-

Ein Weihrauchfass neben einer Huka, so dargestellt von Engelbert Kaempfer in *Amoenitatum Exoticarum* (1712). In christlichen Riten wurde der Weihrauch mehr in der Ost- als in der Westkirche angewendet, und nach der Reformation im 16. Jahrhundert verzichteten die Protestanten völlig auf ihn.

Harze sind wertvoll und nützlich – man denke an Bernstein, Teer und Pech, Terpentin und Geigenharz. Viele stammen von Nadelbäumen, und einige wurden für ihren Duft geschätzt. Die Bäume wurden wegen ihrer wohlriechenden Harze angezapft, die als stark duftendes Räucherwerk verbrannt wurden sowie in der Medizin und als Parfüm Verwendung fanden. Zu den wertvollsten Harzen gehörte Weihrauch (oder Olibanum), der den vier Arten der *Boswellia* entstammt. Von diesen war *Boswellia sacra* die angesehenste. Eine wunderbare Mystik umgab das Land der Sabäer (Jemen, Oman), wo die *B. sacra* wuchs; dem Griechen Agatharchides (2. Jh. v. Chr.) nach war die Luft dort von den süßesten Düften durchdrungen.

Gold, Weihrauch und Myrrhe (das Harz der *Commiphora*-Bäume) werden als jene Geschenke verehrt, die die Heiligen Drei Könige Jesus überreichten. Ob wahr oder nicht, sie repräsentierten drei der wertvollsten Güter dieser Zeit. Mitte des 4. Jahrtausends v. Chr. wurde der Weihrauch nach Mesopotamien gebracht, wahrscheinlich von der südlichen Arabischen Halbinsel. Die Weihrauchstraße kann die den Anreiz zur Zähmung des Kamels als Lasttier gegeben haben, und die Wüstengemeinschaften steuerten den lukrativen Handel mit Aromen und Gewürzen. Sie durchquerten die Wüste bis zu den Märkten in Ägypten, der Levante und darüber hinaus bis nach Indien und China. Die Orte auf ihrem Weg florierten durch die zusätzlichen Steuereinnahmen, und die Nabatäer wurden durch den Handel reich und bauten ihre Stadt Petra. Weihrauch war so wertvoll, dass die Händler die Lage ihrer Bäume für sich behielten. Einige historische Autoren stifteten Verwirrung mit der Annahme, dass der reine Weihrauch vom Wacholder stamme.

Die Flamme, der Rauch und der Duft von Weihrauch waren allesamt bedeutsam bei den Ritualen und Opfergaben vieler alter Kulturen. Die Ägypter und die Griechen glaubten in ähnlicher Weise daran, dass der Duftstoff vor bösen Geistern schütze und etwas Göttliches hätte – die Götter waren *per definitionem* duftende Wesen. Weihrauch selbst diente als Opfergabe: seine Zusammensetzung wurde im Tanach festgehalten. Auch bei römischen Tieropfern spielte der Weihrauch eine Rolle. Die frühe christliche Kirche entsagte dem Weihrauch, aber ab dem 5. Jahrhundert hielt er wieder Einzug im Gottesdienst. In Rauchfässern verbrannt wurde er durch die Luft geschwungen, um Priester, Schriften, Altäre und die Elemente der Eucharistie zu beweihräuchern.

Auf dem Höhepunkt des Weihrauchhandels waren Jemen und Oman für ihre parfümierte Luft berühmt. *Boswellia* wurde dort geerntet und verkohlt. Es entwickelte sich zu einem Haupthandelsgebiet für Gewürze und Parfüms von der benachbarten afrikanischen Küste und aus Indien, als man sich die Dynamik der Monsunwinde zunutze machte.

Heute wächst der Baum in einer ökologischen Nische in der »Weihrauchregion« der südlichen Arabischen Halbinsel. Die Bäume, die in den Spalten von Kalksteinklippen weitab der Küste gedeihen, erhalten die beste Wasserversorgung in dieser sonst trockenen Region. Sie besitzen mehrere Stämme, die von einer papierartigen, sich schälenden Rinde überzogen sind. Wenn man ihn anritzt, scheidet der Baum das ölige Gummiharz aus, und wenn dies in Maßen geschieht, kann sich der Baum erholen und produktiv bleiben. Das Harz mit höchster Qualität lässt man den Baum als »Tränen« herabrinnen. Es trocknet und härtet zu hocharomatischen weißlichen Perlen aus. Diese können aufgeweicht und zu größeren Klumpen geformt oder zu Pulver zermahlen werden. Räucherwerk besteht oft aus einer Mischung von Weihrauch, anderen aromatischen Harzen und Gewürzen.

Vermutlich haben die zunehmende Trockenheit, die Ausbeutung im 1. und 2. Jahrhundert n. Chr. und der fallende Preis haben zum Rückgang der *Boswellia sacra*-Population geführt. Heute sind die Bäume im omanischen Dhofar, dem Land des Weihrauchs, Teil des UNESCO-Weltkulturerbes.

Granatapfel

Punica granatum

Fruchtbarkeit, Wohlstand, Erneuerung

Und sie machten an seinen Saum Granatäpfel von blauem und rotem Pupur, Scharlach und gezwirnter weißer Leinwand.

Exodus 39.24

Lange Zeit medizinisch verwendet hat der Granatapfel heute einen neuen populären Status als ›Supernahrungsmittel‹ erreicht. Man sagt ihm nach, er wäre wirksam gegen Herzkrankheiten.

Nach dem Aufbrechen der ledrigen Schale eines Granatapfels offenbaren sich die dicht gedrängten Fächer eines Schmuckkästchens. Jeder kleine Samen ist von einem schönen, saftigen Arillus umgeben, einer zusätzlichen Samenschale, die das Fruchtfleisch des Granatapfels bildet. Die Farbe des Fruchtfleischs reicht je nach Sorte von tiefrot bis zu einem leichten Rosa. So wie die Farbe hängt auch der Geschmack des Granatapfels von seiner Sorte ab. Seit der Domestizierung aus den Transkaukasien, dem Nordosten der Türkei und der südlichen kaspischen Region wurde durch die Auswahl von Stecklingen bevorzugter Pflanzen die Balance von süß und sauer geschaffen. Mit ihren glänzenden, tiefgrünen Blättern und extravaganten roten Blüten gefielen die Bäume auch den Bauern.

Wo immer der Baum angepflanzt wurde, fand der Granatapfel auch seinen Weg in die Psyche der Menschen. Die Fülle der Samen in jeder Frucht symbolisierte Fruchtbarkeit, Regeneration und Wohlstand. Die Zoroastrier der iranischen Hochebene verwendeten Granatäpfel bei Weihungs- und Hochzeitszeremonien. Die Frucht erscheint häufig im Tanach, oft neben Olivenöl und Wein. Granatäpfel erscheinen auf priesterlichen und königlichen Gewändern, auf Münzen und im Tempel Salomons. Da jede Frucht entsprechend der 613 *Mizwot* (Gebote) aus der Tora angeblich 613 Samen enthält, spielen Granatäpfel auch eine Rolle bei den Essgebräuchen des Rosch Haschana.

Möglich ist auch, dass die Phönizier den Granatapfel nach Nordafrika und in den westlichen Mittelmeerraum gebracht haben. Im griechischen Mythos werden Granatäpfel vor allem mit Demeter und Persephone verbunden. Hades entführte Persephone und brachte sie durch eine List dazu, Granatapfelkerne zu essen. Da das Essen in der Unterwelt den jeweiligen Esser dazu verdammt, dort zu bleiben, wurde sie verurteilt, für einen Teil des Jahres im Reich der Toten zu verweilen. Ihre Rückkehr auf die Erde in jedem Frühjahr sorgte für neues Leben im Wald und auf den Feldern. Die Fruchtbarkeitssymbolik bestimmte auch das griechische Verständnis vom weiblichen Körper. Das blutrote, unterteilte Innere des Granatapfels wurde mit dem Mutterleib verglichen. Die hippokratischen Rezepte zur Empfängnisförderung und gegen Fieber nach der Geburt beinhalteten Granatapfelsaft.

Zu Zeiten der Han-Dynastie soll ein Granatapfelbaum mit der Rückkehr des Gesandten Zhang Qian etwa 135 v. Chr. nach China gekommen sein, und zwar aus

Kabul. Der Name der Pflanze fand aber bereits in einem Dokument Erwähnung, das in einem Grab aus dem Jahr 168 v. Chr. gefunden wurde. Die Blüten des Baumes wurden sehr geschätzt und während der Sechs Dynastien (220–589 n. Chr.) in der Poesie als Essenz der roten Schönheit gefeiert – Form und Farbe wurden mit dem zu einem Tanzkostüm gehörenden Rock der Kurtisane verglichen.

Die christliche Kirche assoziierte den Granatapfel mit der Auferstehung; sein roter Saft symbolisierte das Blut Christi. In der religiösen Kunst hält die Madonna oft das Jesuskind mit der Frucht im Arm (*Madonna mit dem Granatapfel*, von Botticelli, um 1487). Dieser bildliche Ausdruck aus dem Mittelalter wurde auf eine Reihe berühmter Wandteppiche, wie *Die Jagd auf das Einhorn* (1495–1505), gestickt. Auf dem letzten Bild (zunächst wurde angenommen, es sei das einzige) ist das gefangene Einhorn an einem Granatapfelbaum angebunden. Dies kann interpretiert werden als Christus am Kreuz oder als Feier der Ehe, mit dem Granatapfel als Symbol der Fruchtbarkeit und der Unauflöslichkeit der Ehe. Nach der Eheschließung mit Heinrich VIII. von England im Jahre 1509 wählte Katharina von Aragon den Granatapfel als ihr Wappen. Heinrich ließ sich jedoch im Jahr 1533 von ihr scheiden, da es ihr nicht gelungen war, den erwarteten Sohn zu gebären.

Maria Sibylla Merian kombinierte Pflanzen und die Insekten, die sich von ihnen ernähren, äußerst wirkungsvoll in *Metamorphosis insectorum Surinamensium* (1705). Diese Abbildung zeigt, wie die Raupe des schimmernd blauen *Morpho menelaus* die Blätter des Granatapfels absucht. Merian hat zwei Jahre in Surinam verbracht und ist mit Exemplaren und Bildmaterial nach Hause zurückgekehrt, um ihr Buch vorzubereiten.

Witte Platte Appel.
Sept. Octob.
Bloem-Suir.
Sept. Octob.
Enkelde Griet.
Octob. Nov.
Brand-Appel.
Dec. Jan.
Heer-Appel.
Nov. Dec.
Eyer-Appel.
Oct. Novemb.
Rode Soete Jopen.
Octob. Novemb.
Pomme-Rose.
Oct. Nov.
Somer Stripeling.
Sept. Octob.
J. H. Knoop ad viv. del.
J. C. Philips sculpsit.

Apfel

Malus domestica

Frucht der Versuchung und des ewigen Lebens

Aber von dem Baum der Erkenntnis des Guten und Bösen sollst du nicht essen; denn welches Tages du davon ißt, wirst du des Todes sterben.

Genesis 2.17

Selbst wenn die Heimat des Apfels nicht der Garten Eden war, dann war es zumindest das »Himmelsgebirge«. Die angeblichen Orte für das biblische Paradies bieten nicht die richtigen Bedingungen für süße Äpfel, die vom Baum gepflückt und roh gegessen werden können. Ihnen fehlt die wichtige Phase anhaltender kalter Temperaturen, die die Knospen zum Springen anregt, und der steigenden Temperaturen für die Blüte. Die Hänge des Tian Shan (was »Himmelsgebirge« bedeutet) in Zentralasien dagegen erfüllen diese Bedingungen. Die Vorfahren des heutigen Tafelobstes etablierten sich wahrscheinlich als Teil eines riesigen gemäßigten Waldes, der sich im späten Pliozän vom Atlantik bis zur Beringia erstreckte.

Bis heute sind die Hänge des Tian Shan in der Nähe von Almaty (ehemals Alma Ata) in Kasachstan regelrecht von einem Wald aus Obstbäumen überzogen. Solch ein Überfluss führte beim einheimischen Wildapfel, *Malus sieversii*, zu einer Reihe von Baumformen, Obstgrößen, Farben, Geschmacksrichtungen und Reifezeiten. Diese äußerst vielgestaltige Spezies ist der Stammvater unseres Kulturapfels, *M. domestica*, der eine wunderbare Vielfalt vererbt bekam. Die früh kultivierten Äpfel verbreiteten sich aus ihrer kasachischen Heimat entlang der Seidenstraße, und die Griechen und Römer nahmen sie mit nach ganz Europa. In Europa traf *M. domestica* auf den lokalen Holzapfel, *Malus sylvestris*, und es kam zum Genaustausch. Die Hybridnachkommen tauschten ebenfalls ihre Gene mit den Eltern, und über einen langen Zeitraum hinweg schufen diese Genbewegungen (bekannt als Introgression) das Potenzial für unsere beliebten Apfelsorten.

Die aus den Kernen einer gewünschten Sorte heranwachsende neue Generation kann unterschiedliche Eigenschaften haben, denn aus den fünf Samen eines Apfels können fünf unterschiedliche Pflanzen entstehen. Durch das Pfropfen eines Ablegers auf einen Wurzelstock (bereits vor rund 4000 Jahren angewandt) ließen sich viele Varianten stabilisiert, z. B. Englands »Küchenapfel«, der »Bramley's Seedling« (1810er Jahre), Amerikas »Newtown Pippin« (1750er Jahre), »Aport« oder »Alexander« aus der Ukraine (um 1700), »Gravensteiner« (um 1600), der in Deutschland oder Italien entstand und im 19. Jahrhundert in der Gegend um Hamburg sehr populär wurde, oder Australiens »Granny Smith« (1860er Jahren).

Die Zweifel der Ökologen an der Herkunft des Apfel aus dem Garten Eden werden auch von den Philologen bekräftigt. In der frühchristlichen Kirche in

Gegenüber: Eine Auswahl von Apfelsorten in *Pomologie, ou Description des Meilleures Sortes de Pommes et de Poires* (1771) von Jean Herman Knoop. Beachtenswert ist die natürliche Unvollkommenheit der Frucht, die häufig in idealisierten Abbildungen ignoriert wird.

Unten: ›Beim Ernten der reifen Frucht‹, eine Serie von Holzschnitten, die den Jahreszyklus der Obstgartenpflege darstellen; aus Marco Bussatos *Giardino di agricoltura* (1592). Bussato lebte von der Veredlung, bevor er mit dem Verfassen einer erfolgreichen Buchserie begann, die das wachsende Interesse an der Agrarwissenschaft in der frühen Moderne belegen.

Nordeuropa wurde die eher gewöhnliche hebräische »Frucht« in Genesis 3.03 mit ungewohnter Präzision belegt. Die griechische *Melone* konnte sich auf jede Art Baumfrucht beziehen: »Armenische *Melonen*« waren Aprikosen, »Persische *Melonen*« Pfirsiche und »Mediane *Melonen*« Zitronen. Dies bot mehrere Möglichkeiten für Bibelwissenschaftler bei der Übersetzung aus dem Griechischen und bei der Jagd nach der wahren Identität der goldenen Äpfel aus dem Garten der Hesperiden, deren Beschaffung die elfte der zwölf Heldentaten von Herkules war. Hippomenes benutzte drei der ihm von Aphrodite übergebenen goldenen Äpfel, um im Wettlauf gegen Atalanta als Erster das Ziel zu erreichen, da sie sich während des Laufs bückte, um die Äpfel aufzuheben. Durch seinen Sieg durfte er sie zur Frau nehmen. Und wäre Paris nicht gefragt worden, welche der drei Göttinnen den goldenen Apfel mit der Inschrift »Für die Schönste« erhalten würde, hätten Troja länger gestanden.

Der Glaube an die sexuelle Nebenbedeutung des Apfels, seine aphrodisierenden Kräfte und seine Verwendung beim Umwerben des anderen Geschlechts waren weit verbreitet. Dies galt sowohl für die größeren, süßen Äpfel als auch für die kleinen, säuerlichen Holzäpfel. Die vorrömischen keltischen Traditionen verehrten den Letztgenannten. Aus ihm konnte guter Apfelwein hergestellt werden, und getrocknet oder gekocht wurde er schmackhafter. Noch immer wird aus ihm wohlschmeckendes rotes Holzapfelgelee hergestellt (die Farbe stammt von den Tanninen in der Schale). Seine Blüten werden zunehmend als Zierde geschätzt.

Adam und Eva wurden sterblich, als sie einen Apfel aßen, aber keltische und nordische Mythen verliehen der Frucht die Kraft der unendlichen Langlebigkeit. Der sagenumwobene König Artus ruht noch immer in Avalon, wo die Äpfel der Unsterblichkeit wuchsen. Die magischen Auserwählten Skandinaviens aßen verzauberte Äpfel. Als Idun, die Göttin des Frühlings und Hüterin der Äpfel im Paradies von Asgard, dazu gebracht wurde, die Früchte den feindlichen Riesen zu bringen, begannen die Götter zu schrumpfen und zu altern. Nach verschiedenen Abenteuern kehrt sie zu ihrem rechtmäßigen Platz zurück und benutzt Apfelscheiben, um die Jugend und Lebenskraft der Götter wiederherzustellen.

Die Römer legten große Obstgärten an. Nach dem Zusammenbruch ihres Reiches setzten die Mönchsorden diesen Brauch zum Teil fort, wenn es auf der Iberischen Halbinsel auch die Muslime waren, die den Obstanbau wiederbelebten. Äpfel wurden zum Verzehr und zur Saftgewinnung angebaut. Apfelwein war ein wichtiges Getränk; für ihn wurden viele von Johnny Appleseeds Bäumen im Amerika des frühen 19. Jahrhunderts angepflanzt. Ein Teil der Löhne der Farmarbeiter wurde gewöhnlich in Apfelwein ausgezahlt, eine Tradition, die in Großbritannien bis 1878 fortgeführt wurde – danach galt diese Art der Bezahlung als illegal.

Dessertäpfel waren im viktorianischen England äußerst beliebt. Sie mussten zwar mit neuen Köstlichkeiten konkurrieren, aber die Neureichen, die sich große Anwesen mit ummauerten Küchengärten bauten, sowie das für den Anbau von Apfelbäumen exzellente britische Klima machten den Apfel zum Kultobjekt. Es gab immer mehr Sorten und das Obst sollte nicht nur gegessen, sondern auch bewundert werden; die neu eröffneten Apfelgeschäfte begeisterten die Menschen.

Blüte und Frucht von *Pyrus malus* (*Malus domestica*). Tian Shan, die Heimat des Apfels, ist vom Eis, das viel von der Flora Nordeuropas und Nordamerikas vernichtet hat, verschon geblieben. Die beträchtliche geologische Aktivität in der Region sorgte für die Wiederbelebung des Bodens und neues Land wurde geschaffen. Das Gebiet wurde auch durch große ausgetrocknete, von Bergketten umgebene Gebiete isoliert. Dies alles hat sich als vorteilhaft für die Entwicklung des Apfels erwiesen.

Viele Sorten waren jedoch wenig ertragreich oder anfällig für Apfelschorf, Fäulnis und Schädlinge. Besonders in den USA war der Aufstieg kommerzieller Obstgärten das Wundermärchen des 20. Jahrhunderts – mit maschineller Ernte, Sortierung und Verpackung sowie dem Verkauf über anspruchsvolle Supermarktketten. Die Anzahl der Sorten wurde radikal reduziert, und neue Arten wurden häufig auf Transportfähigkeit und weniger auf Geschmack gezüchtet.

Heute werden die vergessenen Sorten wieder wegen ihrer Aromen und ihrer reichen Erbanlagen geschätzt. Vielen davon sind im »Himmelsgebirge« zu finden. Unsere Liebesaffäre mit dem Apfel ist noch nicht vorbei.

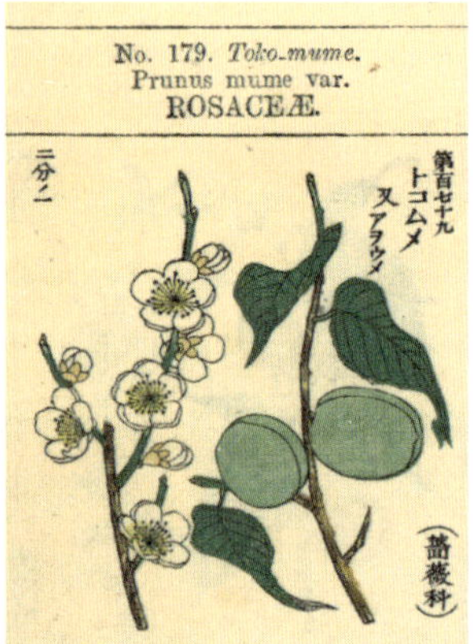

Blüten und Frucht von ›Toko-mume‹, eine Sorte von *Prunus mume*, die in *The Useful Plants of Japan* (1895) Erwähnung findet. Japanische Ume sind ganze eingelegte Umeboshi-Pflaumen, pürierter Ume-Brei oder Umesu mit der restlichen Flüssigkeit vom Einlegen.

Chinesische Pflaume oder Japanische Aprikose

Prunus mume

Vorbote des Frühlings

Die Pflaume blüht als erste, / Sie allein hat die Begabung, das Frühjahr zu erkennen.

Xiao Gang

Chinas *Méi*-Bäume werden seit Tausenden von Jahren geschätzt. Bekannt als Chinesische Pflaume oder Japanische Aprikose, ähneln seine Früchte in der Tat eher Aprikosen als Pflaumen, ihren Verwandten der Gattung *Prunus*. An den Hängen von West-Sichuan und West-Yunnan in China, über Nordvietnam und Laos, durch Korea und Japan, öffnen sich ihre duftenden Blüten (*mei hua*) in Weiß-, Rosa-, Rot- und blassen Grüntönen auf bloßen Stämmen und läuten den Frühling ein, während auf dem Boden noch immer Schnee liegt. Bambus, Kiefer und *Méi* gelten in China als die »drei Freunde im Winter«.

Trotz ihrer Schönheit wurden Méi zuerst wegen ihrer fleischigen, aprikosenähnlichen Früchte kultiviert. Zu sauer zum rohen Verzehr, werden sie getrocknet, gesalzen, eingelegt, püriert und für die Aromatisierung von Wein verwendet. Der Inhalt von Grab Nr. 1 der westlichen Han-Dynastie bei Mawangdui, Changsha (2. Jahrhundert v. Chr.), enthielt Töpfe mit Méi-Steinen und getrockneten Früchten sowie schriftliche Hinweise auf Verarbeitungstechniken. Pikant eingelegtes Gemüse ist im Osten bereits seit Jahrtausenden beliebt. Die heutige Würze der chinesischen Méi und der japanischen Ume wird in Ostasien und der Diaspora weiträumig genossen. Auch der Glaube an die heilenden Eigenschaften der Frucht hat eine lange Geschichte – als Wundsalbe und als Stärkungsmittel im Kampf. Mit roten Perilla-Blättern als Farbstoff haben die Chemikalien im sauer eingelegten Umeboshi (Benzaldehyd und organische Säuren) ihre keimtötende Wirkung gegen *Escherichia coli* bewiesen – besonders nützlich beim Verzehr roher Fischgerichte.

Die frühen Obstgärten der Han-Dynastie (206 v. Chr.–200 n. Chr.) wurden zwar zur Gewinnung von Früchten angelegt, aber die Blüten fanden immer mehr Beachtung. Dichter des 5. und 6. Jahrhunderts priesen ihre Schönheit, und die fünfblättrigen Blüten wurden mit den traditionellen fünf Segnungen von Langlebigkeit, Wohlstand, Gesundheit, Tugend und einem natürlichen Tod in Bezug gesetzt. Schriftsteller bewunderten die zarte aber robuste Natur der Blüten, die das kalte Neujahrswetter in China überlebten. Erlesene Méi-Bäume wurden sowohl in kaiserlichen als auch in privaten Gärten angepflanzt. Um bevorzugte Baumformen zu erhalten, wurde ihre Gestalt manipuliert; zu ihrer Betrachtung wurden Pavillons errichtet. Im Laufe der Zeit wurden die Bäume auch nach den Traditionen von Penjing in China und Bonsai in Japan als Miniaturausgabe nachgebildet.

Aquarell von *Prunus mume*. Nanjing in China liegt am Fuße der Purpurberge, wo Tausende von Pflaumenblüten die Luft parfümieren. Auf japanischen Festen im Februar und März (*Ume matsuri*) werden diese Vorboten des Frühlings in Parks, Schreinen und Tempeln noch immer feierlich bedacht.

Blütenzweige wurden für Arrangements im Innenbereich geschnitten, auch wenn die Blüten schnell verwelkten. Die florale Vergänglichkeit wurde der Langlebigkeit des Baumes gegenübergestellt: Die Blüten dienten als Symbol für Verjüngung und Kraft auf altem Holz, das Standhaftigkeit und Langlebigkeit symbolisierte. Künstler stellten einzelne, schwebende Zweige im Detail dar. Die »Pflaumenblüten-Tintenmalerei« (*mo-mei*) wurde zu einem anerkannten Genre.

Während der Song- (960–1279) und Yuan-Dynastien (1271–1368) erreichten das Pflanzen der Bäume, die künstlerische und poetische Würdigung ihrer Blüten neue Höhen. Mitte des 13. Jahrhunderts enthielt Song Po-jens Register der Pflaumenblütenabbildungen (*Mei-hua hsi-shen p'u*) 100 ganzseitige Holzschnitte, jeder mit einem begleitenden Gedicht. Dies kann als eine Art Bildunterschrift und auch als Stimme des Protests gegen die mongolischen Yuan-Herrscher gesehen werden. Unzählige dekorative Muster und der kunstvoll ausgedrückte Missmut inspirieren weiterhin – wie auch die Blüten als alljährliche Boten des Frühlings im Winter.

Oben: ›Rosa Provincialis, sive Damascena‹ aus John Gerards *Herball* (1633). Für Gerard verdiente die Rose ›den ersten und wichtigsten Platz unter allen Blumen‹.

Gegenüber: ›Rosa bifera officinalis/Rosier des Parfumeurs‹ aus P. J. Redoutés *Les Roses*, Band 1 (1817). Das hervorragende Werk von Redouté hat fast alles von der Rose eingefangen, bis auf ihren Duft. Der größte Bestandteil des Rosenöls ist Citronellol, doch es enthält auch andere Spurenkomponenten, die zu dem wunderbaren Wohlgeruch beitragen.

Rose

Rosa spp.

Die Blume der Liebe

Die rote Rose ist ein Teil der Herrlichkeit Gottes; jeder, der Gottes Herrlichkeit erblicken möchte, sollte auf die Rose schauen.

Ruzbihan Baqli aus Shiraz (1128–1209)

Die Rose ist die wohl meistgeliebte Blume und weckt viele Assoziationen. Einhundert Millionen Rosen wechselten im Jahr 2013 in der Woche vor dem Valentinstag (14. Februar) auf der weltweit größten Blumenversteigerung FloraHolland den Besitzer. Die Gattung *Rosa* genoss Zeiten intensiver Verehrung, ist nie in Ungnade gefallen und bezaubert weiterhin in ihren vielen Formen. Von Miniaturen bis zu ausgedehntem Bodenbewuchs, von Büschen und Sträuchern zu Kletter- und Wanderpflanzen; fünf- und vielblättrige; rote, weiße, rosa-, purpur-, orangefarbene, gelbe, gestreifte, einmal und mehrmals blühende; einstielige und geclusterte Blüten; immergrüne und duftende Blätter; himmlische Parfüms – Kulturrosen bieten ein selten übertroffenes fest der Sinne. Es zeugt von großer Leidenschaft, diese Blume zu genießen und über viele Jahrhunderte zu manipulieren. Die komplexe Art, wie sich die sieben Chromosomen der *Rosa* trennen und neu kombinieren, ist einzigartig.

Die symbolischen Bedeutungen der Rose haben sich mit der Zeit verändert und mit der Mode und den Religionen gewandelt, was vielleicht auf der Tatsache beruht, dass in der antiken Zivilisation vielerorts lokale Rosensorten geschätzt wurden. *Rosa* ist naturgemäß auf die Nordhalbkugel beschränkt und kommt dort hauptsächlich zwischen 20° und 70° nördlicher Breite vor. Die Gattung scheint während des Oligozäns (vor 33,9–23 Millionen Jahren) erfolgreich floriert zu haben, breitete sich aus und entwickelte sich zu den etwa 100–150 wilden Arten (die Rosen-Taxonomie ist komplex), die den Planeten heute säumen.

Von diesen wilden Arten wurde die Rose wahrscheinlich viele Male domestiziert. Die ureigene Fähigkeit der Pflanze, mit engen und weit verstreuten Verwandten zu hybridisieren, wenn sie von Menschenhand miteinander in Kontakt gebracht werden, lieferte die überwältigende Zahl an Gartensorten (etwa 20 000). Viele ältere Rosen sind das Ergebnis komplexer Kreuzungen, aber wann und wie sie genau entstanden sind, bleibt ein Geheimnis. Die weißen und rötlichen Albas sind eine alte europäische Kreuzung von *R. gallica* und *R. canina*. *R. damascena* hat drei Elternpflanzen, jede aus einem anderen natürlichen Bereich. Irgendwann hybridisierte die Spezies *R. gallica* mit der seit langem kultivierten *R. moschata*. Als dieser Hybrid mit *R. fedtschenkoana* gekreuzt wurde, war die wunderbar duftende Damaszener oder Damastrose geboren. Ihre Anmut ist unbestritten – sie ist eine

Rosa bifera officinalis. *Rosier des Parfumeurs.*

Oben links: Ein Aquarell, womöglich Anfang des 19. Jahrhunderts gemalt von einem indischen Künstler, der botanische Abbildungen für die Ostindien-Kompanien erstellt hat. Traditionelle Stile wurden mit den Anforderungen der europäischen naturgeschichtlichen Illustration vereint; die Bilder wirken vertraut und exotisch zugleich.

Oben rechts: Ein Exemplar des Herbariums der Königlichen Botanischen Gärten in Kew – eine Sorte der *Rosa indica*, jetzt bekannt als *Rosa chinensis* Jacq. var. *Minima*, vorgestellt 1868 von Joseph Hooker.

beliebte Parfümrose. Die Destillation der Blütenblätter liefert Rosenöl und als Nebenprodukt Rosenwasser. Letzteres wird üblicherweise in süßen und herzhaften Speisen der persischen Küche und in aromatischem Konfekt in ganz Vorderasien verwendet. Noch heute begrüßen die Zoroastrier ihre Gäste mit Rosenkonfekt.

Schon die Griechen schrieben über Rosen als Symbole von Tod und Liebe. Die Römer führten diese Assoziationen weiter, aber wie bei vielen anderen Dingen taten sie dies bis zum Exzess. Rosen kamen in der Medizin und in der gehobenen Küche vor, und der großflächige Anbau, wie etwa im römischen Ägypten und in Kampanien, lieferte den Rohstoff für dekorative Girlanden und Kränze. Während des Rosalienfestes, in der Regel gegen Ende Mai, wenn die Rosen im Gedenken an die Toten auf Gräber gelegt wurden, war die Nachfrage besonders groß.

Zunächst von der christlichen Kirche gemieden, erfuhren die Rosen im Mittelalter ein Comeback; sie schmückten Kirchen und fanden ihren Weg in spirituelle Schriften. In seiner Auslegung des Liedes der Lieder lobte Bernhard von Clairvaux (1090–1153) die weißen Rosen als Mariensymbol, während die fünf Blütenblätter der roten Rose häufig die fünf Wunden Christi repräsentierten. Vereint wurden Rose und Kreuz im Geheimbund der Rosenkreuzer, die im 17. Jahrhundert in der sich verbreitenden Hermeneutik des Protestantismus aufblühten.

Rosen waren ein wesentliches Gestaltungselement persischer Gärten. In der islamischen Tradition heißt es: Als Mohammed zum Himmel emporstieg, um dort seine Offenbarungen zu empfangen, fiel sein Schweiß zurück auf die Erde und an dieser Stelle entspross eine duftende Rose. Die Sufi-Mystiker wie Rumi und Ruzbihan Baqli priesen im 13. Jahrhundert die übersinnlichen Eigenschaften der Rose; nicht zuletzt den anhaltenden himmlischen Duft, der selbst nach dem Verwelken der Blüte noch wahrnehmbar ist.

Durch die Treiberei oder das Pflanzen verschiedener Rosenarten ließ sich die Rosensaison verlängern, aber nur die Damastrosen blühten zweimal im Jahr. Im späten 18. Jahrhundert begannen die Menschen zu verstehen, woran die Chinesen seit mindestens 1000 Jahren mit ihrer überragenden Geschichte der Kultivierung verschiedener Rosengene Gefallen fanden – an remontierenden oder mehrfach blühenden Rosen. Die chinesischen Arten blühten den ganzen Sommer über in neuen Schattierungen von rosa, purpur, rötlich und gelb, einige mit einem zarten Duft von frischem Tee (von diesen stammten die Hybrid-Teerosen ab). Im britischen Klima überlebten vornehmlich vier Sorten (England dominierte mittlerweile im Handel mit China); sie dienten als »Zuchthengste« und versorgten Rosenliebhaber in Europa und Nordamerika mit ihren wertvollen Genen. Mit den chinesischen Rosen begann eine Zuchtmanie. Die heutigen Pflanzen, mit ihrer bezaubernder Schönheit, anregendem Duft und hoher Beständigkeit, sind das Ergebnis der zunehmend komplexen Hybridisierungen (und einiger Zufallstreffer). Sie begeistern ihre Liebhaber in Clubs und Vereinen rund um die Welt.

Kaiserin Josephine, die Gattin Napoleons, wird oft eine führende Rolle bei der Förderung der Rose und der Planung eines speziellen Rosengartens in ihrem Schloss bei Malmaison zugeschrieben. Romantisch ja, aber nicht unbedingt genau. Josephine interessierte sich sicherlich für Rosen, pflanzte sie jedoch wild durcheinander an; der »Rosengarten« entstand erst, als Malmaison an der Wende zum 20. Jahrhundert für die Öffentlichkeit zugänglich wurde.

Rosen können auch negative Assoziationen wecken. In Schriften über die kurze Regierungszeit des römischen Kaisers Elagabal (Heliogabal, 218–222) berichtet Lampridius davon, dass die Räume im Palast mit Rosen ausgestreut waren und die Gäste des Kaisers wegen des konzentrierten Dufts der Unmassen von Blütenblättern zu würgen begannen. In Alma-Tademas Meisterwerk aus dem späten 19. Jahrhundert wurden »Veilchen und andere Blumen« als Blütenblättern der Rose bezeichnet. Heute werden solche unglaubwürdigen Schilderungen belächelt, weil für diese Menge eine Schiffsladung aus Kolumbien, Ecuador oder Kenia notwendig gewesen wäre. Diese Länder sind mittlerweile führend auf dem Weltmarkt für diese traumhaft schönen Blumen, die schon seit so langer Zeit unsere Herzen erobert haben.

Tulpe

Tulipa spp.

Verrückt nach einer Zwiebel

Alles, was diese Narren wollen, sind Tulpenzwiebeln / Köpfe und Herzen haben nur einen Wunsch / Versuchen wir mal, sie zu essen; es wird uns zum Lachen bringen / zu schmecken, wie bitter dieses Gericht ist.

Petrus Hondius (1621)

Gegenüber: Ein Gemälde der *Tulipa greigii* von Mary Grierson (1912–2012), Teil einer Tulpenserie von einer der führenden botanischen Künstlerinnen des späten 20. Jahrhunderts. Grierson war als Herbariumskünstlerin in Kew tätig und verband künstlerische Sachkenntnis mit einem Auge für das Detail sowie einem subtilen Verständnis von der Botanik.

Unten: Die winzige *Tulipa armena* (etwas größer als 20 cm) im Herbarium von Kew. Kleinwüchsige Tulpen wie diese wurden in der Wildnis gesammelt und während der Tulpenmanie im 17. Jahrhundert (mit Hilfe des Lily-Mottle-Virus) zu raffinierten Formen manipuliert.

Tulpenzwiebeln wirken bescheiden, liegen leicht in der Hand und besitzen eine dünne, trockene, papierartige Schutzhülle. Ihr weiches Innere birgt großes Potenzial. Umschlossen von nährendem Gewebe, befindet sich dort eine neue Sprossachse. An ihrer Spitze liegt die embryonale Blütenknospe. Nach dem Einpflanzen, der Ausbildung der Wurzeln und einer wichtige Zeit mit kühlen Temperaturen treibt der Stiel die wachsende Blütenknospe nach oben. Dann färben sich ihre Blütenblätter und öffnen sich für etwa zwei Wochen atemberaubender Schönheit.

Im Ruhezustand kann die Tulpe leicht transportiert werden und im nächsten Frühjahr andernorts für Freude sorgen. Diese Eigenschaft erlaubte es den osmanischen Türken aus Istanbul, Wildblumen in verschiedene Tulpenarten zu verwandeln, die heute als Juwelen des Gartenbaus gelten. Nach der Eroberung von Konstantinopel 1453 durch Mehmed II. erbaute er den Topkapı-Palast und entwarf seine von persischen Vorbildern inspirierten Gärten, in denen Nelken, Rosen, Hyazinthen, Iris, Narzissen und Tulpen gediehen. Unter seinen Nachfolgern wurde die Tulpe zum Bestandteil der osmanischen Kultur des 16. Jahrhunderts, was sich in Textilien, Keramik und kunstvoll glasierten Kacheln widerspiegelt.

Auch wenn heute in den Bergregionen der Türkei mehrere Tulpenarten wild wachsen, werden nur von vier davon als dort heimisch angesehen. Die Heimat der Tulpe liegt vermutlich weiter östlich, zwischen den Bergen des Tian Shan (des Himmelsgebirges) und des Pamir-Alai in Zentralasien. Von hier aus verbreitete sie sich in Berg- und Steppengebiete, wo es genügend Entwässerung, Winterkälte, Frühlingsregen und Sommersonne gab. Die Sultane und ihre räuberischen Wesire ließen in den Provinzen und Vasallenstaaten große Mengen von Zwiebeln ausgraben. Ihre Floristen begannen die Natur zu manipulieren. Durch Auslese und Kreuzung der Samen erschufen sie die nahezu perfekte Tulpe: lange, schlanke Blüten aus sechs gleich langen, dolchförmigen Blütenblättern, aufrecht gehalten auf einem eleganten, aber starken Stängel.

Die Europäer schlossen die Tulpe nicht sofort ins Herz. Die ersten Tulpenzwiebeln, die im Jahre 1562 in Antwerpen eintrafen, ereilte ein unglückliches Schicksal. Sie waren Zugabe zu gelieferten Stoffballen und wurden von einem Kaufmann wie Küchenzwiebeln in Essig und Öl gebraten, gekostet und letztendlich in den Garten geworfen. Die meisten verkümmerten, aber einige wurden von George Rye, einem

anderen Kaufmann und begeisterten Gärtner, mit Respekt behandelt. Mit Schiffen gelangten die Tulpenzwiebeln auch nach Amsterdam und nach Leiden, als Carolus Clusius 1593 Direktor des dortigen Botanischen Gartens wurde. Er weigerte sich, seine Pflanzen zu verkaufen und wurde daraufhin bestohlen. In den Niederlanden kam es zu einer massiven Tulpenmanie, aber auch Frankreich und England erlebten diesen Rausch, und Länder wie Deutschland waren einflussreiche Märkte.

Die Vorliebe für Tulpen war Teil des breiten Interesses an exotischen Pflanzen, die von Handels- und Entdeckungsreisen mitgebracht wurden. Die Menschen stellten mit Leidenschaft Raritäten aus der Natur als Teil ihres Besitzes zur Schau. Pflanzen, und vor allem Tulpen, mussten in genau angelegten Beeten mit exakten Abmessungen gepflanzt werden. Wenn die Blüten dann in voller Pracht standen, wurden Besucher eingeladen, um ihre Schönheit zu bewundern.

Die Europäer bevorzugten prallere Blüten; die Blütenköpfe waren oft groß und saßen auf langen Stielen. Was aber die Tulpenmanie wirklich antrieb, waren ihre Farben. Nicht die reinen, kräftigen Farben der Blüten, wie wir sie von Massenpflanzungen der Gegenwart kennen, sondern das zarte »Gefieder« und die durch einen geheimnisvollen Prozess ausgelöste Mehrfarbigkeit, standen im Mittelpunkt. Dieser Prozess wurde als »Bruch« bezeichnet – auf den Blütenblättern bricht eine Farbe offenbar in eine andere, wie mit einem sehr feinen Pinsel gemalt. Es gab drei beliebte Typen: *Bizarres* hatten rote Streifen auf gelbem Grund, *Roses* rote Streifen auf weißem Grund und *Bybloemens* violette Streifen auf weißem Grund.

Heute wissen wir, dass diese erstaunliche Schönheit von Viren hervorgerufen wird, die in der Pflanze die Expression von Proteine blockieren, die die besonderen Pigmente in den Blütenblättern produzieren. Das Virus schwächt auch die Pflanze und verlangsamt die Bildung von Brutzwiebeln. Diese »Baby-Zwiebeln« wurden angezogen oder gelagert (die Samen liefern keine stabilen Nachkommen). Im Laufe der Zeit stirbt die erkrankte Pflanze ab, aber ihre Nachkommen leben weiter. Auch neue Favoriten können entstehen, da das Virus und der Tulpenwirt auf den Beeten der Floristen koexistierten. Genau genommen war es also beschädigte Ware, die mit großer Leidenschaft zunächst von Liebhabern und ab den 1620er Jahren von den aufstrebenden professionellen Kunstgärtnern gehandelt wurde. Das Gewerbe profitiert vom steigenden Preis der Tulpenzwiebeln (verkauft nach Gewicht), und dieser stieg weiter, als unternehmerische Bürgermeister den Markt als Zwischenhändler betraten. Die Blase platzte Ende 1636 und Anfang 1637.

Die Niederländer entwickelten eine geeignete Verpackung für den Transport über größere Entfernung und setzten Handelsvertreter ein, um Märkte für ihre Waren zu schaffen. Sie wurden zum weltweit führenden Erzeuger von Blumenzwiebeln und Blumen und zogen im 20. Jahrhundert mit neuen Sorten reinfarbiger Blumen weiter auf den amerikanischen Markt. Heute bauen die Niederländer 4,32 Milliarden Tulpen an, von denen 2,3 Milliarden als Schnittblumen in Gestecken und Blumensträußen zu finden sind. Die Tulpen von heute sind möglichst virenfrei; die extravaganten Blüten der Vergangenheit sind nur noch bei wenigen Züchtern zu finden, ebenso in den begehrten Stillleben der alten Meister.

Gegenüber: Eine Bildtafel aus Robert Thorntons *Temple of Flora, or Garden of Nature* (1799–1807). Thornton hat führende Künstler und Graveure angestellt und die Anfertigung der Illustrationen beaufsichtigt. Die Pflanzen wurden vor einem naturalistischen Hintergrund abgebildet. Das Ergebnis war beeindruckend, aber das Projekt tieb ihn in den Ruin und er starb in Armut.

Orchideen

Orchidaceae

Seltsame und schöne Blüten

Eine Orchidee in einem tiefen Wald verströmt ihren Duft auch, wenn niemand da ist, um es wertzuschätzen. Ebenso halten Männer edlen Charakters an ihren hohen Prinzipien fest, unbeirrt von Armut.

Konfuzius (551–479 v. Chr.)

Oben: ›Angurek katong'ging‹, erstmals von Engelbert Kaempfer im *Amoenitatum Exoticarum* V, (1712) beschrieben. Er kombinierte die malaiischen Wörter für die epiphytische Orchidee und den Skorpion; jetzt ist sie als *Arachnis flosaeris* bekannt. Die Arachnis-Arten waren bei der kommerziellen Züchtung von Orchideenhybriden als Zimmerpflanzen wichtig.

Gegenüber: Die Orchidee *Cymbidium hookerianum*, 1848 in Bhutan entdeckt und von Heinrich Gustave Reichenbach nach Joseph Hooker benannt. Reichenbach war einer der führenden Orchidisten des 19. Jahrhunderts. Der Künstler und Graveur Walter Hood Fitch war ein Meister der Anpassung großer, komplexer Pflanzen an das Papierformat für Druckausgaben.

Orchideen sind exquisit, duftend, verführerisch und bestechen durch eine scheinbar unendlichen Vielfalt, die die Sinne verzaubert und einnimmt. Die immense Schönheit der Orchideen macht sie zu einem lukrativen Geschäft. Frauen tragen heute zwar keine Orchideen als Ansteckblumen mehr, und in Brautsträußen müssen Orchideen mit Rosen und Lilien konkurrieren, aber die Gartenmärkte sind voll von Orchideen als Topfpflanzen. Viele sind *Phalaenopsis* oder »Nachtfalter- Orchideen«, die Ähnlichkeit mit den Bewohnern aus der Insektenwelt haben. Groß ist die Auswahl unter den namenlosen Hybriden, die aus südostasiatischen Arten und denen vom indonesischen Archipel (mit Techniken zur Mikrovermehrung) gezüchtet wurden. Sie sind eine Beleidigung für Puristen unter den Orchideenliebhabern, aber ihre weißen, rosafarbenen, violetten und gelben sowie gefleckten und gestreiften, oft duftenden Blüten haben eine Anmut und Eleganz, die einen Hauch von Exotik vermittelt und auf der heimischen Fensterbank tropische Atmosphäre schafft. Das heutige, mehrere Milliarden Dollar schwere Geschäft basiert auf einer langanhaltenden Faszination. Wo immer Orchideen auf unserem Planeten auftreten (außer in der Arktis), werden sie hoch geschätzt.

Konfuzius verband Orchideen mit Reinheit und Moral, und sie wurden zum beliebten Thema für Schriftsteller, die sich lieber aus dem öffentlichen Leben zurückzogen, als den Mongolen der Yuan-Dynastie zu dienen. In der Dichtung und vor allem in Tuschezeichnungen symbolisierten die Orchideen Hochherzigkeit im Unglück. Die Orchideen-Malerei entwickelte sich in China, Japan und Korea zu einer hohen Form der Kunst. Die Pflanzen wurden auch in der chinesischen Medizin verwendet. Verschiedene Arten von *Dendrobium* waren bekannt für ihre stärkenden Kräfte. Sie wurden Shi hu (»an Felsen lebend«) genannt, und man nahm an, dass an freiliegenden Felsen gedeihende Pflanzen widerstandsfähig und robust sein mussten und diese Eigenschaften auch weitergeben. Wie andere chinesische Orchideen enthalten sie Wirkstoffe, die derzeit untersucht werden.

Ähnliche Zusammenhänge zwischen den Merkmalen von Pflanzen und deren medizinischer Anwendung waren im antiken Griechenland und Rom als »Signaturenlehre« bekannt. In Europa wächst nur etwa 1 Prozent der weltweit bekannten Orchideenarten, einschließlich der Mitglieder der Gattungen *Orchis* (griechisch für Hoden) und *Ophrys*, mit gepaarten, unterirdischen, geschwollenen Rhizomen,

Cymbidium Hookerianum. C. grandiflorum Griff.

Cfr. C. giganteum B. M. t. 4844

Die Hybridorchidee *Cypripedium* Morganiae (*Paphiopedilum* Morganiae) aus dem Sammelalbum von John Day (1824–1888), der Orchideen malte – seine eigenen, diejenigen in den Pflanzenschulen Londons, in den Königlichen Botanischen Gärten in Kew und einige vor Ort in den Tropen.

die an die männlichen Geschlechtsorgane erinnerten. In der griechischen Mythologie genoss Orchis sexuelle Abenteuer, die übel endeten. Nach seinem Tod verwandelt, vermachte er der Welt diese sinnlichen Pflanzen. Theophrastus (um 372–288 v. Chr.), Dioskurides (um 40–80 n. Chr.) und Galenos (129– um 210 n. Chr.) assoziierten verschiedene Orchideen mit Fruchtbarkeit und empfahlen sie zur Behandlung entsprechender Erkrankungen. Verschiedene Arten sind vor kurzem auf römischen Monumentalbauten entdeckt worden, als Teil des Frieses auf der Ara Pacis, dem auf Augustus zurückgehenden Friedensaltar, und im Tempel der Venus

Genetrix, den Julius Caesar der Göttin Venus widmete. Im Volksmund gelten diese Pflanzen weiterhin als Aphrodisiakum. Die Türken haben lange ein Speiseeis genossen, das aus Salep – der getrockneten, pulverisierten Wurzel von *Orchis mascula* – zubereitet wird, und sagen ihm eine positive Wirkung nach.

Mit über 26 000 Arten ist die Familie der *Orchidaceae* eine der größten unter den Blütenpflanzen; die meisten wachsen in den Tropen und Subtropen. Viele sind Epiphyten – Luftpflanzen, die hoch oben in den Baumkronen gedeihen. Die Entdeckungsreisen des 17. Jahrhunderts auf der Suche nach den Gewürzen Ostindiens konfrontierten botanisierende Kaufleute, Missionare, Offiziere, Diplomaten und Ärzte mit exotischen Pflanzenwelten. Georg Eberhard Rumphius, der »erste Kaufmann« von Batavia (Jakarta), verfasste das zwölfbändige *Herbarium Amboinense* (publiziert posthum Mitte des 18. Jahrhunderts). Er erfasste neue Arten von Erd- und Luftorchideen; Letztere beschrieb er als »Wilde Aristokraten, die ihre Noblesse durch ihr Leben hoch in den Bäumen zum Ausdruck bringen«.

Orchis mascula, die frühe purpurfarbene Orchidee, die wie *O. morio* in Darwins Forschung verwendet wurde. Die paarigen angeschwollene Rhizome, die zum Namen der Gattung inspirierten, werden mit den Samenkapseln abgebildet; jede devon kann 4000 Samen enthalten. Die Zerstörung ihres Lebensraums (alte Wiesen und Weiden) bedeutet, dass selbst diese üppige Flora sich nicht gegen das Leben im 21. Jahrhundert behaupten kann.

Solche Bücher und die Ankunft der Pflanzen selbst heizten die neue Leidenschaft für Exoten an. Sir Joseph Banks brachte Dendrobium-Orchideen aus Australien mit. Leider gingen viele Exoten auf den langen Seereisen ein. Die Überlebenden konnten in Gewächshäusern am Leben gehalten werden, aber die falsche Annahme, sie seien parasitäre Pflanzen, führte zu fatalen Fehlern bei ihrer Züchtung und zu viel Enttäuschung, wenn sie verwelkten oder keine Blüten ausbildeten. Dem Enthusiasten William Cattley gelang es dennoch – im Jahre 1818 zeigte die »prächtige« *Cattleya labiata* aus dem brasilianischen Orgelpfeifengebirge ihre wahre Schönheit im Gewächshaus und sollte später äußerst populär werden.

Anfangs verließen sich die Gärtnereien auf ihre Kontakte zu Hobby-Botanikern, um an Elternpflanzen zu kommen; später engagierten sie professionelle Pflanzenjäger. Im 19. Jahrhundert nahmen Kunstgärtner wie James Veitch die hohen Kosten in Kauf und entsandten Männer in die Tropen. Gegen Ende des 19. Jahrhunderts hatte die Orchideenmanie in Großbritannien und Nordeuropa verheerende Auswirkungen auf die natürlichen Lebensräume der Pflanzen. Konkurrierende Sammler schnitten Tausende von Orchideen und nahmen alle Pflanzen mit, die sie an einem Ort finden konnten; gelegentlich fällten sie auch die Wirtsbäume, um die Orchideen am Boden einsammeln zu können. Die restlichen Pflanzen wurden vernichtet, um deren Nutzung durch andere zu verhindern.

Zum Aufstocken der gesammelten Pflanzen, von denen viele bei der Ankunft versteigert wurden, experimentierten die Gärtnereien auch mit ihrer Vermehrung und Hybridisierung. Orchideen bildeten oft mehrere Jahre lang keine Samen, und wenn sie es taten, war die Keimung nicht leicht. Orchideen produzieren viele staubförmige Samen. Federleicht schweben sie in der Luft oder auf dem Wasser. Ihre winzige Größe bedeutet, dass sie nicht wie größere Samen über Vorratsspeicher verfügen, die sie bei der Keimung ernähren. Zum Ausgleich entwickelten Orchideen artenspezifische Beziehungen zu Mykorrhiza-Pilzen, die der Pflanze in Symbiose bei der Keimung beistanden. Als dieser Umstand noch nicht bekannt war, züchtete der hartnäckige, talentierte Pflanzenfreund John Dominy, der für

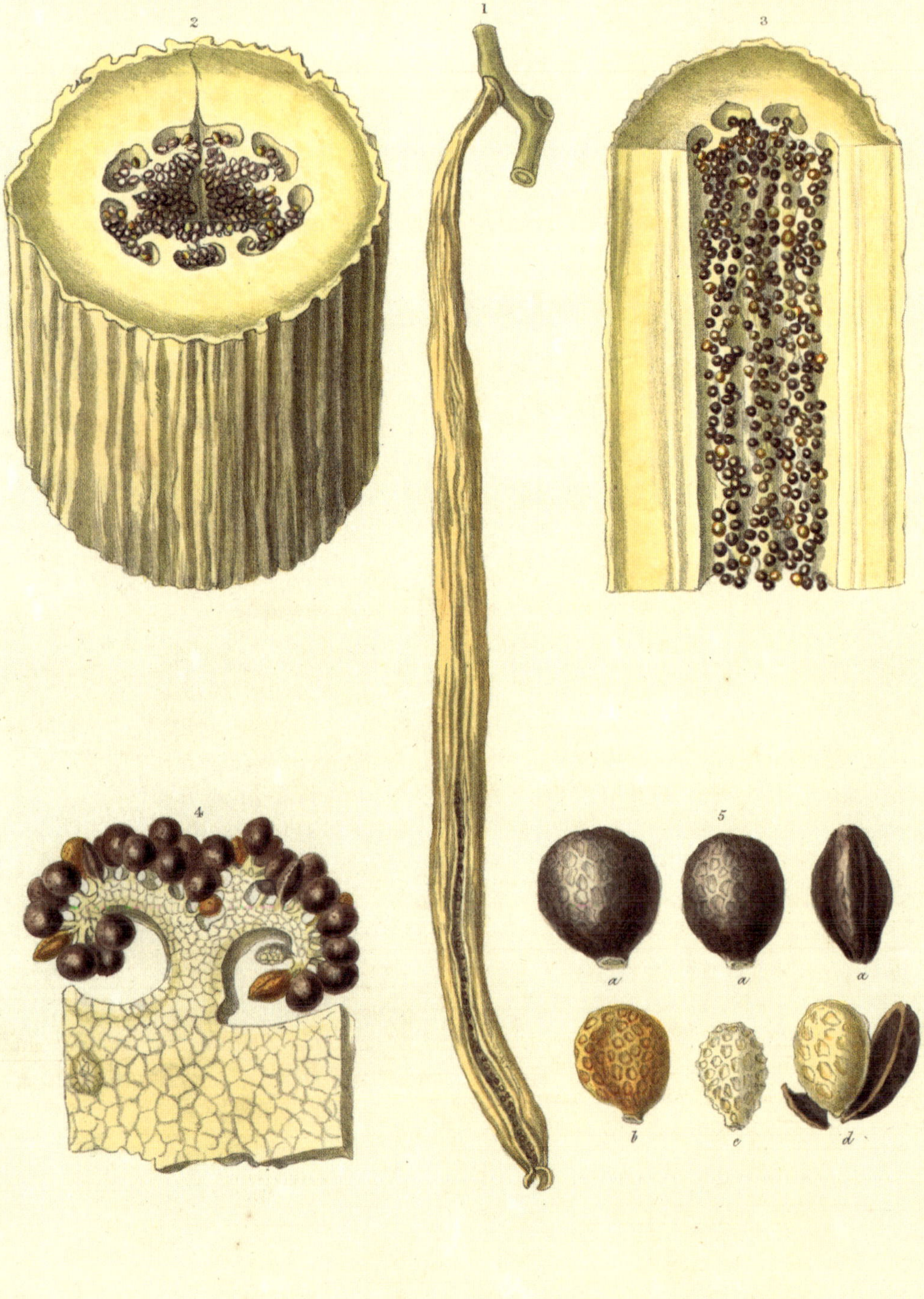

Vanilla planifolia. B.

Franz Bauer del. 1807. Gauci lithog. Printed by C. Hullmandel.

Veitch arbeitete, 1856 die erste blühende Hybrid-Orchidee *Calanthe x dominyi*. Benannt wurde sie ihm zu Ehren vom führenden Orchideenspezialisten John Lindley, der zu Dominy sagte: »Du wirst die Botaniker verrückt machen.«

Charles Darwin behielt seinen Verstand, war aber fasziniert von den Orchideen und deren Fortpflanzungsmethoden. Er wollte die erstaunlichen Beziehungen verstehen, die sich zwischen den verschiedenen Orchideenarten und ihren individuellen Bestäuberinsekten entwickelt hatten. Er arbeitete zunächst mit den einheimischen britischen Orchideen, von denen viele rund um sein Haus in Kent, wuchsen. Darwin beschrieb Orchideen, die weibliche Insekten imitierten und die Männchen zur Paarung verführten; aber statt sich zu paaren, nahmen sie Pollen auf und befruchteten damit die nächste Pflanze. Auch von Freunden und Korrespondenten wurde er mit tropischen Orchideen versorgt. Die atemberaubende weiße Orchidee aus Madagaskar, *Angraecum sesquipedale*, mit ihrem 25 cm langen Nektarium verblüffte ihn. Seine Vermutung, ihr Bestäuber sei eine langrüsselige Motte, erwies sich als richtig. Die im Jahre 1903 identifizierte *Xanthopan morganii praedicta* hat eine Zunge, die tatsächlich den Nektar erreichen und dabei den Pollen aufnehmen kann; sie wurde aber erst 1997 auf frischer Tat ertappt.

Die besondere Beziehung zwischen den Pflanzen und ihren Bestäubern spielte auch bei jener Orchidee eine Rolle, der wohl weltweite Anerkennung gebührt. Nur sehr wenige Menschen mögen keine Vanille mit ihrem komplexen, aromatischen, blumigen Geschmack. Was viele von uns aber nicht wissen: Die wahre Vanille, die so viel besser schmeckt als der synthetische Ersatz (in der Regel aus Lignin hergestellt), kommt von einer Orchidee. Die gebräuchlichste Vanille-Orchidee ist *Vanilla planifolia* (oder *fragrans*). Verehrt von den Totonacs im östlichen Mexiko, wurden ihre fermentierten Bohnen als Tribut an die Azteken gezahlt und aromatisierten das kalte, der Oberschicht vorbehaltene Schokoladengetränk, das auch von Kriegern vor dem Kampf getrunken wurde. Die Totonacs verehrten die Orchidee in dem Glauben, dass die erste Pflanze ihrer Art aus dem Blut einer antiken Prinzessin gewachsen war, die für das Ausreißen mit ihrem Geliebten enthauptet worden war.

Vanille ist heute noch immer teuer, weil sie außerhalb ihrer Heimat von Hand produziert werden muss. Im Jahre 1841 entdeckte Edmond Albius, ein junger, unlängst befreiter Sklave auf Réunion im Indischen Ozean eine einfache Methode der Handbestäubung. Mit dieser neuen Technik überholte die Insel in den 1860er Jahren Mexiko als den weltweit größten Hersteller. In der Folge verbreiteten sich sowohl Albius' Technik als auch die Vanille-Orchidee. Heute sind Madagaskar und Indonesien die führenden Hersteller natürlicher Vanille.

Orchideen faszinieren und überraschen noch immer. 2011 wurde die auf Neubritannien (Papua Neuguinea) neu entdeckte Art *Bulbophyllum nocturnum* dabei beobachtet, wie sie ihre Blüten um 22 Uhr öffnete. Sie ist die erste jemals beobachtete nachtblühende Orchidee. André Schuiteman, Botaniker der botanischen Gärten von Kew, nimmt an, dass der Bestäuber eine kleine Pilzmücke sein könnte, da die Orchideenblüte die Form eines Schleimpilzes hat. Die Welt der Orchideen ist voller Wunder.

Gegenüber: ›Teile einer Frucht der *Vanilla planifolia*‹, der Vanilleorchidee, mit dem Samen in 200-facher Vergrößerung. Der Botaniker und Orchideenkenner John Lindley und der berühmte Künstler Francis Bauer haben gemeinsam das Werk *Illustrations of Orchidaceous Plants* (1830–1838) herausgebracht; es wurde als fundamentale Arbeit über Orchideen gewertet.

›Pivoine odorante‹, aus P. J. Redoutés *Choix des plus belles fleurs* (1827–1833). Die Strauchpfingstrose, *P. suffruticosa*, kommt aus China, wo sie lange eifrig kultiviert wurde. Mit großer Ehrfurcht durch die Kaiser der Tang-Dynastie wurden ihre massiven Blüten zur Verzierung der Kaiserpaläste benutzt. Sie waren noch relativ neu und sehr gefragt, als Redouté sie Anfang des 19. Jahrhunderts malte.

Pfingstrose

Paeonia spp.

Die Blume des Reichtums und der Ehre

Vor der kaiserlichen Audienzhalle wurden viele tausendblättrige Baumpfingstrosen gepflanzt … der Kaiser seufzte und sagte: »Mit Sicherheit gab es noch nie zuvor so eine Blume unter den Sterblichen.«

Chinesischer Schriftsteller, 9. Jahrhundert

In einigen griechischen Sagen war Paian ein Heiler. Er heilte die Wunden von Hades und Ares und wurde zur Belohnung nach seinem Tod in eine Päonie (Pfingstrose) verwandelt. Die Geschichte könnte sich auf eine oder mehrere der fünf Arten von Staudenpfingstrosen beziehen, die die Hänge Griechenlands und der griechischen Inseln zierten. Paiawon wird in einer Liste von Gottheiten auf einer Linear-B-Tafel in Knossos (auf Kreta) erwähnt, also war damit vielleicht die kretische reinweiße einblättrige *P. clusii* gemeint. Die Wurzeln dieser Pflanze enthalten große Mengen des flüchtigen antimikrobiellen Päonols. Die tiefbraune *P. parnassica* vom Berg Parnassos enthält Methylsalicylat (ähnlich wie Aspirin), könnte also bei äußerer Anwendung Schmerzen und Verstauchungen gelindert haben.

Aber keine dieser Arten machte den bewährten Heilkräutern Konkurrenz. Im 1. Jahrhundert n. Chr. beschrieb Dioskurides medizinische Anwendungen für Pfingstrosen und verwies auf zwei Arten – männliche und weibliche. Gemeint war nicht die Fortpflanzungsstrategie der Pflanze, die damals keine Beachtung fand (außerdem sind Pfingstrosen Zwitter), sondern ihre Robustheit. *P. mascula* (die Balkan-Pfingstrose) wird als männlich bezeichnet, *P. officinalis* als weiblich. »Sie« dominierte in der Medizin und fand Anklang als winterharte Gartenpflanze. Im mittelalterlichen Europa waren Pfingstrosen Teil »edler Gärten«. Die gemahlenen Samen wurden als Gewürz verwendet und die gebratenen oder gebackenen Wurzeln zu Schweinebraten gegessen, denn ihre Herbheit war der perfekte Kontrast zu fettigem Fleisch. Weiße und rote Blüten mit ihren auffälligen vielblättrigen Blütenkronen wurden gezüchtet: Die Pfingstrosen-Schwärmerei war in vollem Gange.

Staudenpfingstrosen erstrecken sich von Spanien bis nach Japan und von der Halbinsel Kola am Polarkreis bis nach Marokko (es gibt auch zwei weitere Staudenarten in Nordwestamerika und Mexiko). China ist die Heimat von acht Spezies der Baumpfingstrosen. Bekannt unter dem Namen Mudan (oder Moutan, oft *P. suffruticosa*) sind die dort heimischen Pfingstrosen größere Holzgewächse, die ihre eigene Mystik und ihren eigenen Glanz gewonnen haben. Ihr Name soll sich von Mudang – dem sagenumwobenen Kaiser der Blumen – ableiten. Während der Tang-Dynastie (618–907) gab es am Hof und darüber hinaus eine regelrechte Manie um die Strauchpfingstrosen; sie inspirierten Dichter und Künstler. Einige wechselten ihren Besitzer für hundert Unzen Gold, und Gärtner züchteten

Aquarell der ›*Paeonia daurica*‹ – diese krautartige Pfingstrose wächst von Kroatien bis in den Iran, über die Türkei und den Kaukasus. In der Vergangenheit bestand einige Unklarheit über ihre Beziehung zu *P. mascula*, der ›männlichen‹ Pfingstrose aus dem großen Pflanzenbuch von Dioscorides aus dem 1. Jahrhundert n. Chr. Jüngste wissenschaftliche Arbeiten haben sie jedoch als separate Art bestätigt.

Pflanzen mit Blüten von 30 cm Durchmesser. Die ebenfalls aus China stammende krautartige *P. lactifora* wurde im großen Maßstab als Heilkraut angebaut.

Im 8. Jahrhundert nahmen buddhistische Mönche die Baumpfingstrose mit nach Japan. Dort entwickelten die Gärtner die kaiserlichen Pfingstrosen und später Blüten in Anemonenform; die Pflanzen erhielten aufwendige Namen. Die Gärtner manipulierten die Staubblätter (männliche Blütenteile) so weit, bis sie schmalen Blütenblättern ähnelten und die Blütenkrone scheinbar ganz ausfüllten.

Nach ihrer Einführung durch Sir Joseph Banks Ende des 18. Jahrhunderts wurden die Baumpfingstrosen eine Sensation in den Gärten der europäischen Elite. Aus *P. officinalis* und *P. lactiflora* gingen wunderschöne Nachkommen hervor. Pflanzenjäger suchten im Osten nach neuen Arten, was aber nicht einfach war, da Chinas Grenzen nur schwer passierbar waren. Aber Beharrlichkeit zahlte sich aus, so auch für den Japaner Toichi Itoh, der sich den Wunsch nach einer doppelt gelben Blüte erfüllen konnte, als ihm die Kreuzung von Baum- und Staudenpflanzen gelang. Leider starb er, bevor seine Pflanzen 1963 ihre Blüte erreichten.

Wunder der Natur

Die außergewöhnliche Welt der Pflanzen

Aquarell einer roten Seerose, die zwischen 1860 und 1870 von Mrs. Fanny C. Russell in Indien gemalt wurde.

Ist es unfair, einige Pflanzen gegenüber anderen zu bevorzugen, weil wir sie als faszinieren oder vielleicht sogar abstoßend empfinden? Es gibt Pflanzen, die große Verwunderung hervorgerufen, und selbst Menschen, die schon vieles gesehen haben, zum Staunen gebracht haben. Die Pflanzenwunder der Natur sind nicht nur eine Sinnesfreude. Ihre Anpassungen helfen uns dabei, die Geschichte des Lebens auf der Erde in all seiner Fülle und Zähigkeit zu enthüllen.

Die eigenartigen Baobab-Bäume, die auf dem Kopf zu stehen scheinen, wachsen in den trockenen Regionen Afrikas, Madagaskars und Australiens. Sie dienen als riesige Wassertürme und die indigene Bevölkerung zapft den geschwollenen Baum buchstäblich an, um an das gespeicherte Wasser zu kommen. Welwitschien werden mit der Wasserknappheit auf andere Weise fertig – von ihren ständig wachsenden Blätter bis zu einer besonderen Art des Stoffwechsels. Die kompakten, kleinwüchsigen Welwitschien sitzen die saisonale Trockenheit und die Sandstürme ihrer Heimat in der Namibwüste einfach aus. Bis heute haben sie als Spezies aus der Zeit der Dinosaurier überlebt.

Wie die Welwitschien für ihre Hässlichkeit bekannt sind, so bestreiten nur wenige die Schönheit der Riesenseerose, die in den Gewässern Südamerikas heimisch ist. Während die nach Ananas duftenden Blüten die Aufmerksamkeit ihrer Bestäuber auf sich ziehen, war der Aufbau ihrer Blätter – eine Lehrstunde der Pflanzentechnik – Inspiration für den Londoner Crystal Palace, der 1851 die Weltausstellung

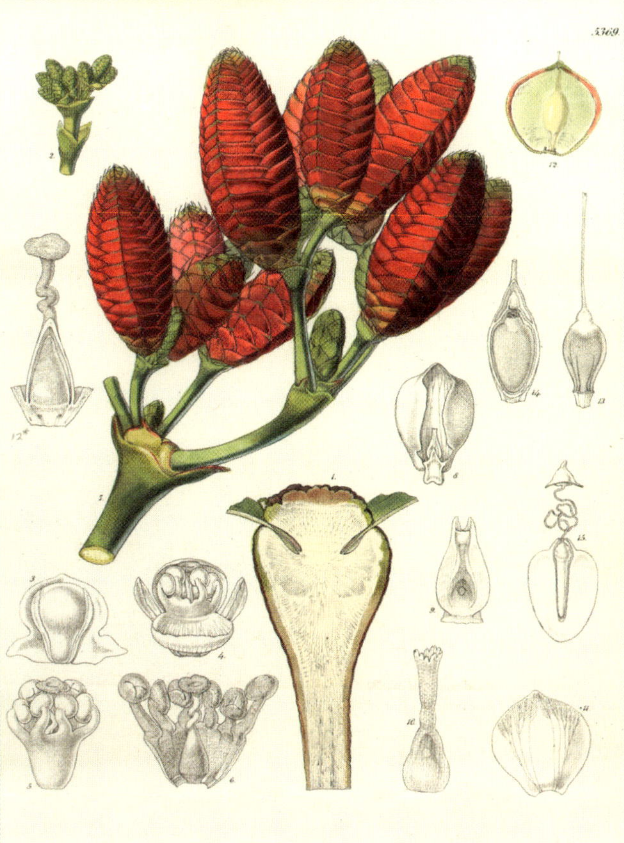

beherbergte. Die Evolution hat in der Natur zu nahezu optimalen Konfigurationen geführt. Die Anordnung der Samen im Kopf einer Sonnenblume sowie die Fähigkeit der Pflanze, dem Sonnenlicht zu folgen, inspirieren die Solartechnik.

Kannenpflanzen und die riesigen Rafflesien finden die von ihnen benötigten Nährstoffe sehr einfach. Kannenpflanzen wachsen in stickstoffarmen Gebieten und gleichen diesen Mangel durch das Fangen von Insekten (manchmal auch größerer Beute). Ihre »Kanne« enthält eine Lösung aus sauren Verdauungsenzymen. Im 19. Jahrhundert waren diese Pflanzen ein »Must-have« in den Treibhäusern, wodurch ihre Ausbeutung in der Wildnis bedrohliche Formen annahm. Rafflesien haben die größten Einzelblüten der Welt. Sie sind Parasiten, gedeihen auf den Wurzeln tropischer Kletterpflanzen und ziehen ihre Bestäuber, die Aasfliegen, durch den Geruch verrottenden Fleisches an. Der Verlust des Kletterpflanzenwirts durch die Zerstörung der Wälder bedeutet auch, dass diese außergewöhnlichen Pflanzen verschwinden werden.

Die Zerstörung der Lebensräume durch die Menschen trifft die Natur wie die Atombombe auf Hiroshima am Ende des Zweiten Weltkriegs. Knappe zwei Kilometer vom Epizentrum der Bombe entfernt wuchs ein Ginkgo-Baum wie der Phönix aus seinen verbrannten Überresten empor. Unsere Beziehung zur Pflanzenwelt ist uralt und ihr Nutzen für uns scheint grenzenlos zu sein. Neben der reinen Zweckmäßigkeit lösen viele Pflanzen auch ein Fest der Sinne aus.

Oben links: Die sonderbare hängende Blüte des Baobab-Baums; als Aquarell, womöglich nach den Exemplaren, die um die Wende zum 19. Jahrhundert im Botanischen Garten von Kalkutta wuchsen.

Oben rechts: Details der *Welwitschia mirabilis*, mit dem Ansatzpunkt der Blätter (unten in der Mitte) sowie Zapfen, Teilen der Blüte und Samen, die den Reproduktionsapparat dieser erstaunlichen Pflanze bilden.

Blüte und Blatt des Baobab, mit der Frucht im Hintergrund, aus *Curtis's Botanical Magazine* (1828). Das Volk der Mandingo in Westafrika soll mit diesen Früchten Handel getrieben haben. Beschädigte Früchte wurden verbrannt und die Asche mit ranzigem Palmöl zu Seife gekocht. Getrocknete Blätter wurden als Zutaten für Speisen und im medizinischen Bereich verwendet.

Baobab

Adansonia spp.

Der kopfstehende Baum

Sie brachten mich an eine bestimmte Stelle, von wo ich eine Herde Antilopen sah; aber ich vergaß alle Gedanken an die Jagd, als ich einen Baum von ungeheurer Stärke erblickte, der meine ganze Aufmerksamkeit auf sich zog.

Michel Adanson

Nach einem afrikanischen Schöpfungsmythos gab Gott jedem Tier seinen eigenen Baum. Die Hyäne war dabei das letzte und erhielt den Baobab. Sie war von ihm so angewidert, dass sie ihn in die Luft schleuderte und er kopfüber landete: Die Äste des Baobab sehen wie ein Wurzelsystem aus. Er schon immer eine botanische Kuriosität; für diejenigen, die in den Gebieten seiner geographischen Verbreitung lebten, war er jedoch der vollendete Baum.

Die Gattung *Adansonia* ist nach dem französischen Naturforscher Michel Adanson benannt, der dem Baobab erstmals 1750 begegnete. Der Baum war in Ägypten und im Nahen Osten seit Jahrhunderten bekannt und wurde vor allem wegen seiner Früchte geschätzt – mit Wasser vermischt ergeben sie ein erfrischendes Getränk. Der Name der auf den Märkten Kairos verkauften Frucht wurde im späten 16. Jahrhundert von einem venezianischen Naturforscher als *bu hobab* aufgeschnappt, es könnte aber auch *bu hibab* (»Frucht mit vielen Samen«) gewesen sein. Vor Ort wurden alle Teile des Baumes verwendet: Die Blätter und Blüten wurden als Salat gegessen, die Samen wie Kaffeebohnen geröstet, die biegsame Rinde zu Seilen geklopft oder ihre Fasern zu Stoff gewebt. Aus der harten Schale der Frucht wurden Behältnisse gefertigt. Die riesigen, hohlen Stämme älterer Bäume konnten große Mengen Wasser speichern, das dann während der Trockenzeit verfügbar war. Für eine einfachere Wasserentnahme wurden die Bäume gelegentlich mit einem Zapfhahn versehen. Wegen ihrer enormen Größe und dem hohlen Innern wurden die Stämme vielseitig genutzt – etwa als Gasthaus oder Gefängnis.

Mit etwa 30 m Stammumfang sind die Bäume dieser Gattung gewaltiger als die Riesenmammutbäume Kaliforniens (S. 168), und die frühen Naturforscher gingen davon aus, dass Baobab unglaublich alt werden. Adanson schloss aus der Tatsache, dass zwei Bäume, die im 15. und 16. Jahrhundert von Reisenden erfasst worden waren, zwischen damals und seiner Ankunft nur wenig an Größe zugelegt hatten, dass die Bäume ein Alter von über 5000 Jahren haben. Der Entdecker und Missionar David Livingstone verehrte die Bäume zwar, glaubte aber nicht, dass sie die Sintflut überlebt hatten. Moderne Schätzungen geben dem Baum eine maximale Lebensdauer von etwa 2000 Jahren, obwohl eine genaue Bestimmung schwierig ist.

Auch die natürliche Verbreitung der Baobab ist ungewöhnlich. Die Gattung besteht aus acht Arten. Der afrikanische (*Adansonia digitata*) kommt am häufigsten

vor. Er bevorzugt relativ trockene Savannen, etwa 450–600 m über dem Meeresspiegel. Es gibt auch eine einzelne australische Art (*A. gibbosa*), heimisch in der westlichen Region Kimberly. Alle weiteren sechs Arten sind in Madagaskar heimisch, wo der Baobab mit großer Sicherheit auch seinen Ursprung hat. Es wird vermutet, dass die Früchte mit ihrer harten Schale vielleicht vor einer Million Jahren die relativ kurze Entfernung von Madagaskar bis an die afrikanische Küste trieben und auch die wesentlich längere Reise bis nach Australien überstanden. Im Laufe der Zeit brachten unterschiedliche Umweltbedingungen die beiden neuen Spezies hervor.

Seine ungewöhnliche Größe und Form sowie die vielen Nutzungsmöglichkeiten verliehen dem Baobab eine besondere Bedeutung bei den Ureinwohnern. Die Bäume konnten eine spirituelle Bedeutung haben und waren Orte der Anbetung. Viele besitzen individuelle Namen, und wenn sie sterben, werden Bestattungsriten vollzogen. Die Fähigkeit, aus herabgefallenen Ästen neue Stämme wachsen zu lassen, bedeutet, dass sich ein einzelner Baum über eine große Fläche ausbreiten kann. Obwohl in vielen tropischen Ländern Solitärbäume gezogen werden, sind heute mindestens zwei von Madagaskars sechs Arten von Rodungen und Vernachlässigung bedroht.

›Baobab in der Nähe des Lue-Ufers‹, ein Ölgemälde von Thomas Baines, der den enormen Umfang dieser Bäume 1858 an einem Nebenfluss des Zambezi festhält. Die europäischen Reisenden waren nicht zuletzt vom Gebrauch der hohlen Baobab-Stämme als Grabkammer für afrikanische Barden oder Griots fasziniert. Diesen Toten wurde die Beerdigung verweigert, aus Furcht, ihre Beteiligung am Okkultismus zu Lebzeiten könne den Boden oder das Wasser verseuchen. In der trockenen Hitze mumifizierten ihre Körper.

Welwitschie

Welwitschia mirabilis

Das seltsame Wüstenphänomen

Ohne Frage ist sie die wunderbarste Pflanze, die je in dieses Land gebracht wurde – und die hässlichste.

Joseph Dalton Hooker, 1862

Die Namib, eine der ältesten Wüsten der Welt, verläuft entlang der Atlantikküstenebene Südwestafrikas. Die Niederschläge sind spärlich und unregelmäßig. Küstennebel bringen Tropfen für Tropfen das lebenswichtige Wasser für die Pflanzen und Tiere. Auf einem schmalen Streifen im Norden der Wüstenregion gedeiht die »hässlichste« Pflanze der Welt. Die *Welwitschia mirabilis* mag nicht schön sein, aber auf jeden Fall ist sie außergewöhnlich.

Ihre wassersuchende Pfahlwurzel steckt tief in der Erde. Nahe der Oberfläche reicht ein Netzwerk aus schwammigen Wurzeln aus ihr heraus, um jedes bisschen Grundwasser aus den selten fließenden Wasserläufen zu extrahieren. Darüber beginnt ein kurzer, teilweise im Wüstenboden verschwindender, holziger Stamm mit einem schalenförmigen Abschluss. Zu beiden Seiten des Stammes entspringt ein einzelnes Blatt, obwohl manche Pflanzen mehr als einen Satz Blätter haben. Die Blätter wachsen von der Basis unbegrenzt weiter und legen über 600 Jahre lang jedes Jahr mindestens 10–15 cm an Länge zu. Fällt ein Blatt ab, stirbt die Pflanze. Über diesen langen Zeitraum hinweg werden die Blätter durch Sandstürme in Streifen zerfetzt, wodurch die Illusion entsteht, es seien mehr als nur zwei. Sie bieten Nahrung für umherstreifende Tiere wie Antilopen oder Nashörner, aber auch für kleine Insekten, die als Gliederfüßer bekannt sind.

Wüsten stellen enorme Anforderungen an ihre Flora, und die großen Blätter erscheinen in dieser Umgebung eigenartig. Welwitschien können die Sonnenstrahlen besser reflektieren als die meisten anderen Pflanzen, aber ihnen fehlen einige der üblichen Blatteigenschaften wie bei anderen Wüstenbewohnern – kleine Gestalt, spezialisierte Wasserspeicherorgane und wachsartige Oberflächen. Sie haben dafür aber eine Methode entwickelt, mit der sie ihre Spaltöffnungen – die winzigen Poren, die den Wasser- und Gasaustausch ermöglichen – flexibel öffnen und schließen können; sie sind auch in der Lage, den Kohlenstoff (aus dem Kohlendioxid der Luft) als organische Säure für die Photosynthese zu speichern.

Die Welwitschie ist eine uralte Pflanze. Ihre direkten Vorfahren können über 200 Millionen Jahre zurückverfolgt werden, als sich die Samenpflanzen gerade durchsetzten. Fossilien zeigen, dass die Familie *Welwitschia* einst über ihre heutige Heimat hinaus viel weiter verbreitet war und dass diese Pflanzen in viel feuchteren Gebieten lebten als heute. Sie existierten wohl bereits, als sich der afrikanische und

Ein jüngeres (oben) und ein reiferes Exemplar (unten) der *Welwitschia mirabilis* (nicht in gleicher Größenordnung). Die Blätter der älteren Pflanze haben ein charakteristisches zerrissenes Erscheinungsbild, das vom langen Leben in den Wüstenwinden zeugt.

der südamerikanische Kontinent trennten, und sie überdauerten auch das Aussterben der Dinosaurier. Aber Teil der modernen Botanik wurden sie erst in den 1860er Jahren, als die Berichte und das biologische Material zweier Entdecker das Zentrum der botanischen Welt – die königlichen Botanischen Gärten in Kew, London – erreichten.

Die Pflanze ist nach Friedrich Welwitsch benannt, einem in Österreich geborenen Arzt, Botaniker und Entdecker, der im Auftrag der portugiesischen Regierung stand und die seltsame Pflanze im südlichsten Teil der Kolonie Angola fand. Obwohl die Pflanze sofort die Aufmerksamkeit der botanischen Gemeinschaft auf sich zog, waren seine Auftraggeber enttäuscht. Welwitschia mag eine einzigartige Pflanze gewesen sein, hatte aber keine wirtschaftliche Bedeutung.

Der englische Künstler und Entdecker Thomas Baines durchzog die Namibwüste und schickte biologisches Material nach Kew, wo Joseph Dalton Hooker viele mühsame Stunden am Mikroskop verbrachte. Das Ergebnis war ein herausragendes Buch über diese eigenartige Pflanze. Es mag harte Arbeit gewesen sein, aber es war nicht vergleichbar mit Welwitschs Leiden auf seiner Suche nach Pflanzen. Wie häufig unter Entdeckern ertrug er Malaria, Ruhr, Skorbut und geschwürige Beine. Und all dies für eine Pflanze, »bei der er nichts anderes machen konnte, als auf dem brennendheißen Boden niederzuknien und sie anzustarren … halb in Furcht davor, sie könne sich nach einer Berührung als Hirngespinst erweisen.«

Riesenseerose

Victoria amazonica

»Ein Pflanzenwunder«

Die Größe und Schönheit dieser Pflanze lässt sich nicht in Worte fassen.

Joseph Paxton an den Herzog von Devonshire, 2. November 1849

Das »Pflanzenwunder« zu finden war etwas ganz Besonderes für Robert Schomburgk. Seine Erkundung der Flüsse Guyanas im Auftrag der britischen Royal Geographical Society war nervenaufreibend gewesen, aber am 1. Januar 1837 stieß er in einem flachen Becken des Flusses Berbice auf die massiven Blätter der Riesenseerose (bis zu 2,5 m im Durchmesser), die ruhig auf dem Wasser trieben. Die immensen weißen und rosafarbenen Blüten (30 cm im Durchmesser) ruhten auf dicken, stacheligen Stielen, und als die Nacht hereinbrach, nahm Schomburgk ihren ananasähnlichen Duft wahr. Er war zwar nicht der erste Europäer, der diese Pflanze zu sehen bekam (der Erstkontakt geschah in Bolivien 1801), aber ihre Wiederentdeckung wurde gefeiert. Die von Schomburgk nach London geschickten und erfolgreich von William Hooker, dem Direktor der Botanischen Gärten von Kew, zum Keimen gebrachten Samen sorgten für die ersten außerhalb Südamerikas blühenden Exemplare dieser Pflanze.

Die Riesenseerose, zu Ehren der britischen Königin *Victoria amazonica* benannt, erregte Aufsehen, als es Joseph Paxton, dem Obergärtner des Herzogs von Devonshire, in Chatsworth gelang, die aus Kew erhaltene Pflanze im November 1849 zur Blüte zu bringen. Paxton musste für die Seerose ein geeignetes Gewächshaus mit beheizten Becken entwerfen, unter Berücksichtigung ihrer typischen Wachstumsrate von 15 cm pro Tag und ihres Wärmebedarfs. Dieser talentierte Mann entwarf auch das Modell für den Crystal Palace, der 1851 die Weltausstellung beherbergte. Inspiration für beide Bauwerke (Seerosenhaus und Crystal Palace) fand Paxton in der Natur – und zwar an der Unterseite der Seerosenblätter, einer »technischen Meisterleistung der Natur«.

Die Leser der *Illustrated London News* kannten bereits das skurrile Bild von Paxtons Tochter Annie, die auf einem Seerosenblatt stand, wobei sich ihr Gewicht auf ein Metalltablett verteilte. Bei einer Versammlung der Society of Arts erklärte Paxton – mit dem Stück eines Blattes als Requisit –, wie er die Tragfähigkeit der Pflanze für den Entwurf seines innovativen Wölbdaches nutzte: Ausleger erstrecken sich vom Zentrum des Blattes bis zum Blattrand, und es besteht ein Verbindungssystem aus starken, aber dennoch flexiblen Rippen und Querverstrebungen.

Die Blüte ist ein Wunder, das nur 48 Stunden währt. An ihrem ersten Abend öffnet sie sich weiß und duftend; erwärmt durch eine thermochemische Reaktion,

Die faszinierende Blüte und ein Querschnitt des ebenso eindrucksvollen Blattes der Riesenseerose. Wie Joseph Paxton haben viele Botaniker die Architektur des Blattes sorgfältig studiert, um zu verstehen, was seine Verformung in unruhigem Wasser verhindert. Die enorme Oberfläche muss auch im Stande sein, Wasser zu dränieren. Die leicht abgeflachten Rippen lassen das Oberflächenwasser zu den zwei Dränagehöhlen fließen, und das Wasser wird später über spezielle Poren abgegeben.

zieht die weibliche Blüte den sie bestäubenden Käfer an, der bereits mit Pollen beladen ist. Dann klappt die Blüte zu und schließt dabei den Käfer ein, der sich im Inneren nährt, wärmt und die Blüte befruchtet. Danach wechselt die Blüte ihre Farbe von Weiß nach Rosa und ist von nun an männlich. Ohne Wärme und Duft öffnet sich die Blüte am nächsten Abend wieder und gibt den mit frischen Pollen bedeckten Käfer frei, der sich nun erneut auf die Suche nach weißer duftender Wärme macht. Die befruchtete Blüte schließt sich zum letzten Mal und verschwindet im Wasser.

Diese Synergie von Käfer und Seerose existiert wohl bereits seit sehr langer Zeit. Etwa 90 Millionen Jahre alte Fossilien von *Microvictoria svikoana* werden zusammen mit *Victoria* in die Familie der Nymphaeaceae eingeordnet. Zwischen dem Aufbau der heutigen Blüten und der Fossilien in einer alten Tongrube bei Sayreville, New Jersey, USA gibt es Übereinstimmungen, die nahelegen, dass diese uralten Blüten auch von Insekten bestäubt wurden. Anders ist allein die Größe. Die *Microvictoria* sind winzig, nur 1,6 mm im Durchmesser. Diese alte Linie kann uns viel über die Entstehung der Bedecktsamer (Blütenpflanzen) verraten. Schomburgk wäre über dieses neue, fossile »Pflanzenwunder« bestimmt erfreut gewesen.

Kannenpflanze

Nepenthes spp.

In der Falle gefangen

Ich kann nur einige der auffallenden Pflanzen Borneos nennen. Die wundervollen Kannenpflanzen [...] kommen hier zu ihrer größten Entwicklung.

Alfred Russel Wallace, 1902

Nepenthes distillatoria, die Kannenpflanze Sri Lankas, war eine der am ersten abgebildeten Pflanzen in der botanischen Literatur des späten 17. Jahrhunderts. Ihre Stängel wurden traditionell gedreht und als Rinderseile verwendet.

Grundsätzlich gilt: Insekten (und andere Tiere) fressen Pflanzen – aber einige Pflanzen schlagen zurück. Rund 650 Pflanzenarten (und einige Pilze) locken Tiere an und verdauen sie – meist Insekten, aber gelegentlich auch größere Beute. Dies scheint der Naturordnung so sehr zu widersprechen, dass der große Naturforscher Linné es nicht glauben wollte, obwohl bereits viele Beispiele beobachtet worden waren. Charles Darwin, dessen klassisches Buch von 1875 sie in der Welt bekannter machte, nannte solche Pflanzen »insektivor« (insektenfressend), aber ihre breitere Nutzung tierischer Produkte bedeutet, dass heute »carnivor« (fleischfressend) die bevorzugte Bezeichnung ist.

Die weit verbreiteten und zu verschiedenen botanischen Gruppen gehörenden fleischfressenden Pflanzen verwenden eine Vielzahl aktiver und passiver Techniken, um ihr Abendessen einzufangen. Oft besiedeln sie Feuchtgebiete, obwohl einige wenige sich an trockeneres Klima angepasst haben. Einige, darunter die Venus-Fliegenfalle (*Dionaea muscipula* – Darwin nannte sie »die schönste Pflanze der Welt«), produzieren klebrige Ausscheidungen, die ihre Beute anlocken, und danach schappt die Falle zu. Andere verbreiten anziehende Düfte. Kannenpflanzen, benannt nach der bemerkenswerten Form ihrer Blätter, die wie Krüge oder Kannen geformt sind, verhalten sich passiv und ziehen Insekten oder andere Tiere durch Farbe, Duft oder Nektar an; die Beute fällt in die Flüssigkeit in den Blättern. Die Kannen variieren sehr in Farbe, Form und Größe; manche können bis zu 2 Liter Flüssigkeit fassen, und selbst Ratten wurden bereits in ihnen gefunden.

Die Flüssigkeit im Inneren ist von Natur aus leicht sauer, wenn auch oft mit Regenwasser verdünnt. Viele Arten besitzen über der Kannenöffnung eine Klappe, um die Menge des einfallenden Niederschlags zu begrenzen. Auf der Innenseite der Kanne befindet sich ein Bereich mit einem wachsartigen Sekret. Bei der Berührung durch einen Eindringling lösen sich die Kristalle an der Oberfläche ab, sodass die innere Schicht extrem rutschig wird. Geht etwas in die Falle, steigt der Säuregehalt der Flüssigkeit in der Kanne dramatisch an. Dies hilft den Verdauungsenzymen beim Abbau der Gewebe des Opfers, aus dem die Pflanze Stickstoff und andere Nährstoffe absorbiert. Die Wände der Kanne sind dünn, aber extrem robust.

Die asiatischen Kannenpflanzen gehören der Gattung *Nepenthes* an. Sie besteht aus etwa 110 Arten, die in den tropischen Regionen von Indien bis Nordaustralien

verbreitet sind, mit der höchsten Dichte im Malaiischen Archipel. Obwohl die Gattung groß ist, sind die einzelnen Arten in der Regel nicht weit verbreitet, und einige Arten sind nur durch ein einziges Exemplar bekannt geworden. Viele Spezies sind sehr kräftig und wachsen gut auf Ödland. Einige von ihnen sind Sträucher, die meisten aber Kletterpflanzen und können bis zu 20 m lang werden. Manche wachsen aus Baumstämmen heraus, andere auf sehr trockenen, steinigen Böden.

Im späten 18. Jahrhundert waren die Europäer von den heimgeschickten Exemplaren äußerst fasziniert, und während der Viktorianischen Zeit züchtete man sie in Treibhäusern. Eine Herausforderung für die Gärtner war es, die geeigneten Wachstumsbedingungen für eine bestimmte Art nachzustellen. Heute wird der Handel mit allen *Nepenthes*-Arten kontrolliert.

Die Ausbildung einer »Kanne«, um Tiere in die Falle zu locken, existiert auch in einer Pflanzenfamilie der Neuen Welt. Dazu gehören die *Kobralilie* und mehrere Arten der Gattung *Sarracenia*. In einer »Wie du mir, so ich dir«-Manier nutzen Mücken, die gegen die Verdauungsenzyme einer Pflanzenart resistent sind, die Flüssigkeit im Inneren der Kanne als Aufzuchtbecken für ihren Nachwuchs.

Die Knospen der *Rafflesia patma* vergrößern sich nach dem Austreten aus den Hauptwurzeln über einen langen Zeitraum. In ihrem natürlichen Lebensraum, dem Wald, sind sie Gefahren ausgesetzt: Säugetiere, wie Stachelschweine und Spitzhörnchen, fressen sie, Krähen beschädigen sie auf ihrer Suche nach Insekten, und zahlreiche Tiere zertrampeln sie.

Rafflesie

Rafflesia arnoldii

Die größte Blüte der Welt

Kommen Sie mit mir, kommen Sie! Eine Blüte, sehr groß, schön und wunderbar!

Joseph Arnold, Brief an Dawson Turner, Pulau Lebar am Manna-Fluss, Sumatra, Mai 1818

Am 19. Mai 1818 traf Dr. Joseph Arnold beim Botanisieren in den Regenwäldern des südlichen Sumatra auf die, wie er dachte, größte Blüte der Welt. Mit bis zu einem Meter Durchmesser und einem Gewicht von sieben Kilogramm hat die *Rafflesia arnoldii* ihren Platz an der Spitze der Liga großer Blüten gehalten. Aber die Größe ist nur eine ihrer faszinierenden Eigenschaften.

Der Marinearzt Arnold war mit Sir Stamford Raffles befreundet, seinerseits selbst ein begeisterter Hobby-Naturforscher, der 1817 zum Vizegouverneur von Benkulen (Bengkulu) an der Westküste von Sumatra ernannt worden war. Raffles war hocherfreut, als Arnold den Posten des Naturforschers annahm. Während einer Exkursion in den Regenwald, zwei Tagesreisen flussaufwärts von der Küste entfernt, kam ein Dienstbote mit der Neuigkeit dieses »größten Wunders der Pflanzenwelt« angelaufen. Etwas mehr als fünf Wochen später starb Arnold an Fieber, wahrscheinlich Malaria. Die Pflanze wurde zu Ehren der beiden Männer später *Rafflesia arnoldii* genannt.

Arnold war nicht der erste Europäer, der eine *Rafflesia* zu Gesicht bekam. Diese Ehre gebührt Louis August Deschamps, der 1797 eine kleinere Spezies entdeckte, die später *Rafflesia patma* genannt wurde. Ungefähr 19 Arten wurden bis heute identifiziert, verstreut auf den Inseln Sumatra, Java, Borneo, den Philippinen und auf der malaiischen/thailändischen Halbinsel. Sie sind seltene Pflanzen und ihr Lebensraum ist von Zerstörung bedroht, da die Regenwälder gerodet werden.

Alle *Rafflesia* sind Parasiten. Sie haben keine Blätter, Stängel oder Wurzeln, und ohne Chlorophyll betreiben sie keine Photosynthese. Die längste Zeit ihres Lebens verbringen sie als fadenförmige Filamente im inneren Gewebe ihrer Wirtspflanzen, einigen Arten der Kletterpflanzen *Tetrastigma* (aus der Familie der Trauben).

Die seltsamen Blüten treten aus der Wurzelrinde der Kletterpflanze als dicht geschlossene Knospen hervor, wachsen so lange, bis ihre Form einem Kohlkopf ähnelt, und entfalten dann fünf dicke, warzig aussehende Blütenblätter. Es gibt männliche und weibliche Blüten. Die Pollen werden durch Aasfliegen von einer Blüte zur anderen übertragen. Diese kurzlebigen Riesen (die Blüte dauert fünf Tage) ähneln verrottendem Fleisch und riechen auch entsprechend – daher werden sie auch als »Stinkblumen« bezeichnet. Für ihre Hilfe bei der Bestäubung erhalten die Fliegen keinen Lohn: *Rafflesia* sind doppelt parasitär.

Die Nachahmung von Aas wird häufig mit floralem Gigantismus assoziiert und mag zum Teil auch der Grund sein, weshalb sich diese großen Blüten entwickelt haben. Neben der raschen Vergrößerung der *Rafflesia*-Blüte geschah auch ein Umschwung zur Bestäubung durch Aasfliegen oder -käfer (Sapromyophilie). Es kam zu einer Art Wettrüsten: Je größer die Blume, desto attraktiver ist sie und umso häufiger wird sie besucht – besonders dann, wenn große Stücke Aas bevorzugt werden. Vielleicht war dies für die verschiedenen Arten der *Rafflesia* auch eine Möglichkeit der Koexistenz im gleichen Gebiet, ohne die Gefahr der Hybridisierung. Im Allgemeinen erschweren unterschiedliche Größen die Bestäubung; die Größe der *Rafflesia*-Arten reicht von zehn Zentimetern bis zu den riesigen *Arnoldii*.

Von diesen Pflanzen gibt es keine Fossilien. Sie entstanden vor rund 46 Millionen Jahren und haben in dieser Zeit auch umfangreiche Gentransfers von ihren Wirtspflanzen durchlebt. Wenn ihr Lebensraum zerstört ist und sie ausgestorben sind, wird die Möglichkeit, mehr von dem Auslöser ihrer außergewöhnlichen Entwicklung zu erfahren, für immer verloren sein.

Die Riesenrafflesie, *Rafflesia arnoldi*, hat die größte einzelne Blüte der Welt, aber weder Wurzeln noch Blätter. Als Parasit ist sie auf einen Wirtskörper, eine Kletterpflanze, die in Sumatra und Borneo entdeckt wurde, angewiesen. Die Blumenknospe bricht durch die Rinde, öffnet sich, wächst und verströmt den Gestank verfaulten Fleisches, um Aasfliegen zur Befruchtung anzuziehen. Dies brachte ihr den Beinamen ›Stinkblume‹ ein.

Sonnenblume

Helianthus annuus

Die Inspiration der Natur

In einem Sommer, im April aus einem Samen entsprungen, ist sie bis auf die Höhe von vierzehn Fuß angewachsen [...] eine Blüte war drei Pfund und zwei Unzen schwer [...] und sechzehn Zoll breit.

John Gerard, *Herbarium*, 1597

Gegenüber: Die Sonnenblume in diesem Aquarell eines unbekannten indischen Künstlers im Patna-Stil ist die Verkörperung einer Sonnenscheibe. Es gibt Anzeichen, dass Sonnenblumen eine Rolle bei der Bodenentgiftung spielen – die Pflanzen werden eingesetzt, um den Boden zu säubern; bei Hydrokulturen säubern sie das Wasser.

Unten: ›*Portrait de l'herbe du soleil de Monardes*‹, in Claude Durets *Histoire admirable des plantes et herbes* ... (1605). Nicolas Monardes ist nie in die Neue Welt gereist, aber in seinem botanischen Garten in Sevilla wuchsen südamerikanische Pflanzen; seine Beschreibungen der Sonnenblume gehörten zu den ersten in Europa.

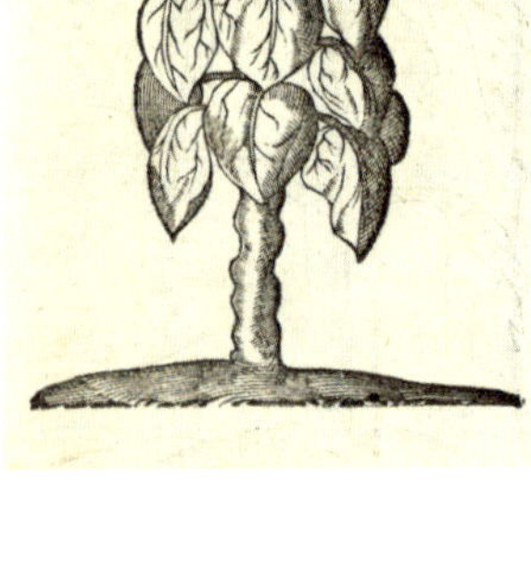

Die Sonnenblume hat die erstaunliche Fähigkeit, die Sonnenenergie einzufangen; und ein Merkmal dieser neuen Pflanze aus Amerika, von dem die europäischen Kräuterkundigen im 16. Jahrhundert berichteten, war die beträchtliche Größe, die sie in ihrer nur einjährigen Vegetationszeit erreicht. Der aktuelle Rekord liegt bei 8,23 m, gemessen bei einer Sonnenblume im deutschen Kaarst.

Ob die Menschen im Osten Nordamerikas nun miteinander um die größte Sonnenblume konkurrierten oder nicht, sie kultivierten diese Pflanzen bereits seit langer Zeit. Es gibt Hinweise auf eine Domestizierung vor 5000–4500 Jahren. Große, einköpfige Sonnenblumen waren eine wichtige Quelle für Speiseöl. In den Weststaaten wurden auch wilde Sonnenblumen weiterhin gesammelt, gegessen sowie in der Medizin und für Zeremonien eingesetzt.

Die domestizierten Sonnenblumen wurden wahrscheinlich über frühe Handelswege in Mexiko eingeführt. Archäologische Spuren deuten zweifellos auf eine frühzeitige Verwendung über den Verzehr hinaus hin. Bei den Azteken waren Sonnenblumen Teil von Zeremonien zur Sonnenanbetung. Die mexikanischen Blüten waren im Zentrum gelb – es ist nicht schwer, den Zusammenhang zwischen dieser Form und der lebensspendenden Sonne zu erkennen. Nach der spanischen Eroberung versuchte der katholische Klerus solche Vergötterungen auszumerzen.

Der Kopf einer Sonnenblume besteht aus vielen kleinen Röhrenblüten, die in der Mitte zusammengedrängt sind, umgeben von Strahlenblüten, die einem Ring von Blütenblättern ähneln. Die Röhrenblüten bilden verschachtelte, sich überschneidende Spiralen – ein Effekt, der leichter zu erkennen ist, nachdem jede Blüte ihren »Samen« oder ihre Achäne (eigentlich eine Frucht, die einen Samen enthält) ausgebildet hat. Diese Muster sind bekannt als Fibonacci-Spiralen: Die Anzahl der Achänen in jeder Spirale gehorcht der Reihenfolge 1, 1, 2, 3, 5, 8 (jede Zahl ist die Summe der vorherigen zwei), und jeder Samen ist im goldenen Winkel von etwa 137° gedreht. Dies ist der sparsamste Weg, um 1000 (oder mehr) Achänen in einem Blütenkopf so unterzubringen, dass alle die gleiche Größe haben und es nicht zu Gedränge in der Mitte oder verschwendetem Platz an den Rändern kommt. In der Technik kann dieses Muster dabei helfen, die Abstände der Spiegel in Sonnenwärmekraftwerken zu verbessern, um die Sonnenstrahlen auf einen zentralen Stromerzeugungsturm zu reflektieren und den Schatten weitgehend zu reduzieren.

Der geöffnete Kopf einer Sonnenblume folgt nicht der Sonne; er orientiert sich meist in Richtung Osten, als würde er den Sonnenaufgang einfangen. Aber die aktiv wachsenden Teile – ungeöffnete Knospen mit ihren grünen Brakteen und jungen Blättern – tun es. Spezielle Zellen in der Nähe der Knospenbasis und der Blattstängel regulieren den Wasserdruck; dadurch wird das Wachstum erleichtert. Die grünen Teile sind die »Kraftwerke« der Pflanze. Wenn sie genügend Sonnenenergie, Wasser, Kohlendioxid und wichtige Nährstoffe aufnehmen können, ist das Wachstum optimal. Die Sonnenblume kann als Biomasse direkt zur Energieerzeugung verwendet werden, aber sie ist auch eine Inspirationsquelle für Solartechniker. Photovoltaikzellen, die der Sonne folgen können, sind effizienter als unbewegliche Konstruktionen. Aber Bewegung kostet Energie. Um dieses Problem zu überwinden, haben Ingenieure eine flexible Stützkonstruktion entwickelt, die die Wärme der Sonne nutzt, um die Zellen zu neigen. Ein Patent wurde aber noch nicht angemeldet. Die Sonnenanbetung scheint wieder in Mode sein.

Ginkgo

Ginkgo biloba

Der große Überlebenskünstler

Dieses Baumes Blatt, der von Osten meinem Garten anvertraut,
gibt geheimen Sinn zu kosten, wie's den Wissenden erbaut.

J.W. von Goethe, 1815

Die unverwechselbaren Blätter des Ginkgobaums in E. Kaempfers *Amoenitatum Exoticarum* V (1712). Kaempfer war der erste Außenstehende, der diesen Baum beschrieben hat; wahrscheinlich hat er diese Abbildung selbst gezeichnet. In der Region Nagasaki gibt es noch Bäume, die bereits gestanden haben, als er sich dort aufhielt.

Der Ginkgo ist uralt: Seine Vorfahren könnten bereits den Dinosauriern als Nahrung gedient haben. Sein unverkennbares Laub mit den zweilappigen Blättern (daher der Name der Spezies) ist in Fossilien von vor etwa 200 Millionen Jahren erhalten. Auch die Fortpflanzungsweise und die inneren Struktur des Ginkgo-Baumes heben sein Alter hervor und machen ihn zu einem lebenden Evolutionslabor.

Einzelne Ginkgo-Bäume können mehrere hundert Jahre alt werden: Der älteste in den Botanischen Gärten von Kew wurde 1762 gepflanzt, als Georg III. regierte. Viele Exemplare in China, Korea und Japan sind sogar noch älter – einigen sagt man ein Alter von mehreren tausend Jahren nach, obwohl es sich hier wohl eher um eine Legende handelt. Einige sind aber möglicherweise mehr als 1000 Jahre alt; der »Grand Ginkgo King« in Li Jiawei, Süd-China, ist etwa 30 m hoch und besitzt einen Stamm mit mehr als fünf Meter Durchmesser. Viele der alten Riesen wachsen an Schreinen und Wallfahrtsorten. Der Baum wird in den Kulturen des Ostens mit Langlebigkeit assoziiert, und seine Blätter und Samen werden in der Medizin zur Behandlung eingesetzt, etwa bei Gedächtnisverlust und Harnprobleme. Die Nüsse werden auch gegessen und gelegentlich wird Ginkgo-Tee getrunken.

Vor Millionen von Jahren war der Ginkgo weltweit verbreitet. Er konnte sich aber nicht an kältere Klimazonen anzupassen, und möglicherweise kam es zum Aussterben der Tiere, die an der Befruchtung der getrenntgeschlechtlichen Bäume beteiligt waren. In China existieren zwei abgelegene Wälder mit möglicherweise ursprünglichem Bestand. Ginkgos werden dort aber bereits seit so langer Zeit verehrt, dass selbst diese uralten Wälder von Menschen angepflanzt worden sein könnten. Es ist wahrscheinlicher, dass der Baum vor Jahrhunderten nach Japan und Korea transportiert und in Gärten, Tempeln und Schreinen gepflanzt wurde. Die Legende besagt, dass Konfuzius unter Ginkgo-Bäumen saß, dort las, meditierte und lehrte.

1691 beschrieb der deutsche Naturforscher und Arzt Engelbert Kaempfer den Baum in Japan und benannte ihn nach seinem japanischen Namen. Er war fasziniert von den biologischen Besonderheiten der Fortpflanzung des Baumes und dem fauligen Geruch der weiblichen Früchte. Dieser Geruch (ähnlich dem von frisch Erbrochenem) ist so stark, dass im Westen bevorzugt männliche Exemplare, die keine Früchte produzieren, angepflanzt wurden. Die Samen und jungen Bäume passten sich an eine Vielzahl von Klimazonen und Gegebenheiten an – selbst an verschmutzte Städte. Der Baum ist in den Parks von New York, Peking und vielen anderen modernen Städten ein vertrauter Anblick.

Der einst von der Vernichtung bedrohte Ginkgo ist heute sicher – und unüblicherweise ist dieser Umstand dem Menschen zu verdanken. In den Wochen, bevor sie abgeworfen werden, sind seine herbstlichen Blätter atemberaubend schön. Dieser Baum ist ein großer Überlebenskünstler. Nirgendwo sonst wird dies deutlicher als bei sechs Ginkgos in Hiroshima: Zwei Jahre nach dem Abwurf der Atombombe am 6. August 1945 schlugen ihre Triebe aus den verkohlten Überresten. Einer dieser Bäume war nur knapp zwei Kilometer vom Epizentrum der Bombe entfernt.

Bei seinem letzten Besuch in China, in den 1850er Jahren, gab Robert Fortune eine Serie von Baumzeichnungen in Auftrag – darunter *Salisburia adiantifolia*, wie der Ginkgobaum damals hieß. Jeder Baum hatte einen menschlichen Begleiter. Der unbekannte Künstler war nur bereit, den Auftrag anzunehmen, wenn er seine Landsleute abbilden könnte.

Literaturhinweise

Allgemein

Arber, Agnes, *Herbals: Their Origin and Evolution* (Cambridge University Press, Cambridge, 1912 (Neuaufl. The Lost Library)

Beerling, David, *The Emerald Planet: How Plants have Changed Earth's History* (Oxford University Press, Oxford & New York, 2007)

Blunt, Wilfrid, *The Art of Botanical Illustration* (Collins, London, ³1955)

Blunt, Wilfrid und S. Raphael, *The Illustrated Herbal* (Frances Lincoln, London, 1994)

Campbell-Culver, Maggie, *The Origin of Plants* (Headline, London, 2001)

Davidson, Alan, *The Oxford Companion to Food* (Oxford University Press, Oxford & New York, 1999)

Fry, Carolyn, *The Plant Hunters* (Andre Deutsch, London, 2012)

Goody, Jack, *The Culture of Flowers* (Cambridge University Press, Cambridge & New York, 1993)

Grove, A. T. und Oliver Rackham, *The Nature of Mediterranean Europe* (Yale University Press, New Haven, 2001)

Hora, Bayard (Hg.), *The Oxford Encyclopedia of Trees of the World* (Oxford University Press, Oxford & New York, 1981)

Kingsbury, Noël, *Hybrid: The History and Science of Plant Breeding* (University of Chicago Press, Chicago, 2009)

Kiple, Kenneth F., *A Movable Feast: Two Millennia of Food Globalization* (Cambridge University Press, Cambridge, 2007)

Kiple, Kenneth F. und Kriemhild Conceè Ornelas (eds), *The Cambridge World History of Food*, 2 Bände (Cambridge University Press, Cambridge & New York, 2000)

Knapp, Sandra, *Potted Histories: An Artistic Voyage through Plant Exploration* (Scriptum, London und Firefly Books, Buffalo, NY, 2003)

Murphy, Denis J., *People, Genes and Plants: The Story of Crops and Humanity* (Oxford University Press, Oxford & New York, 2007)

Musgrave, Toby, Chris Gardner und Will Musgrave, *The Plant Hunters* (Cassell, London, 1999)

Musgrave, Will und Toby Musgrave, *An Empire of Plants: People and Plants that Changed the World* (Cassell, London, 2000)

Newton, John, *The Roots of Civilization: Plants that Changed the World* (Pier 9, Millers Point, NSW, 2009)

North, Marianne, *A Vision of Eden: The Life and Work of Marianne North* (Holt, Rinehart and Winston, New York, 1980)

Prance, Ghillean und Mark Nesbitt (Hg.), *The Cultural History of Plants* (Routledge, New York & London, 2005)

Radkau, Joachim, *Wood: A History*, übers. Patrick Camiller (Polity, Cambridge, 2012)

Sherwood, Shirley und Martyn Rix, *Treasures of Botanical Art* (Kew Publishing, London, 2008)

Silvertown, Jonathan, *Demons in Eden: The Paradox of Plant Diversity* (University of Chicago Press, Chicago, 2005)

Toussaint-Samat, Maguelonne, *History of Food*, übers. Anthea Bell (Wiley-Blackwell, Chichester und Malden, MA, ²2009)

Walker, Timothy, *Plants: A Very Short Introduction* (Oxford University Press, Oxford & New York, 2012)

Verwandlungskünstler

Albala, Ken, *Beans: A History* (Berg, New York, 2007)

Alexander, Caroline, *The Bounty: The True Story of the Mutiny on the Bounty* (Viking, New York und HarperCollins, London, 2003)

Besnard, G. u. a., ›The complex history of the olive tree: from Late Quaternary diversification of Mediterranean lineages to primary domestication in the northern Levant‹, *Proceedings of the Royal Society B* (2013) 280: 20122833

Coe, Sophie D., *America's First Cuisines* (University of Texas Press, Austin, 1994)

Cohen Suarez, Amanda und Jeremy James George, *Handbook to Life in the Inca World* (Facts on File, New York, 2011)

Coursey, David. *Yams: an account of the nature, origins, cultivation and utilisation of the useful members of the Dioscoreaceae* (Longmans, London, 1967)

DuBois, C. M., Chee-Beng Tan und S. Mintz (Hg.), *The World of Soy* (University of Illinois Press, Champaign, 2008)

Fuller, D. Q. und E. L. Harvey, ›The archaeobotany of Indian pulses: identification, processing and evidence for cultivation‹, *Environmental Archaeology* 11 (2006), 219–46

Fuller, D. Q., ›Pathways to Asian Civilisation: Tracing the Origins and Spread of Rice and Rice Cultures‹, *Rice* 4(3) (2011), 78–92

Kaniewski, David u. a., ›Primary domestication and early uses of the emblematic olive tree: palaeobotanical, historical and molecular evidence from the Middle East‹, *Biological Reviews* 87(4) (2012), 885–99

Kessler, D. und P. Temin, ›The organization of the grain trade in the early Roman Empire‹ *Economic History Review* 60(2) (2007), 313–32

Lee, Gyoung-Ah u. a., ›Archaeological Soybean (*Glycine max*) in East Asia: Does Size Matter?‹, *PLoS ONE* 6(11) (2011), e26720

Lotito, Silvina B. und Balz Frei, ›Consumption of flavonoid-rich foods and increased plasma antioxidant capacity in humans: cause, consequence, or epiphenomenon?‹ *Free Radical Biology & Medicine* 41(12) (2006), 1727-46

Loumou, Angeliki und Christina Giourga, ›Olive groves: »The life and identity of the Mediterranean«‹, *Agriculture and Human Values* 20(1) (2003), 87–95

McGovern, Patrick E., *Ancient Wine: The Search for the Origins of Viniculture* (Princeton University Press, Princeton, 2003)

McGovern, Patrick E., *Uncorking the Past: the Quest for Wine, Beer, and other Alcoholic Beverages* (University of California Press, Berkeley, 2009)

Mann, Charles C., *1491: New Revelations of the Americas Before Columbus* (Vintage, New York, 2006)

Meyer, Rachel S., Ashley E. DuVal und Helen R. Jensen, ›Patterns and processes in crop domestication: an historical review and quantitative analysis of 203 global food crops‹, *New Phytologist* 196(1) (2012), 29–48

Molina, Jeanmaire u. a., ›Molecular evidence for a single evolutionary origin of domesticated rice‹, *Proceedings of the National Academy of Sciences* 108(20) (2011), 8351–56

Mueller, Tom, *Extra Virginity: The Sublime and Scandalous World of Olive Oil* (W. W. Norton, New York, 2011)

Muller, M. H. u. a., ›Inferences from mitochondrial DNA patterns on the domestication history of alfalfa (*Medicago sativa*)‹, *Molecular Ecology* 12(8) (2003), 2187–89

Myles, Sean u. a., ›Genetic structure and domesti-cation history of the grape‹, *Proceedings National Academy of Science* 108(9) (2011), 3530–35

Phillips, Rod, *A Short History of Wine* (Allen Lane, London, und Ecco, New York, 2000)

Reader, John, *Propitious Esculent: The Potato in World History* (William Heinemann, London, und Yale University Press, New Haven, 2009)

Salavert, Aurélie, ›Olive cultivation and oil production in Palestine during the early Bronze Age (3500–2000 BC): the case of Tel Yarmouth, Israel‹, *Vegetation History and Archaeobotany* (2008) 17/Anhang 1, 53–61

Staller, John E., *Maize Cobs and Cultures: History of* Zea mays L. (Springer, New York, 2009)

Various, ›The Origins of Agriculture: New Data, New Ideas‹, *Current Anthropology* (Wenner-Gren Symposium Supplement 4) Bd. 52 (Oktober) 2011

Various, ›From collecting to cultivation: transitions to a production economy in the Near East‹, *Vegetation History and Archaeobotany* (Sonderausgabe) Bd. 21 (2), 2012

Zeven, A. C. und W. A. Brandenburg, ›Use of

paintings from the 16th to 19th centuries to study the history of domesticated plants‹, *Economic Botany* 40(4) (1986), 397–408
Zhang, Gengyun u. a., ›Genome sequence of foxtail millet (*Setaria italica*) provides insights into grass evolution and biofuel potential‹, *Nature Biotechnology* 30 (2012) 549–54
Zohary, Daniel, Maria Hopf und Ehud Weiss, *Domestication of Plants in the Old World* (Oxford University Press, Oxford & New York, [4]2012)

Geschmack

Albala, Ken, *Eating Right in the Renaissance* (University of California Press, Berkeley, 2002)
Block, Eric, *Garlic and other Alliums* (Royal Society of Chemistry, Cambridge, 2010)
Brown, Pete, *Hops and Glory: One Man's Search for the Beer that Built the British Empire* (Pan, London, 2010)
Cornell, Martyn, *Beer: The Story of the Pint: The History of Britain's Most Popular Drink* (Headline, London, 2003)
Cox, D. N. u. a., ›Acceptance of health-promoting Brassica vegetables: the influence of taste perception, information and attitudes‹, *Public Health Nutrition* 15(8) (2012), 1474–82
Dalby, A., *Dangerous Tastes: The Story of Spices* (British Museum Press, London, und University of California Press, Berkeley, 2000)
Fritsch R. und N. Friesen, ›Evolution, Domestication, and Taxonomy‹, in H. D. Rabinowitch und L. Currah (Hg.), Allium *Crop Science – Recent Advances* (CAB International Publishing, Wallingford, 2012) 5–30
Hornsey, Ian S., *A History of Beer and Brewing* (The Royal Society of Chemistry, Cambridge, 2003)
Keay, John, *The Spice Route* (John Murray, London, 2005, und University of California, Berkeley, 2006)
Li, Hui-Lin, ›The Vegetables of Ancient China‹ *Economic Botany*, 23(3) (1969), 253–60
Livarda, Alexandra, ›Spicing up life in northwestern Europe: exotic food plant imports in the Roman and medieval world‹ *Vegetation History and Archaebotany*, 20 (2011), 143–64
Milton, Giles, *Nathaniel's Nutmeg: How One Man's Courage Changed the Course of History* (Farrar, Strauss and Giroux, 1999)
Mitchell, S. C., ›Food idiosyncrasies: beetroot and asparagus‹, *Drug Metabolism and Disposition* 29(4) (2001), 539–43
National Onion Association, *Onions – Phytochemical and Health Properties*, http://onions-usa.org/img/site_specific/uploads/phytochemical_brochure.pdf
Ninomiya, Kumiko, ›Umami: a universal taste‹, *Food Reviews International* 18(1) (2002), 23–38
Pelchat, M. L. u. a., ›Excretion and Perception of a Characteristic Odor in Urine after Asparagus Ingestion: a Psychophysical and Genetic Study‹, *Chemical Senses* 36(1) (2011), 9–17
Schier, Volker, ›Probing the Mystery of the Use of Saffron in Medieval Nunneries‹, *The Senses & Society* 5(1) (2010), 57–72
Yilmaz, Emin, ›The Chemistry of Fresh Tomato Flavor‹, *Turkish Journal of Agriculture and Forestry* 25 (2001) 149–55
Zanoli, Paola und Manuela Zavatti, ›Pharmacognostic and pharmacological profile of *Humulus lupulus* L.‹ *Journal of Ethnopharmacology* 116(3) (2008), 383–96

Heilung und Unheil

Baumeister, A. A., M. F. Hawkins und S. M. Uzelac, ›The myth of reserpine-induced depression: role in the historical development of the monoamine hypothesis‹, *Journal of the Neurosciences* 12(2) (2003), 207–20
Buckingham, John, *Bitter Nemesis: The Intimate History of Strychnine* (CRC Press, Boca Raton, 2007)
Che-Chia, C., ›Origins of a Misunderstanding: The Qianlong Emperor's Embargo on Rhubarb Exports to Russia, the Scenario and its Consequences‹, *Asian Medicine: Tradition and Modernity* 1(2) (2005), 335–54
Cousins, S. R. und E. T. F. Witkowski, ›African aloe ecology: A review‹, *Journal of Arid Environments* 85 (2012), 1–17
Davenport-Hines, Richard, *The Pursuit of Oblivion. A Global History of Narcotics, 1500–2000* (Weidenfeld & Nicolson, London, 2001)
Desai, P. N., ›Traditional knowledge and intellectual property protection: past and future‹, *Science and Public Policy* 34(3) (2007), 185–97
Duffin, J., ›Poisoning the Spindle: Serendipity and Discovery of the Anti-Tumor Properties of the Vinca Alkaloids‹, *Canadian Bulletin of Medical History*, 17(1), 2000, 155–92
Foust, C. M., *Rhubarb: The Wondrous Drug* (Princeton University Press, Princeton, 1992)
Hefferon, Kathleen, *Let Thy Food Be Thy Medicine: Plants and Modern Medicine* (Oxford University Press, Oxford & New York, 2012)
Hodge, W. H., ›The drug aloes of commerce, with special reference to the Cape species‹, *Economic Botany* 7(2) (1953) 99–129
Honigsbaum, Mark, *The Fever Trail: The Hunt for the Cure for Malaria* (Macmillan, London, 2001)
Hsu, Elisabeth, ›The history of *qing hao* in the Chinese *materia medica*‹, *Transactions of the Royal Society of Tropical Medicine and Hygiene* 100(6) (2006), 505–08
Jay, Mike, *High Society: Mind Altering Drugs in History and Culture* (Thames & Hudson, London, und Park Street Press, Rochester, VT, 2010)
Jeffreys, Diarmuid, *Aspirin: The Remarkable Story of a Wonder Drug* (Bloomsbury, London & New York, 2004)
Laszlo, Pierre, *Citrus: A History* (University of Chicago Press, Chicago, 2007)
Laveaga, Gabriela Soto, ›Uncommon trajectories: steroid hormones, Mexican peasants, and the search for a wild yam‹, *Studies in History and Philosophy of Biological and Biomedical Sciences* 36(4) (2005), 743–60
Marks, Lara, *Sexual Chemistry: A History of the Contraceptive Pill* (Yale University Press, New Haven & London, 2010)
Maude, Richard J. u. a., ›Artemisinin Antimalarials: Preserving the »Magic Bullet«‹, *Drug Development Research* 71(1) (2010), 12–19
Miller. Louis H. und Xinzhuan Su, ›Artemisinin: Discovery from the Chinese Herbal Garden‹, *Cell* 146(6) (2011), 855–58
Neimark, Benjamin, ›Green grabbing at the ›pharm‹ gate: rosy periwinkle production in southern Madagascar‹, *The Journal of Peasant Studies* 39(2) (2012), 423–45
Newsholme, Christopher, *Willows: The Genus ›Salix‹* (Batsford, London, 2002)
O'Brien, C., u. a., ›Physical and chemical characteristics of *Aloe ferox* leaf gel‹, *South African Journal of Botany* 77 (2011) 988–95
Rocco, Fiammetta, *The Miraculous Fever-Tree: Malaria, Medicine and the Cure that Changed the World* (HarperCollins, London & New York, 2003)
Smith, Gideon F. und Estrela Figueiredo, ›Did the Romans grow Succulents in Iberia?‹, *Cactus and Succulent Journal* 84(1) (2012), 33–40
Sun, Yongshuai u. a., ›Rapid radiation of *Rheum* (Polygonaceae) and parallel evolution of morphological traits‹, *Molecular Phylogenetics and Evolution* 63(1) (2012), 150–58
Wright, C. W. u. a., ›Ancient Chinese Methods are Remarkable Effective for the Preparation of Artemisinin-rich Extracts of Qing Hao with Potent Antimalarial Activity‹, *Molecules* 15(2) (2010), 804–12
Woodson, Robert E. u. a., *Rauwolfia: Botany, Pharmacognosy, Chemistry & Pharmacology* (Little, Brown, Boston, 1957)

Technologie und Kraft

Barber, Elizabeth Wayland, *Women's Work: The First 20 000 Years; Women, Cloth, and Society in Early Times* (W.W. Norton, New York, 1995)
Bass, George F., *Beneath the Seven Seas* (Thames & Hudson, London & New York, 2005)

Borougerdi, Bradley J., ›Crossing Conventional Borders: Introducing the Legacy of Hemp into the Atlantic World‹, *Traversea* 1 (2011) 5–12

Curry, Anne, *Agincourt: A New History* (Tempus, Stroud, 2010)

Farjon, Aljos, *A Natural History of Conifers* (Timber Press, Portland, 2008)

Friedel, Robert, *A Culture of Improvement: Technology and the Western Millennium* (MIT Press, Cambridge, MA, 2007)

Fu, Yong-Bi u. a., ›Locus-specific view of flax domestication history‹, *Ecology and Evolution* 2(1) (2011), 139–52

Goodman, Jordan und Vivien Walsh, *The Story of Taxol: Nature and Politics in the Pursuit of an Anti-cancer Drug* (Cambridge University Press, Cambridge & New York, 2001)

Green, Harvey, *Wood: Craft, Culture, History* (Viking, New York, 2007)

Hardy, Robert, *The Longbow: A Social and Military History*, (J. H. Haynes and Co., Yeovil, [5]2012)

Hageneder, Fred, *Yew: A History* (Sutton, Stroud, 2011)

Isagi, Y. u. a., ›Clonal structure and flowering traits of a bamboo [Phyllostachys pubecens (Mazel) Ohwi] stand grown from a simultaneous flowering as revealed by AFLP analysis‹, *Molecular Ecology* 13(7) (2004), 2017–21

Kelchner, Scot A., ›Higher level phylogenetic relationships within bamboos (Poaceae: Bambusoideae) based on five plastid markers‹, *Molecular Phylogenetics and Evolution* 67(2) (2013) 404–13

Meiggs, Russell, *Trees and Timber of the Ancient World* (Clarendon Press, Oxford, 1982)

Renvoize, Stephen, ›From fishing poles and ski sticks to vegetables and paper the bamboo genus phyllostachys‹, *Curtis's Botanical Magazine* 12(1) (1995), 8–15

Tudge, Colin, *The Secret Lives of Trees* (Allen Lane, London & New York, 2006)

Woolmer, M., *Ancient Phoenicia: An Introduction* (Bristol Classical Press, London, 2011)

Yafa, Stephen, *Cotton: The Biography of a Revolutionary Fiber* (Penguin, London, 2005)

Young, Peter, *Oak* (Reaktion Books, London, 2013)

Marktfrüchte

Abbott, Elizabeth, *Sugar: A Bittersweet History* (Duckworth Overlook, London, 2009)

Balfour-Paul, Jenny, *Indigo: Egyptian Mummies to Blue Jeans* (British Museum Press, London, 2011)

Coe, Sophie D. und Michael D. Coe, *The True History of Chocolate* (Thames & Hudson, London & New York, [3]2013)

Corley, R. H. V und P. B. H. Tinker, *The Oil Palm* (Blackwell Science, Oxford und Malden, MA, [4]2003)

Davies, Peter, *Fyffes and the Banana* (Athlone Press, London, 1990)

Ellis, M., *The Coffee House: A Cultural History* (Weidenfeld & Nicolson, London, 2004)

Goodman, Jordan, *Tobacco in History: The Cultures of Dependence* (Routledge, London & New York, 1994)

Grandin, Greg, *Fordlandia: The Rise and Fall of Henry Ford's Forgotten Jungle City* (Metropolitan Books, New York, 2009, und Icon Books, London, 2010)

Hobhouse, H., *Seeds of Change: Five Plants that Transformed Mankind* (Sidgwick & Jackson, 1985, und Harper & Row, New York, 1986)

Legrand, Catherine, *Indigo: The Colour that Changed the World* (Thames & Hudson, London & New York, 2013)

Loadman, John, *Tears of the Tree: The Story of Rubber – A Modern Marvel* (Oxford University Press, Oxford & New York, 2014)

Mair, Victor H. und Erling Hoh, *The True History of Tea* (Thames & Hudson, London & New York, 2009)

Mann, Charles C., *1493: How Europe's Discovery of the Americas Revolutionized Trade, Ecology and Life on Earth / Uncovering the New World Columbus Created* (Granta, London, und Knopf, New York, 2011)

Moxham, Roy, *Tea: Addiction, Exploitation and Empire* (Constable, London, und Carroll & Graf, New York, 2003)

Pendergrast, Mark, *Uncommon Grounds: The History of Coffee and how it Transformed the World* (Basic Books, New York, 2010)

Tan, K. T. u. a., ›Palm oil: Addressing issues and towards sustainable development‹, *Renewable & Sustainable Energy Reviews* 13(2) (2009), 420–27

Landschaften

Arakaki, Mónica u. a., ›Contemporaneous and recent radiations of the world's major succulent plant lineages‹, *Proceedings of the National Academy of Sciences* 108(20) (2011), 8379–84

Brownsey, Patrick, *New Zealand Ferns and Allied Plants* (David Bateman, Auckland, [2]2000)

Campbell-Culver, Maggie, *A Passion for Trees: The Legacy of John Evelyn* (Eden Project Books, London, 2006)

Hora, Bayard (Hg.), *The Oxford Encyclopedia of Trees of the World* (Oxford University Press, Oxford, 1981)

Johnston, Hope, ›Catherine of Aragon's Pomegranate, revisited‹, *Transactions of the Cambridge Bibliographical Society* 13(2) (2005), 153–73

Johnstone, James A. und Todd E. Dawson, ›Climatic context and ecological implications of summer fog decline in the coast redwood region‹, *Proceedings of the National Academy of Sciences* 107(10) (2010), 4533–38

Large, M. F. und J. F. Braggins, J. F., *Tree Ferns* (Timber Press, Portland, 2004)

McAuliffe, J. R. und T. R. Van Devender, ›A 22,000-year record of vegetation change in the north-central Sonoran Desert‹, *Palaeogeography, Palaeoclimatology, Palaeoecology* 141(3) (1998) 253–75

Nikiforova, Svetlana V. u. a., ›Phylogenetic analysis of 47 chloroplast genomes clarifies the contribution to wild species to the domesticated apple maternal line‹, *Molecular Biology and Evolution* 30(8) (2013), 1751–60

Preston, Richard, *The Wild Trees: What if the Last Wilderness is Above our Heads?* (Allen Lane, London, 2007)

Prytherch, David L., ›Selling the eco-entrepreneurial city: natural wonders and urban stratagems in Tucson, Arizona‹, *Urban Geography* 23(8) (2002) 771–93

Rackham, Oliver, *The Last Forest: The Fascinating Account of Britain's Most Ancient Forest* (Dent, London, 1993)

Thomas, Graham Stuart, *Trees in the Landscape* (Frances Lincoln, London, 2004)

Tudge, Colin, *The Secret Lives of Trees* (Allen Lane, London & New York, 2006)

Williams, Cameron B. und Stephen C. Sillett, ›Epiphyte communities on redwood (*Sequoia sempervirens*) in northwestern California‹, *The Bryologist* 110(3) (2007) 420–52

Wolf, B. O. und C. Martinez del Rio, ›How important are columnar cacti as sources of water and nutrients for desert consumers? A review‹, *Isotopes in Environmental and Health Studies* 39(1) (2003), 53–67

Kultpflanzen

Allan, Mea, *Darwin and his Flowers: The Key to Natural Selection* (Faber and Faber, London, 1977)

Arditti, Joseph u. a., ›»Good Heavens what insect can suck it« – Charles Darwin, *Angraecum sesquipedale* and *Xanthopan morganii praedicta*‹, *Botanical Journal of the Linnean Society* 169(3) (2012), 403–32

Avanzini, Alessandra (Hg.), *Profumi d'Arabia* (L'Erma di Bretschneider, Rome, 1997)

Berliocchi, Luigi, *The Orchid in Lore and Legend*, übers. Lenore Rosenberg und Anita Weston (Timber Press, Portland, 2000)

Bennett, Matt, ›The Pomegranate: Marker of Cyclical Time, Seeds of Eternity‹, *International Journal of Humanities and Social Science* 1(19) (2011) 52–59

Bickford, Maggie, *Bones of Jade, Soul of Ice* (Yale University Art Gallery, New Haven, 1985)
Bickford, Maggie, ›Stirring the Pot of State: the Southern Song Picture Book Mei-hua hsi-shen p'u and Its Implications for Yuan Scholar-Painting‹, *Asia Major* 3. Reihe, 6(2) (1993), 169–236
Bickford, M., *Ink Plum: The Making of a Chinese Scholar-Painting Genre*, Cambridge University Press, Cambridge & New York, 1996)
Browning, Frank, *Apples. The Story of the Fruit of Temptation* (Penguin, London, 1998)
Chadwick, A. A. und Arthur E. Chadwick, *The Classic Cattleyas* (Timber Press, Portland, 2006)
Cobb, Matthew Adam, ›The reception and consumption of eastern goods in Roman society‹ *Greece and Rome* (2. Reihe) 60(1) (2013), 136–52
Cribb, Phillip und Michael Tibbs, *A Very Victorian Passion: The Orchid Paintings of John Day* (Thames & Hudson, London, 2004)
Dash, Mike, *Tulipomania* (Gollancz, London, und Crown Publishers, New York, 1999)
Ecott, Tim, *Vanilla: Travels in Search of the Ice Cream Orchid* (Grove Press, New York, 2004)
Fay, Michael F. und Mark W. Chase, ›Orchid biology: from Linnaeus via Darwin to the 21st century‹, *Annals of Botany* 104(3) (2009), 359–64
Fearnley-Whittingstall, Jane, *Peonies: The Imperial Flower* (Weidenfeld & Nicolson, London, 1999)
Fisher, John, *The Origins of Garden Plants* (Constable, London, 1989)
Garber, Peter M., ›Tulipmania‹, *Journal of Political Economy* 97(3) (1989), 535–60
Griffiths, Mark, *The Lotus Quest: In Search of the Sacred Flower* (Chatto & Windus, London, 2009, und St. Martin's Press, New York, 2010)
Hansen, Eric, *Orchid Fever: A Horticultural Tale of Love, Lust and Lunacy* (Methuen, London, und Pantheon Books, New York, 2000)
Hsü, Ginger Cheng-Chi, ›Incarnations of the Blossoming Plum‹, *Ars Orientalis* 26 (1996), 23–45
Ji, LiJing u. a., ›The genetic diversity of *Paeonia* L.‹, *Scientia Horticulturae* 43 (2012) 62–74
Juniper, Barrie E., ›The Mysterious Origin of the Sweet Apple: On its way to a grocery counter near you, this delicious fruit traversed continents and mastered coevolution‹, *American Scientist* 95(1) (2007), 44–51
Juniper, B. E. und D. J. Mabberley, *The Story of the Apple* (Timber Press, Portland, 2006)
Robinson, Benedict S., ›Green Seraglios: Tulips, Turbans, and the Global Market‹ *Journal for Early Modern Cultural Studies* 9(1) (2009), 93–122
Papandreou, Vasiliki u. a., ›Volatiles with antimicrobial activity from the roots of Greek *Paeonia* taxa‹, *Journal of Ethnopharmacology* 81(1) (2002), 101–04
Pavord, Anna, *The Tulip* (Bloomsbury, London, 2004)
Potter, Jennifer, *The Rose* (Atlantic Books, London, 2012)
Ramírez, Santiago R. u. a., ›Dating the origin of the Orchidaeae from a fossil orchid with its pollinator‹, *Nature* 448 (2007), 1042–45
Sanders, Rosanne und Harry Baker, *The Apple Book* (Frances Lincoln, London, 2010)
Sanford, Martin, *The Orchids of Suffolk: An Atlas and History* (Suffolk Naturalists' Society, 1991)
Shen-Miller, J., ›Sacred Lotus, the long-living fruits of China Antique‹, *Seed Science Research* 12 (2002), 131–43
Shephard, Sue, *Seeds of Fortune: A Gardening Dynasty* (Bloomsbury, London, 2003)
Tengberg, M., ›Beginnings and early history of date palm garden cultivation in the Middle East‹, *Journal of Arid Environments* 86 (2012) 139–47
Terral, Jean Frédéric u. a., ›Insights into the historical biogeography of the date palm (*Phoenix dactylifera* L.) using geometric morphometry of modern and ancient seeds‹, *Journal of Biogeography* 39(5) (2012), 929–41
Thompson, Earl A., ›The tulipmania: fact or artifact?‹, *Public Choice* 130(1) (2007), 99–114
Ward, Cheryl, ›Pomegranates in eastern Mediterranean contexts during the Late Bronze Age‹, *World Archaeology* 34(3) (2003), 529–41
Widrlechner, Mark P., ›History and Utilization of Rosa damascena‹, *Economic Botany* 35(1) (1981), 42–58

Wunder der Natur

Barthlott, Wilhelm u. a., *The Curious World of Carnivorous Plants* (Timber Press, Portland, 2008)
Baum, David A. u. a., ›Biogeography and Floral Evolution of Baobabs (Adansonia, Bombacaceae) as Inferred from Multiple Data Sets‹, *Systematic Biology* 47(2) (1998), 181–207
Blackman, Benjamin K. u. a., ›Sunflower domestication alleles support single domestication center in eastern North America‹, *Proceedings of the National Academy of Sciences* 108(34) (2011), 1 4360–65
Davis, Charles, C. u. a., ›The evolution of floral gigantism‹, *Current Opinion in Plant Biology* 11(1) (2008), 49–57
Colquhoun, Kate, *A Thing in Disguise: The Visionary Life of Joseph Paxton* (Harper Perennial, London, 2009)
Crane, Peter, *Ginkgo* (Yale University Press, New Haven & London, 2013)
Dilcher, David L. u. a., ›Welwitschiaceae from the Lower Cretaceous of northeastern Brazil‹, *American Journal of Botany* 92(8) (2005), 1294–310
Ervik, F. und Jette T. Knudsen, ›Water lilies and scarabs: faithful partners for 100 million years?‹, *Biological Journal of the Linnean Society* (2003), 539–43
Gandolfa, M. A., u. a., ›Cretaceous Flowers of Nymphaeaceae and implications for complex insect entrapment pollination mechanisms in early Angiosperms‹, *Proceedings of the National Academy of Sciences* 101(21) (2004), 8056–60
Henschel, Joh R. und Mary K Seely, ›Long-term growth patterns of *Welwitschia mirabilis*, a long-lived plant of the Namib Desert (including a bibliography)‹, *Plant Ecology* 150 (2000), 7–26
Hepper, F. Nigel, *Pharaoh's Flowers: The Botanical Treasures of Tutankhamun* (HMSO, London, 1990)
Holway, Tatiana, *The Flower of Empire: The Amazon's Largest Water Lily, the Quest to make it Bloom, and the World It Helped Create* (Oxford University Press, Oxford & New York, 2013)
Huxley, Anthony, *Green Inheritance: Saving the Plants of the World* (University of California Press, Berkeley, 2005)
Jaarsveld, Ernst van und Uschi Pond, *Uncrowned Monarch of Namib (Kronenlose Herrscherin der Namib:* Welwitschia mirabilis*)*, (Penrock Publishers, Cape Town, 2013)
Li, C. u. a., ›Direct sun-driven artificial heliotropism for solar energy harvesting based on photo-thermomechanical liquid crystal elastomer nanocomposite‹, *Advanced Functional Materials* 22(24) (2012), 5166–74
Lloyd, Francis, *The Carnivorous Plants* (Dover Publications, New York, 1976)
Pakenham, Thomas, *The Remarkable Baobab* (Weidenfeld & Nicolson, London, 2004)
Seymour, Roger S. und Philip G. D. Matthews, ›The Role of Thermogenesis in the Pollination Biology of the Amazon Waterlily *Victoria amazonica*‹, *Annals of Botany* 98(6) (2006), 1129–35
Smith, Bruce D., ›The Cultural Context of Plant Domestication in Eastern North America, *Current Anthropology* 52 S4 (2011), 471–84
Swinscow, T. D. V., ›Friedrich Welwitsch, 1806–72, A centennial memoir‹, *Biological Journal of the Linnean Society* 4(4) (1972), 269–89
Wickens, G. E., *The Baobab: Africa's Upside-Down Tree*, (Kew Bulletin, University of Chicago Press, Chicago, 1982)

Bildnachweise

Alle Abbildungen wurden genehmigt vom © Kuratorium der Königlichen Botanischen Gärten, Kew, wenn nicht anders angegeben.

CLA&A = Collection of the Library, Art & Archives – © Kuratorium der Königlichen Botanischen Gärten, Kew

Schmutztitel: aus C. von Ettingshausen und A. Pokorny, *Physiotypia plantarum austriacarum* (1854–56), Taf. 428; Frontispiz: CLA&A; Drucktitel: K000844466 Herbarium Kew; 4a A. H. Church, *Food-grains of India* (1886), Abb. 16; 4b E. Benary, *Album Benary* (1876), I, Taf. I; Detail 5al, vgl. S. 83; Detail 5ar, vgl. S. 102; Detail 5b, vgl S. 111; Detail 6al, vgl. S. 147; Detail 6ar, vgl. S. 131; Detail 6bl, vgl. S. 140; Detail 6br, vgl. S. 179; 7a CLA&A; Detail 7bl, vgl. S. 189; 7br John Day Scrap Books, CLA&A; 9 Roxburgh Collection, CLA&A; 10r & l CLA&A; 11 H. van Reede tot Drakestein, *Hortus Malabaricus* (1678) Band I, Taf. 37; 12a J.-J. Grandville, *Les fleurs animées* (1847) Band I; 12b P.-J. Buc'hoz, *Collection precieuse et enluminée des fleurs* (1776), Band 2, Taf. XII; 13 Roxburgh Collection, CLA&A; 14, 15l CLA&A; 15r A. Targioni-Tozzetti, *Raccolta di fiori frutti ed agrumi* (1825), Taf. 22; 16 J. Rea, *A Complete Florilege* (1665), Frontispiz; 17 E. Benary, *Album Benary* (1879), VI, Taf. XXIII; 18l J. Metzger, *Europaeische Cerealien* (1824), Taf. VI; 18r Vilmorin-Andrieux et cie, *Les meilleurs blés* (1880), S. 135; 19, 20 CLA&A; 23 J. J. Plenck, *Icones Plantarum Medicinalium* (1794) Centuria VI, Taf. 557; 24 CLA&A; 25l J. Metzger, *Europaeische Cerealien* (1824), Taf. XIX; 25r CLA&A; 26 A. H. Church, *Food-grains of India* (1886), Abb. 28; 28 A. F. Frézier, *A voyage to the South-sea, and along the coasts of Chili and Peru* (1717), Taf. 10; 29 F. G. Hayne, *Getreue Darstellung und Beschreibung der in der Arzneykunde gebräuchlichen Gewächse* (1830), Band 11, Taf. 45; 30l J. J. Plenck, *Icones Plantarum Medicinalium* (1803), Centuria VII, Taf. 694; 30r E. Benary, *Album Benary* (1876) IV, Taf. XV; 31 CLA&A; 33 K000478459 Herbarium Kew; 35 CLA&A; 36 N. F. Regnault, *La Botanique* (1774), Band I, Taf. 33; 37 W. G. Mortimer, *Peru: History of Coca* (1901), S. 196; 38 M. E. Descourtilz, *Flore pittoresque et médicale des Antilles* (1829) Band VIII, Taf. 545; 39 *Curtis's Botanical Magazine* (1838–39), Band 65 (n. F., Bd. 12), Taf. 3641; 40 CLA&A; 42 H. van Reede tot Drakestein, *Hortus Malabaricus* (1688) Band 8, Taf. 41; 43 CLA&A; 44 J. J. Plenck, *Icones Plantarum Medicinalium* (1803), Centuria VII, Taf. 656; 45 H. van Reede tot Drakestein, *Hortus Malabaricus* (1692) Band 11, Taf. 22; 46 P. de' Crescenzi, *De omnibus agriculturae partibus* (1548) Liber II, S. 43; 47l W. Harte, *Essays on Husbandry* (^{2}1770) Taf. V; 47r J. Metzger, *Europaeische Cerealien* (1824), Taf. XII; 48 CLA&A; 51 P. d'Aygalliers *L'olivier et l'huile d'olive* (1900), S. 257; 52 P. de' Crescenzi, *De omnibus agriculturae partibus* (1548) Liber IIII, S. 117; 53 P.-J. Redouté, *Choix des plus belles fleurs* (1827–33), Taf. 24; 55 J. P. de Tournefort, *A Voyage into the Levant* (1741), S. 396; 56 E. Benary, *Album Benary* (1879) VI, Taf. XXIV; 57l CLA&A; 57r N. F. Regnault, *La Botanique* (1774), Band 2, Taf. 91; 58 Economic Botany Collection, Kew, EBC 78362; 59 F. E. Köhler, *Köhler's Medizinal-Pflanzen* (1887), Band II, Taf. 164; 60, 61 CLA&A; 62, 63 G. T. Burnett, *Medical Botany* (1835 Neuaufl.), Band. II, Taf. 104 und 95; 64 H. van Reede tot Drakestein, *Hortus Malabaricus* (1688) Band 7, Taf. 12; 65a Economic Botany Collection, Kew, EBC 78869; 65b Marianne North, *Foliage, Flowers and Fruit of the Nutmeg Tree, and Humming Bird, Jamaica*; 66 CLA&A; 67 E. Benary, *Album Benary* (1877) V, Taf. XVII; 69 E. Benary, *Album Benary* (1879) VI, Taf. XXII; 70l&r J. J. Plenck, *Icones Plantarum Medicinalium*, (1789), Centuria III, Taf. 253 und 254; 72 E. Benary, *Album Benary* (1879) VI, Taf. XXI; 73 CLA&A; 74 E. Benary, *Album Benary* (1876), I, Taf. I; 75l K000914166 Herbarium Kew; 75r Agricultural Society of Japan, *The Useful Plants of Japan* (1895), Chap. XIV, No. 308; 76 J. Gerard, *Herball* (1633), Lib. 2, Cap. 457, S. 1110; 77 E. Blackwell, *A curious herbal* (1739), Band II, Taf 332; 79 J. J. Plenck, *Icones Plantarum Medicinalium* (1812), Centuria VIII, fasc. 2, Taf. 707; 80 *Curtis's Botanical Magazine* (1828), Band 55 (n. F., Bd. 2), Taf. 2814; 81 E. Benary, *Album Benary* (1879) VI, Taf. XXIV; 82 Economic Botany Collection, Kew, EBC 41265; 83l Roxburgh Collection, CLA&A; 83r G. W. Knorr, *Thesaurus rei herbariæ hortensisque universalis* (1770), Band 1, Teil 2, Taf. A14; 84 CLA&A; 85 J. -J. Grandville, *Les fleurs animées* (1847) Band I; 86 'Poppy Seed Head', © Brigid Edwards, part of the Shirley Sherwood Collection; 87 J. Stephenson, *Medical Botany* (1834–36), Band 3, Taf. 159; 88 J. J. Plenck, *Icones Plantarum Medicinalium* (1789), Centuria II, Taf. 131; 89 Economic Botany Collection, Kew, EBC 52445; 91 Tanaka Yoshio & Ono Motoyoshi, *Somoku-Dzusetsu; or, an iconography of plants indigenous to, cultivated in, or introduced into Nippon (Japan)* (1874), no. 26; 92 CLA&A; 93 H. van Reede tot Drakestein, *Hortus Malabaricus* (1686) Band 6, Taf. 47; 94 W. G. Mortimer, *Peru: History of Coca* (1901), S. 89; 95 K000700870 Herbarium Kew; 96 J. J. Plenck, *Icones Plantarum Medicinalium* (1789), Centuria II, Taf. 117; 97 Economic Botany Collection, Kew, EBC 49120; 98 A. Kircher, *China Illustrata* (1667), S. 184; 99 CLA&A; 101 J. J. Plenck, *Icones Plantarum Medicinalium* (1812), Centuria VIII, Taf. 701; 102 Roxburgh Collection, CLA&A; 104l J. C. Volkamer, *Nürnbergische Hesperides* (1708–14), Band I, S. 164 a; 104r T. Moore, *The Florist and Pomologist* (1877), f. S. 205; 106 L. Fuchs, *De Historia Stirpium* (1551) Cap XLIX, S. 143; 107 *Curtis's Botanical Magazine* (1818), Band 45, Taf. 1975; 109 M. Scheidweiler, *L'Horticulteur Belge* (1837), No. 76; 111 P.-J. Redouté, *Choix des plus belles fleurs* (1827–33), Taf. 41; 112 Roxburgh Collection, CLA&A; 113l CLA&A; 113r P. Sonnerat, *Voyage aux Indes orientales et à la Chine* (1782), Band 1, Taf. 26; 114 CLA&A; 115 F. Antoine, *Die Coniferen* (1841) Band V, Taf. XXIII; 116 F. A. Michaux, *The North American Sylva* (1865), Band I, Taf. 2; 117 CLA&A; 118 T. Nuttall, *The North American Sylva* (1865), Band IV, ii; 119 British Library Public Domain Image, Harley 4425, f. 22, http://molcat1.bl.uk/IllImages/BLCD/mid/c133/c13324-62.jpg; 121 N. F. Regnault, *La Botanique* (1774) Tome II, Taf. 79; 123 J. J. Plenck, *Icones Plantarum Medicinalium* (1812) Centuria VIII, Taf. 706; 124 Roxburgh Collection, CLA&A; 126 Economic Botany Collection, Kew, EBC 73588; 127 Roxburgh Collection, CLA&A; 128 Economic Botany Collection, Kew, EBC 67854; 129 E. M. Satow, *The Cultivation of Bamboos in Japan* (1899); 130 Economic Botany Collection, Kew, EBC 73892; 131 F. G. Hayne, *Getreue Darstellung und Beschreibung der in der Arzneykunde gebräuchlichen Gewächse* (1805), Band. 1, Taf. 19; 132 CLA&A; 133l J. Cowell, *The Curious and Profitable Gardener* (1730), Klapptafel; 133r CLA&A; 134 Economic Botany Collection, Kew, EBC 66450; 135 CLA&A; 136l J. C. Volkamer, *Nürnbergische Hesperides* (1708–14), Band. II, S. 145; 136r S. Ball, *An Account of the Cultivation and Manufacture of Tea in China* (1848), Frontispiz; 137 CLA&A; 138 P. S. Dufour, *Traitez nouveaux & curieux du café, du thé et du chocolate* (1688), S. 15; 139 F. G. Hayne, *Getreue Darstellung und Beschreibung der in der Arzneykunde gebräuchlichen Gewächse* (1825), Band. 9, Taf. 32; 140 CLA&A; 141 F. Thurber, *Coffee: from Plantation to Cup* (1881); 142 CLA&A; 143 Economic Botany Collection, Kew, EBC 40591; 145 A. H. Church, *Food-grains of India* (1886), Abb. 14; 147 B. Hoola van Nooten, *Fleurs Fruits et Feuillages choisis de la flore et de la pomone de l'île de Java* (1863); 148 Economic Botany Collection, Kew, EBC 56321; 150 J. J. Plenck, *Icones Plantarum Medicinalium* (1788) Centuria I, Taf. 99; 151 P. Sonnerat, *Voyage aux Indes orientales et à la Chine* (1782), Band. 1, Taf. 8; 153 B. Stella, *Il Tabacco Opera* (1669), S. 204; 154 J. G. Stedman, *Narrative of a five years' expedition against the revolted Negroes of Surinam* (2. Auflage, 1806), Band. II; 155 N. F. Regnault, *La Botanique* (177), Band II, Taf. 47; 157 F. E. Köhler, *Köhler's*

Medizinal-Pflanzen (1887), Band III, Taf. 8; 158 Economic Botany Collection, Kew, EBC 44097; 160 L. Colla, *Memoria sul Genere Musa e Monografia de Medesimo* (1820), abschließende Tafel; 161 B. Hoola van Nooten, *Fleurs Fruits et Feuillages choisis de la flore et de la pomone de l'île de Java* (1863); 163 F. E. Köhler, *Köhler's Medizinal-Pflanzen* (1887), Band III, Taf. 77; 164 CLA&A; 165l *Curtis's Botanical Magazine* (1859), Band 85 (F. 3, Bd. 15), Taf. 5146; 165r Marianne North, 563. *A Mangrove Swamp in Sarawak, Borneo*; 167 G. T. Burnett, *Medical Botany* (1835) Band II, Taf. LXXV (2); 169 Marianne North, 173. *Under the Redwood Trees at Goerneville, California*; 170 Marianne North, 185. *Vegetation of the Desert of Arizona*; 171 *Curtis's Botanical Magazine* (1892), vol. 118 (F. 3, Bd. 4), Taf. 7222; 173 *Voyage de la corvette L'astrolabe exécuté pendant les années 1826–1829* (1833) Atlas, Taf. 10; 174 CLA&A; 175 Conrad Loddiges & Sons, *The Botanical Cabinet* (1821), Band 6, Taf. 501; 177l J. D. Hooker, *Himalayan Journals* (1854), Band. II, Taf. VII (Frontispiz); 177r J. D. Hooker, *The Rhododendrons of Sikkim-Himalaya* (1849), Taf. 1; 179 J. J. Plenck, *Icones Plantarum Medicinalium* (1789) Centuria II, Taf. 359; 180 CLA&A; 181l J. J. Plenck, *Icones Plantarum Medicinalium* (1789) Centuria II, Taf. 376; 181r A. Targioni-Tozzetti, *Raccolta di fiori frutti ed agrumi* (1825), Taf. 5; 182 CLA&A; 183 A. Kircher, *China Illustrata* (1667), S. 140; 184 Economic Botany Collection, Kew, EBC 41216; 185 R. Duppa, *Illustrations of the Lotus of the Ancients, and Tamara of India* (1816); 186 E. Kaempfer, *Amoenitatum Exoticarum* (1712), Fasc. IV, S. 747; 187 J. J. Plenck, *Icones Plantarum Medicinalium* (1812), Centuria VIII, Taf. 726; 188 E. Kaempfer *Amoenitatum Exoticarum* (1712), Fasc. III, S. 641; 189 F. E. Köhler, *Köhler's Medizinal-Pflanzen* (1890), Band II, Taf. 175; 190 A. Poiteau, *Pomologie française* (1846) Band II, Grenadier Pl. 1; 191 Maria Sibylla Merian, *Metamorphosis insectorum Surinamensium* (1705), Pl. 9; 192 J. H. Knoop, *Pomologie, ou Description des Meilleures Sortes de Pommes et de Poires* (1771), Taf. V; 193 M. Bussato, *Giardino di agricoltura* (1592), Cap. 30; 195 J. J. Plenck, *Icones Plantarum Medicinalium* (1791), Centuria IV, Taf. 394; 196 Agricultural Society of Japan, *The Useful Plants of Japan* (1895), Kap. IX, No. 179; 197 CLA&A; 198 J. Gerard, *Herball* (1633), Lib. 3, S. 1261; 199 P.-J. Redouté, *Les Roses*, (1817), Band. 1, Taf. 107; 200l CLA&A; 200r K000844514 Herbarium Kew; 202 K000844460 Herbarium Kew; 203 *Tulipa griegii* 1973, © Mary Grierson; S. 204 Robert Thornton's *Temple of Flora, or Garden of Nature* (1799–1807), Taf. 10; 206 E. Kaempfer *Amoenitatum Exoticarum* (1712), Fasc. V, S. 844; 207 CLA&A; 208 John Day Scrap Books, Band 44, S. 13; 209 CLA&A; 210 F. Bauer, *Illustrations of Orchidaceous Plants* (1830–38) Teil 2, Taf. 11; 212 P.-J. Redouté, *Choix des plus belles fleurs* (1827–33), Taf. 22; 213, 214 CLA&A; 215l Roxburgh Collection, CLA&A; 215r *Curtis's Botanical Magazine* (1863), vol. 89 (F. 3, Bd. 19), Taf. 5369; 216 *Curtis's Botanical Magazine* (1828), vol. 55 (n. F., Bd. 2), Taf. 2791; 217 Thomas Baines Collection, Royal Botanic Gardens, Kew; 219 *Curtis's Botanical Magazine* (1863), Band 89 (F. 3, Bd. 19), Taf. 5368; 221 *Curtis's Botanical Magazine* (1847), Band 73 (F. 3, Bd. 3), Taf. 4276; 223 *Curtis's Botanical Magazine* (1828), Band 55 (n. F., Bd. 2), Taf. 2798; 224, 225 CLA&A; 226 C. Duret, *Histoire admirable des plantes et herbes esmerueillables & miraculeuses en nature* (1605), S. 253; 227 CLA&A; 228 E. Kaempfer, *Amoenitatum Exoticarum* (1712), Fasc. V, S. 811; 229 CLA&A.

Index

Danksagung

Wir danken unserem Lektor Colin Ridler bei Thames & Hudson und Gina Fullerlove, Verlagsleiterin der Königlichen Botanischen Gärten in Kew, dass sie die Entstehung dieses Buches ermöglicht haben. Kew hat hervorragende Mitarbeiter und eine wundervolle Kunst- und Literatursammlung, die sich der Pflanzenwelt widmet. Julia Buckley vom Illustrationsteam der Bibliothek in Kew (Kunstwerke und Archiv) besteht darauf, dieses Werk als »Teamleistung« anzuerkennen, aber ihre persönliche geduldige, unermüdliche und enthusiastische Unterstützung war unschätzbar. Unser Dank gilt Dr. Shirley Sherwood, Brigid Edwards und dem Nachlass der unlängst verstorbenen Mary Grierson für die Erlaubnis zur Nutzung der Abbildungen.

Die Mitarbeiter des Lesesaals der Bibliothek von Kew haben unsere langen Anfragelisten sehr sorgsam bearbeitet; die übertragenen Aufgaben wurden stets freundlich ausgeführt. Auch die Bibliotheken UCL und Suffolk haben zum Erscheinen dieses Buches beigetragen.

Mark Nesbitt, Kurator der Ausstellung der Wirtschaftsbotanik in Kew, hat den Gesamttext redigiert; wir sind ihm für seine hilfreichen Kommentare sehr dankbar. In Kew haben uns auch Christine Beard, Anna Trias Blasi, Lorna Cahill, Paul Little, Trishya Long, Barbara Lowry, Christopher Mills, Lynn Parker, Martyn Rix, Kiri Ross-Jones, Georgina Smith, Maria Vorontsova, Paul Wilkin und Lydia White unterstützt. Dorian Q. Fuller und Michael D. Coe gaben hilfreiche Kommentare zu Teilen des Textes ab. Lin Zhang half bei der Übersetzung chinesischer Texte. Verbliebene Fehler sind allein unser Verschulden.

Die gestalterischen Fähigkeiten von Niki Medlikova und Lauren Necati bei Thames & Hudson sprechen für sich; wir danken auch Sarah Vernon-Hunt und Rachel Heley.

Andy und Nancy Scull haben einen erstaunlichen Garten in San Diego; Sarah Duignan stellt immer die richtigen Fragen und Emma Kelly »versteht es einfach«. Vielen Dank an alle.

Schmutztitel: Seerose (*Nymphaeum candida*); Frontispiz: Himalaya-Rhabarber (*Rheum australe*); Titelbild: Getrocknete und gepresste Tulpe (*Tulipa armena* var. *lycica*).
Seite 4: oben Ähre des »Besenkorns« (*Sorghum bicolor*); unten Kohl (*Brassica oleracea*). Seite 5: oben links Brechnuss (*Strychnos nux-vomica*); oben rechts Limette (*Citrus aurantifolia*); unten Rosafarbene Catharanthe (*Catharanthus roseus*). Seite 6: unten links Schokolade (*Theobroma cacao*); oben rechts Mahagoni (*Swietenia mahagoni*); unten links Kaffee (*Coffea arabica*); unten rechts Rote Mangrove (*Rhizophora mangle*). Seite 7: oben Orchidee (*Vanda bicolor Griff.*); Mitte Weihrauch (*Boswellia sacra*); unten rechts Orchidee (*Odontoglossum triumphans*).

Für Jonathan und Julie
»Vegetable love«

Die Originalausgabe erschien 2014 im Vereinigten Königreich bei
Thames & Hudson Ltd, 181A High Holborn, London WC1V 7QX

Aus dem Englischen von Alexandra Latz und Vaida Normantė
Lektorat und Satz: G & R Vilnius, Lietuva

ISBN 978-3-945330-02-9

Printed and bound in China by C & C Offset Printing Co. Ltd